中堅、中小企業の
若手経営者、管理者、
リーダーへ！

マネジメントの 仕組みを創る・磨く

【マネジメントシステム概要図】

経営戦略の策定
経営理念・経営方針
経営計画（事業計画）から事業目標設定

組織運営
組織形態（組織の役割）
組織の運営
組織文書の作成・管理

財務戦略
財務戦略の重要性
持続的成長を実現する
ための仕組みづくり
円滑な資金調達の実現

経営資源
人材強化
インストラクチャ（設備管理）
組織運営に関する環境対応

分析・評価・改善
データ分析
パフォーマンス評価
改善活動

実務戦略PFD プロセス フロー ダイヤグラム

顧客　営業P　設計開発P　生産計画　製造　検査　在庫　出荷　納入・引渡　顧客

検査・試験機器

購買

※製造業のシステム例

三小田　睦
【M3経営研究会】

文芸社

はじめに

　企業を取り巻く状況は、市場のグローバル化、地球温暖化による自然災害、および疫病大流行による経済活動の制約など、急激な環境変化にさらされています。

　この激動の時代、今後ますます進展するICT（情報通信技術）やAI（人工知能）によりデジタル経済化が進むと、マーケットの要望、消費者動向など、経営環境の大きな変化が予想されます。

　企業を取り巻く環境はますます複雑化し、製品やサービスの多様化、高度化に対応できる順応性を備えた経営が要求されています。それには、財務諸表に掲載されている建物、機械装置、運搬機械、情報機器等の形のある固定資産だけでなく、無形の知的資産として、人材、技術、技能、組織力、ソフトウェアなど社内に蓄積したノウハウの活用が重要になってきます。

　これらの知的資産をうまく活用し、仕組みの強化につなげ、運用することが要求されています。この一連の仕組みをマネジメントシステムと呼ぶことができます。しかし、我が国の企業、特に中堅・中小企業はまだまだ属人的な経営に依存しているところが多く、経営者・管理者の世代交代が進む中、長年維持してきたやり方から脱却できずにいます。

　今後、厳しい環境の中で廃業やM＆A（企業統合）が更に進むと、自社の経営の仕組み（体幹）を強固にしていかなければ飲み込まれてしまう可能性が高く、独自なマネジメントシステムの構築が必須となってきます。

　本書では、実践的なマネジメントシステムを体系的に分かりやすくまとめました。特に、中堅・中小企業の若手経営者、管理者・リーダーが、どのような視点をもって自社のマネジメントシステムを構築したらよいかを、運用の手順書や記録のサンプルを含めてできるだけ分かりやすく作成しています。

　本書は、企業経営のマネジメントシステムを経営戦略から財務戦略まで19節のプロセスで構成し、体系的なシステム構築を提供しています。特に、製造業とサービス業の代表として物流業を中心に記述しています。

　各章は、運用方法をできるだけ簡潔に記述し、構築のポイントおよび活用する文書・記録やデータを含め、構築手順を具体的に記述し、実務の仕組みの手順は、PFD（プロセス・フロー・ダイヤグラム）を活用しています。本書で使用するPFDは、業務や工程の順序を明確にしたプロセスフローを活用し、関連する手順書や記録とリンクした業務全体を表現した内容になっています。更に、これまでの経験による事例やコラムを入れ、導入に当たって取り組みの参考にしていただけるようにしています。

本書を、自社の最適なマネジメントシステムの構築や、ベテラン経営者が次世代へ引き継ぐ仕組みの参考としてお役に立てていただくことを願っています。

　尚、ISO9001やISO14001を認証済みの企業も多いと思われますので、更にマネジメントシステムの充実のために参考にしていただき、持続的成長につなげていただくことを願っています。

　本書は、中小企業診断士（国家資格）としての長年の企業支援経験と、ISO審査員としてのいろいろな分野の企業審査実績を基に、経営コンサルタントおよび製造業、流通業、金融業で活躍している中小企業診断士と一緒に作成しました。

　デジタル経済化が進む中、本書が、わが国の中堅・中小企業の持続的成長の一助になれば幸いです。

2021年3月

編著者　三小田　睦

〈本書のマネジメントシステムとは〉

　経営とは、社会の要望やニーズに対応した製品やサービスを開発し、提供する活動だと言えます。ドラッカーが「事業は顧客創造である」と言っているように、企業は対象となる顧客の要望やニーズを常に理解して経営することが必要です。

　企業は経営理念や経営方針を定め、具体的な製品やサービスの提供実現に向けて事業目標を設定し、達成するための事業活動を行います。事業活動を行うには国内だけでなくグローバルな社会環境、経済状況をよく把握する必要があります。具体的には、リスクと機会を折り込んだ事業計画を策定し、実施し、達成度を評価し、必要ならば修正・変更し、改善の再設計を行って企業活動を継続していきます。つまり、PDCA（計画・実行・評価・改善）を回すことになり、マネジメントはPDCAサイクルを回すことといえます。

　事業を行うには、経営資源【4M＋E】、すなわちMan（人材）、Machine（設備）、Material（材料）、Method（方法）に加えて、Environment（環境）が必要になります。

　特に重要なのは事業を動かすMan（人材）の育成と成長です。事業を推進する人材の強化に加えて、企業が永続し発展していくための次世代の経営者・管理者を育てていくことが経営者のもう一つの役目です。

　次に製品やサービスを提供するために必要なMachine（設備）、Material（材料）が整っているかどうかです。これらの経営資源を活用し、製品やサービスを実現する一連のプロセス【受注→設計（企画）→購買→製造・サービス→提供】は、本書のⅢ．実務戦略（営業戦略、設計・開発（企画）戦略、購買戦略、製造およびサービスの実務戦略など）になります。更に、企業の社会的責任として、Environment（環境）対応は必須になっています。このように製品やサービスを効率的に実現するための仕組み（Method）を明文化し、組織で共有化し、変化に対応しながら改善し続けることが企業の強さの源泉です。

　本書は、このような一連の活動をマネジメントの**"仕組みを創ること"**と捉えています。

　更に、事業活動を行った結果を把握し、データ分析し、パフォーマンス評価を行い、改善につなげる本書の【Ⅲ-7．製品およびサービスの品質管理、Ⅳ．パフォーマンス評価と改善活動】は、マネジメントの**"仕組みを磨くこと"**と捉えています。CAPDo（評価・改善・計画・実行）サイクルを回すことといえます。

　最後に、事業活動を財務諸表から分析・評価し、成長を図るための財務戦略を提供しています。

これまで説明してきたマネジメントシステムの概要を次ページに載せています。

　要は企業が、世の中のトレンドを理解し、変化に対応し、保有する経営資源を有効に活用し、顧客を惹きつける製品やサービスを提供する企業力を創っていくことができるかどうかです。

　その企業文化や経営理念に基づき、普遍性を追加し、継続的発展につなげる仕組み創りと強化を支援することが、私達コンサルタントの役割だと考えています。

【マネジメントシステム概要図】

※製造業のマネジメントシステム例

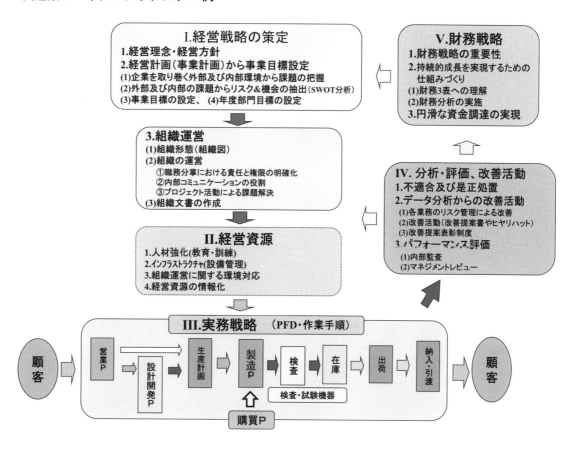

※物流サービス業のⅢ.実務戦略

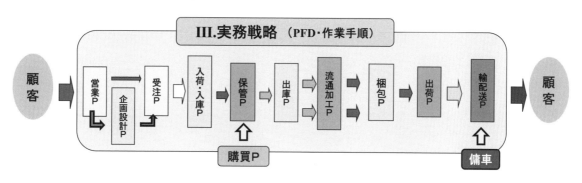

目　次

I. 経営戦略と組織運営

企業の経営理念・経営方針に基づく経営戦略策定の手順と事業目標の設定、それを実現するための組織の運営について解説します。かつ、これを支える仕組みの強化として組織文書化の重要性について解説します。

I-1. 経営戦略策定

I-2. 組織運営

I-3. 組織文書の作成

Ⅰ-1．経営戦略策定

　人工知能（AI）の発達、情報通信の高速化が進む中、大小様々なモノがネットワークでつながり、リアルタイムで情報の受発信をする「モノのインターネット（IoT）」化が進み、ビッグデータを活用するデジタル経済化が進展すると想定されます。20世紀後半から始まった情報化時代は、ドッグイヤー（イヌの1年の成長は人間の7年に相当）で技術革新が進むと言われましたが、現在は、その数倍の激しい変化に見舞われています。また、地球温暖化による自然災害の多発など地球環境に配慮した経営が求められています。特に、我が国は少子高齢化に伴う労働人口の急激な減少や、国の借金である国債が2020年度に1000兆円以上にのぼるなど、将来の成長に不安を抱えています。

　このようにグローバルで、刻々と変化する複雑で過酷な環境の中で企業が持続的成功を達成していくには、経営戦略と、それを支えるマネジメントシステムの強化が必要になってきます。

〈経営戦略から目標展開のポイント〉

1．経営理念、経営方針
2．経営計画（事業計画）から事業目標設定
　①企業を取り巻く外部および内部環境から課題の把握
　②外部および内部の課題からリスク＆機会の抽出
　③事業目標の設定

〈目標展開プロセスに活用する文書・記録のサンプル〉

①【目標展開プロセス】の手順
②【方針・目標展開表】参考事例
③【部門（部署）目標計画書・報告書】
④「方針・目標管理規程」

1．経営理念・経営方針

　企業には創業の精神や社是などの基本的な価値観・信条、社会的使命などを示した「経営理念」があり、「経営方針」とは、その「経営理念」を実現するために具体的な方策を定めたものです。

　特に、変化の激しい時代の中で企業経営を継続していくには、全従業員の意識や行動の原点となる「経営理念」と「経営方針」の浸透が必要です。しかし、経営者の代替わりや事業活動の変化等により企業活動にマッチしなくなった場合は、追加・修正する必要が出てきます。

　中小企業の中には「経営理念」や「経営方針」が明文化されていないところも見られますが、創業から基幹としてきた行動指針、例えば"社会貢献""社員満足"や"地域や環境に配慮した経営"などの「企業理念」があるはずです。企業の行動規範となるものですので、社員が一体感を持って活動できる「経営理念」や「経営方針」の策定をお勧めします。

　一例として、「社会的使命」「組織の将来像」「価値観・行動指針」の観点から、「経営理念」や「経営方針」が明文化され、社内で共有されている中堅・中小企業の事例を紹介します。

※製造業の経営理念、経営方針の事例

〈経営理念〉

　共に創り上げる＝「共創」　　　信頼はお客様と共に創る
　　　　　　　　　　　　　　　　発展は社員と共に創る

〈経営方針〉

　当社は、長年お客様に支えられ、蓄積した産業用装置・制御技術を通して、お客様のニーズに応え、感動と満足を与え続けられる企業を目指します。これを実現するために、

●次世代製品開発による高機能・高品質化に努めます。

●社員が夢と希望を持って活き活きと働き、誇りと喜びを持てる企業を目指します。

●法規制・その他要求事項を遵守し、省資源・省エネルギー、環境保護および負荷低減への継続的改善を推進します。

　上記の経営方針を達成する為に事業目標を設定し、全員参加で達成に向け活動を行い、当社のマネジメントシステムの継続的改善を図ります。

※**物流業の経営理念の事例**

〈経営理念〉

●私達は安全の確保を最優先に、明るく働きがいのある会社を目指します。

●私達は、共に成長し、社員全員が幸福を共有できる会社の実現を目指します。

●私達は、常に顧客の視点に立ち、課題解決が実践できる感動創造企業を目指します。

●私達は、総合物流事業を通じ、地域社会への貢献及び地域社会との調和を目指します。

　安全の確保を第一に考え、全社員が「夢と希望」を持って意欲的に働くことができる職場環境、個々のお客様に感動をもたらすビジネス姿勢、そして社会全体との協栄を果たしていく。

　この3つを全社、全社員の共通の価値観として、これからも常に当社イズムという原点回帰を行ってまいります。

2．経営計画（事業計画）から事業目標設定

「経営方針」を具体化するために「経営計画」を策定します。「経営目標」として、3〜5年先を見通した「中期事業計画」になります。「中期事業計画」には、売上・利益目標、拡大する事業分野、人材強化を含めた経営資源などを含め、自社の進むべき方向性を明確にします。

　次に、「中期事業計画」を達成するために「年度事業計画」を策定します。「年度事業計画」には、中期事業計画を達成するために年度内に達成する売上・利益目標、新事業・新分野の開拓、商品力強化、品質向上、生産性向上、人材強化などが含まれます。また、詳細につきましては「Ｖ．財務戦略」で記載しますが、事業継続に必須である「資金計画」も重要な要素となります。

　この「年度事業計画」に基づき部門毎に具体的な「活動目標」を設定します。この策定の手順を以下に述べます。

（1）企業を取り巻く外部および内部環境から課題の把握

　経営理念・経営方針に基づき事業計画を策定するには、企業が現在抱えている課題を分析する必要があります。企業を取り巻く状況には外部環境と内部環境があり、外

部環境は企業活動にとって機会や脅威となる課題で、内部環境は企業が保有している強みと不足している技術及び経営資源等の弱みなどになります。

●企業を取り巻く外部環境

国内外における政治動向、法令規制、経済・景気、競争環境、技術動向、市場・顧客動向、社会及び業界の変化などから生じる課題があります。

●企業に内在する内部環境

企業の価値観、人材、販売（営業）力、設計・開発力、技術力（品質）、購買力、インフラストラクチャ、及びパフォーマンスなどに関する課題があります。

（2）外部および内部の課題からリスク＆機会の抽出

これらの外部および内部の課題から自社の経営戦略に活かす手法として**SWOT分析**があります。

SWOT分析とは、「内部環境における自社の強み（Strength）と弱み（Weakness）」、「外部環境における機会（Opportunity）と脅威（Threat）」の要素から自社のおかれた経営環境を分析し、事業環境変化に対応した経営資源の最適活用を図り、自社の経営戦略に活かす手法です。

強み×機会 **（S×O）**	自社の「強み」を活かし、外部の「機会」を最大限に活用するために取り組むべきことは何か…自社の強みを最大限活かす
強み×脅威 **（S×T）**	自社の「強み」を活かし、外部の「脅威」による悪影響を回避するために取り組むべきことは何か…自社の強みでチャレンジ
弱み×機会 **（W×O）**	自社の「弱み」を強化し、外部の「機会」を逃さないために取り組むべきことは何か…自社の弱みを克服してチャレンジ
弱み×脅威 **（W×T）**	自社の「弱み」と外部の「脅威」により、最悪の結果となることを回避するために取り組むべきことは何か…取り巻く脅威を克服するために中長期的な新分野、新製品・サービスにチャレンジ

ここで抽出した外部および内部の課題について、クロスSWOT分析表（「S×O」「S×T」「W×T」「W×O」）からリスクと機会を抽出し、自社が採るべき事業戦略を考えていくことになります。

※「クロスSWOT分析表」

下記の箇所がリスクと機会になり、事業戦略に展開します。

（内部環境） （外部環境）	S（強み）	W（弱み）
O（機会）	攻勢 （自社の強みを最大限活かす）	克服 （自社の弱みを克服してチャレンジ）
T（脅威）	挑戦 （自社の強みでチャレンジする）	成長 （厳しい環境を乗り越え、新分野・ 新製品にチャレンジ）

● コラム：【弱み×脅威（W×T）】を成長戦略に変えた日本のものづくり

　ビジネススクールなどでは、SWOT分析で脅威と弱み（W×T）が重なった部分は「撤退戦略」と学ぶことが普通で、成長戦略と言われると違和感をお持ちになると思います。本書では、ここをチャレンジする可能性のある領域という考えにしました。着実な経営をしてきても、社会環境の変化や技術開発の進展などにより、経営危機に見舞われることがあります。この危機を企業はどう乗り越えてくか……

　戦後の高度経済成長を支えた鉄鋼業界は、1973年の第1次石油危機以降、産業構造の転換に伴う国内需要の減少などにより「鉄冷え」の時代が長らく続きました。設備の廃棄さえ余儀なくされ、製鉄所の象徴である高炉は閉鎖が相次ぎ、製鉄会社は経営危機に直面しました。長い冬の時代に直面し大胆なリストラを進めましたが、日本の鉄鋼業は技術革新を止めませんでした。80年代には、コストを画期的に下げる「連続鋳造」技術に世界で最も早く取り組み、技術革新とコスト削減を続け、高い強度を持つ鋼板や鋼材は日本車の軽量化に貢献しました。最新の日本車に使用される最高強度の鋼板や東京スカイツリーに使われた鋼管は、まだ日本の製鉄会社にしか作れないと言われています。

　また、1973年、マスキー法をクリアするためにホンダが開発したCVCCエンジンを思い出します。厳しい排ガス規制という脅威と、アメリカのビッグスリーやトヨタなどの他社と比較すると研究開発費も充分でない弱みが重なり、世界のどのメーカーもホンダが世界に先んじて完璧な解決策を出してくるとは考えていませんでした。企業存続のピンチをチャンスに変えた日本の「ものづくり」の成果です。

　このような事実から、脅威に対して独自性の高い解決策を創り出すことは、「チャレンジに値する新たな価値（商機）を生み出す可能性がある」と考え、成長戦略と位置づけました。

（M. M）

（3）事業目標の設定

　上記のSWOT分析から抽出したリスクと機会を取り込み、年度事業計画を達成するため、具体的な事業目標を設定します。

　事業目標を設定したら、関連する部門に部門（部署）目標の設定を指示します。

　目標を設定する上で重要なポイントは以下になります。

①目標及び達成度（目標値含む）が明確になっているか

②目標を達成するための具体的な実施項目、達成時期が設定されているか

③実施項目を行うための具体的な活動が決められており、実務戦略と連動しているか

④目標値、目標時期の結果を明確にし、共有されているか

　各部門（部署）が一体となって連携して活動をしないと目標の達成は不可能です。これには、部門（部署）のリーダーを始め全従業員が、経営理念／方針から事業計画に基づき目標が設定されていることを理解し、目標達成に向けて全員参加の活動になっているかがポイントです。

● コラム：目標の達成度は、数値目標？

　本書は、「事業目標の設定」について、"①目標および達成度（目標値含む）が明確になっているか"としていますが、目標の達成度はどのように設定したらよろしいでしょうか。

　売上や利益、および品質目標などは、数値目標がすぐ設定できます。しかし、生産性向上や教育・訓練などの目標は数値目標がなかなか定めにくいものです。

　改善会議を月1回、教育・訓練を毎週1回と、実施回数だけを決めているのを見かけますが、数値目標にこだわりすぎると実施回数が目標になってしまいます。何回実施したからといって効果が上がるとは思えないので、目標が形骸化し、記録だけ残すことになります。

　数値目標が設定しにくい活動は、どのレベルまで達成するかという"達成度"としたら如何でしょうか。何を、いつまでに、どのように作成するなどの目標で構いません。大事なのは、この活動の中でいろいろな改善の芽が出てきて、ノウハウにつながり、メンバーの認識が拡がり、レベルアップにつながることです。

　目標の達成度は、最終的に事業目標の売上や利益、品質向上につながっていきます。この実績を確認すれば達成度（目標値）を測ることができます。　　　　　　　　　　（M．M）

　これまで説明した経営理念／経営方針に基づき中期／年度事業計画を策定し、事業

目標を作成する【目標展開プロセス】の手順は以下になります。

外部／内部環境からリスクを抽出し目標展開プロセス

1.組織の目的・戦略

経営理念、経営方針、事業計画

2.組織の状況
＊組織を取り巻く外部・内部の課題
（利害関係者を含む）

1.外部の課題（外部要因）
①法令規制、②経済状況、③技術動向、④競争環境、
⑤市場・顧客動向、⑥社会及び業界環境
2.内部の課題（内部要因）
①組織の価値観、②人材(スキル・知識)
③販売（営業）力、④技術力(品質)
⑤インフラ状況、⑥購買力、⑦パフォーマンス

3.事業範囲の決定

4.事業方針・事業計画の策定

5.リスク及び機会の抽出

外部／内部の課題から、リスクと機会の抽出

6. 事業目標（部門目標）設定

抽出したリスクと機会に基づき、年度事業目標の設定
「年度事業目標」→「年度部門目標」
達成度より変更管理して実践

　経営方針、事業計画からSWOT分析を活用して目標設定をした具体的な事例として、「方針・目標展開表（別表1）」を添付します。

方針・目標展開表

改訂日：
作成日：20XX/4/1

承認	作成

経営理念

共に創り上げる＝「共創」
信頼はお客様と共に創る
発展は社員と共に創る

経営方針

当社は、長年お客様に支えられ、蓄積したXXX技術を通して、お客様のニーズに応え、感動と満足を与え続けられる企業を目指します。これを実現するために、
● 次世代製品開発による高機能・高品質化に努めます。
● 社員が夢と希望を持って活き活きと働き、誇りと喜びを持て る企業を育成します。
● 法規制・その他要求事項を遵守し、省資源・省エネルギー、 環境保護および負荷低減への継続的改善を推進します。

　上記の経営方針を達成する為に事業目標を設定し、全員参加で達成に向け活動を行い、当社が構築してきたマネジメントシステム(MS)の継続的改善を図ります。

中期（第XX期〜第YY期）経営計画

『激動する経済環境・グローバル化に対応できる強固な経営体制の構築』
1　製品品質及び生産性向上による確実な「利益確保」
2　環境対応及び新用途開発による新製品開発による「売上向上」
3　営業開発力及び設計・開発力の強化
4　人材の強化・育成による「社内体制の強化」

第XX期事業計画

■ 当社のマネジメントシステムのレベルアップにより、生産性の高いモノづくりと、高付加価値製品の拡大を目指す
■ 第XX期　売上目標：ＸＸ億ＸＸ千万円　（経常利益ＸＸ万円）
■ 行動目標
○ 高付加価値製品、XX製品の受注拡大により、年度売上目標・経常利益率の達成
○ 製品開発・改善目標・・・品質ナンバー1製品を目指した製品開発・改良の推進
○ 機械と制御の融合を図り、製品開発力を強化し、高品質かつ環境にやさしい商品開発
○ 製品品質の向上・・・クレーム・社内不適合の削減
○ 原価管理の強化・・・製造原価の把握、購買管理の強化による在庫削減
■ 人材の育成と人事考課制度の導入
■ 社内インフラの強化

【SWOT分析】課題抽出によるリスクと機会

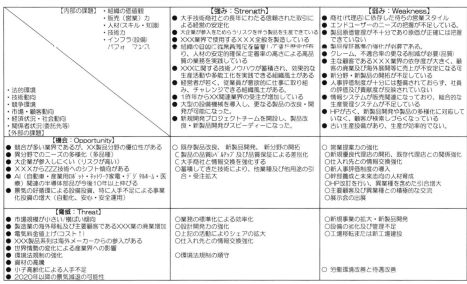

（中央のSWOT分析マトリクス図）

【SWOT分析】によるリスクと機会抽出

◆ 営業活動の強化：売上・利益の確保
○営業提案力の強化
○大手商社と情報交換を強化する
○新規優良代理店の開拓、既存代理店との関係強化
○蓄積してきた技術により、他業種及び他用途の引合・受注拡大
○HP改訂を行い、異業種を含めた引合増大
○展示会の出展

◆ 新製品開発、既存製品改良、新分野開拓
○既存製品改良、新製品開発、新分野の開拓
○上記の活動によりシェアの拡大
○新規事業の拡大・新製品開発
○設計開発力の強化

◆ 品質・生産性向上、技術力強化
○製品の品質レベルアップ及び品質保証による差別化
○業務の標準化による効率化
○仕入れ先との情報交換強化

◆ 人材の育成と強化
○新人事評価制度の導入
○幹部養成と未来志向の人材育成
○主要顧客及び異業種との積極的な交流

◆ 社内体制及びインフラの強化
○労働環境改善と待遇改善
○設備の劣化及び管理不足
○環境法規制の遵守

【年度事業目標】

■ 売上・利益目標
売上目標：ＸＸ億Ｘ千万円　（経常利益ＸＸ万円）
● A製品類　　　　Ｘ億Ｘ千万
● B製品類　　　　Ｘ億Ｘ千万
● C製品類　　　　Ｘ千万
● 新製品・用途開発製品　Ｘ千万

■ 新製品開発・製品改善
● 新素材導入
● A製品の開発
● 新型ZZ開発
● 制御ユニット標準化

■ 技術力強化・生産性の向上
● 品質ナンバー1製品を目指した製品改良
● 既存製品の標準化・機能強化
● PFDに対応した作業手順の再構築

■ 人材の育成
● 力量評価表運用及び社内資格の設定
● 製造G技能評価表新規作成
● 教育・訓練計画

■ 社内体制及びインフラの強化
● 生産設備の導入及び入れ替え
● 法令及びコンプライアンスの遵守

年度部門目標

（4）年度部門目標の設定

　年度事業目標から部門目標に展開する目標計画・報告のサンプルとして、**【年度部門目標計画書・報告書】**（別表２）を添付します。これには、「**目標**」⇒**達成度（目標値含む）**⇒「**実施項目（内容）**」⇒「**具体的活動**」のステップを設定し、毎月の実施項目の達成状況を確認し、次月の対策を記入します。なお、年度内に活動の変更や追加が発生した場合、目標、実施項目・具体策を変更・追加し、目標展開プロセスのPDCAサイクルを回していくことが重要です。

　なお、物流業の**【年度部門目標計画書・報告書】**はM3経営研究会HPに掲載していますので、そちらをご覧ください。（https://www.m3kenkyu.com）

（5）方針・目標展開プロセスを運用する仕組み

　これまで説明してきた方針・目標展開プロセスの仕組みを文書化したサンプルとして、**別紙：「方針・目標管理規程」**を添付します。

別表2：[年度部門目標計画書・報告書] サンプル

様式番号	CF-62-01-01
実施部署	

（20XX）年度目標計画書・報告書（ 9月実績）

作成：20XX年 4月 1日
変更： 年 月 日

承認	作成

実績報告 20XX/9/30
作成日
作成者

目標	達成度 /目標値	実施項目（内容）	具体策（実施内容）
1 営業部門 営業活動の強化による売上 上目標達成	新規先売上 xx件/年 既存先売上 xx万円/年 今期売上目標¥xxx,xxx,xxx 製品¥xxx,xxx,xxx ①製品群¥xxx,xxx ②製品群¥xxx,xxx ③製品群¥xxx,xxx その他¥x,xxx,xxx 当月の進捗 /実績	1）新規顧客獲得に向けた営業活動 ①新規顧客獲得件数のUP ②営業活動 2）既存顧客への効率的な営業 推進活動 ①顧客数の維持 ②効率的な営業 ③ある程度の規模の物件	新規顧客の開拓は、新型コロナウイルス感染で現地を訪問が難しく十分な活動ができなかった。今後よりモ一営業を推進していく。 既存顧客の営業は拡大で現場動向が必要である。当社の製品動画やメンテナンス情報等を活用して販売促進につなげていく。ホームページの同時代わりで見積提案だけで無く、製品の紹介だけでも、顧客の活動状況を含め、顧客の信頼を高める活動を行う。
2 設計部門 設計力強化	主力製品の改良 既存製品開発 新製品開発2種 設計時間の短縮5%削減 当月の進捗/実績	1）既存製品の改良 2）新製品開発 3）設計の効率化	既存製品の改良は、A製品群はこれからの製品ある。部品共通化も視野に進めていく。なお、部品毎に詳細設計を検討する。N製品は概略製品図面が発生したので、重要なユニットの洗い出しを行い、検証後に詳細設計を進める。設計資料の整備はなかなか進まないが、主要な製品体系を再度確認し、担当者を決定して進めていく。3D-CADに関しては、若手の設計を中心に教育と運用を進めていく。
3 技術部門 業務効率化による生産性 向上／収益率向上	製造原価の把握 購入費用5%削減 情報システムの構築 当月の進捗/実績	1）製造毎の製品原価の算出 2）購入部品の一覧表作成 3）社内情報システム開発推進	製品毎の製造原価の算出は可能な限りプロセスを算出し、製造前に製造原価を把握する。これにより、ダウンタイムや安全在庫を考慮し購入費用の削減に努める。購買、製造の一貫したシステムの構築により、主要な目標を決定し、QODの改善につなげる。
4 製造部門 1．製品品質の向上 2．生産性の向上	クレーム削減 社内不良削減 是正処置 PFD・作業手順書の見直し及び改善 提案 当月の進捗/実績	1）クレーム発生報告書による 原因の追及及び再発防止 2）社内不良の追及及び再発防止 3）是正処置 4）PFD、作業手順書の見直し、 改善提案の提出件数	クレーム発生に対して毎月減らしており減少している。社内不良も半期経過して、前年6件に対して実施している。是正処置は発生状況を含めて再発防止に取り組んでいく。PFD、作業手順書の見直しは、クレームや社内不良の発生を少なくなるように。改善の必要性を認識して取り組んでいく。
5 全部門 人材の育成、スキルアップ	社員教育の計画及び実施 当月の進捗/実績	1）社員教育の実施 2）技術伝承	「力量評価表」に基づき教育・訓練計画を作成し、教育・訓練を実施している。計画に沿い教育・訓練を実施中である。下半期から員に必要な教育・訓練を実施する。

※製造業の目標計画書・報告書は、各部門の代表的な目標を抽出して一覧表にしています。

※**別紙：「方針・目標管理規程」サンプル**

株式会社 CD-62-01-01	方針・目標管理規程	第1版	改定 制定	承認	作成

フロー			手順	関連文書・記録
経営者	管理責任者	部門		

〈基本方針・事業計画から年度事業計画への展開〉
経営方針、及び中期事業計画に基づき、年度事業計画を設定し、マネジメントシステムを運用することにより、当社の業績向上、体質強化、及び社会的貢献を果たし、継続発展を目指すことを目的とする。

フロー図	手順	関連文書・記録
基本方針 中期事業 計画設定 事業環境分析 —A 年度事業目標設定 経営方針、年度事業計画・目標の周知	**1.年度方針・目標の設定と周知** ① 経営者は、経営方針及び中期経営計画に基づき、当社の年度事業計画を設定する。 ② 上記に基づき、利害関係者の期待とニーズを含め、**「方針・目標展開表」**を作成し、**「SWOT分析」**により、当社を取り巻く外部及び内部の課題から、リスクと機会を抽出する。 ③ 当社の事業計画を推進するため、リスクと機会を取り込み、**「年度事業目標」**を設定し、経営者の承認を得る。 ④ 経営者は、年初の**「経営計画発表会」**で年度方針・事業計画を説明し、全社員に周知徹底する。	方針・目標展開表 年度事業目標
目標 計画 報告書 作成 承認 ← 確認 年度目標の周知徹底	**2.部門目標の設定と周知** ① 部門長は、上記の方針に基づき、部門の目標を明確にした「年度(部門)目標計画書・報告書」を作成し、管理責任者に提出し、経営者の承認を得る。 ※ 目標設定に当たっては達成度が判定可能なものとする。 ② 部門長は、**「年度(部門)目標計画書・報告書」**を部門員に部内ミーティング等で説明し、周知徹底する。 ※ 目標は部内に掲示する。	年度(部門)目標計画書・報告書
目標の展開 目標実績 評価 MS委員会(月度実績評価) 活動強化 〈有〉 〈無〉 目標計画 変更 年度目標の 評価	**3.部門目標の進捗管理と評価** ① 目標展開に当たっては、【①実施事項、②必要な資源、③責任者、④実施事項の完了時期、④結果の評価方法】を明確にし、責任をもって活動するものとする。 ② 部門長は、**「年度(部門)目標計画書・報告書」**に月度実績を記入し、達成度を確認する。 ③ 部門長は、**「年度(部門)目標計画書・報告書」**により月度の成果をMS委員会で報告する。 ④ 管理責任者は、月度の実績を評価し、必要があれば活動強化の指示及び目標の追加・変更を指示する。 ⑤ 部門長は、必要ならば**「年度(部門)目標計画書・報告書」**を変更し、目標達成するための実施事項・具体的な活動を見直し、効果的な活動にするようにする。 ⑥ 管理責任者は、各部門の「年度(部門)目標計画書・報告書」から目標の達成度を半年ごとに評価し、この報告書に記載する。	年度(部門)目標計画書・報告書 年度(部門)目標計画書・報告書 年度(部門)目標計画書・報告書(月度)
マネジメントレビューインプット情報 年度実績 評価 次年度の 改善指示 次年度の事業計画 —A	**4.マネジメントレビュー(経営会議)** マネジメントレビューを経営会議(年度末MS委員会)で実施する。 ① 管理責任者は、マネジメントレビューのインプット情報として年度事業目標及び各部門目標の達成度を含め、年度の事業結果をまとめ、「マネジメントレビュー議事録」を作成する。 ※ マネジメントレビュー会議の出席者は、経営者・役員・各部門長とする。 ② 経営者は、**「マネジメントレビュー議事録」**のインプット情報から年度の実績を評価し、次年度の活動方針及び重点目標を指示 ③ 管理責任者は、経営者の改善指示に基づき、次年度の事業目標設定に当たって、「SWOT分析」により取り巻く事情環境分析を行い、年度事業目標を検討する。	マネジメントレビュー議事録

改訂内容

26

● コラム：〈ゆでガエルとゆで会社〉

　カエルは、水の温度が、徐々に上がっても、それに気づかずに茹だってしまい、絶命してしまいます。このカエルを企業として考えたとき、水の温度は、企業外部の状況、いわゆる外部環境になります。

　企業は、顧客ニーズの変化、取引先の要望の変化、規制の変化、技術の変化、経済の変化など、様々な外部環境の変化に対して、自社の収益が増加するように色々な施策を打っていきます。

　しかしながら、従来にない変化には気が付きにくく、結果、対応が手遅れになってしまうことがあります。また、気づいてはいるけども、「まだ大丈夫」と問題を先送りしているときも、同様に対応が手遅れになります。「ゆで会社」です。

　冒頭でも述べましたように、環境が大きく変わっている中で、中小企業の対応が手遅れにならないためには、どうすれば良いのでしょうか？　ポイントは5つです。

1．「柵（しがらみ）を忘れる」

　　柵は、「挑戦できない」理由となって、未来志向を停止させてしまいます。

　　一旦、柵を忘れることで、近未来への発想をしやすくします。

2．「情報を集める」

　　近未来を考えるにはそれなりの情報が不可欠ですので、情報をあつめる企業努力が必要です。インターネット、セミナー、取引先、同業者、専門家などから、未来の情報を、少しずつ集めます。

　　社長だけでなく、組織的に集めることで、未来志向が育ちます。

3．「三人寄れば文殊の知恵」方式で、中期計画を策定します。

　　未来計画を考えるには創造力が必要です。創造とは、経験と知識の解体・結合ですから、大勢で考えた方が創造的な中期計画が策定できます。社員はもとより、同業社、専門家、大学教授、支援機関の経験と知識も活用します。最後に、経営資源を鑑み、実行可能な中期計画に落とし込みます。

4．「経営資源」を投入します。

　　近未来にむけた中期計画実行のためには、経営資源を投入しなければなりません。

　　最初は、少しで良いですが、かならず、経営資源を投入します。

5．「PDCA」を3年続けます。

　　中期計画の策定は、経験が必要です。三回やってようやく動き始めます。それまでは辛抱が不可欠です。

(S.O)

Ⅰ-2．組織運営

　デジタル経済化に伴う大きな経営環境の変化および人手不足という労働環境の中で、組織の運営はますます難しくなっています。今まで模範になっていた優良企業も外部環境の変化に対応できず衰退を余儀なくされています。この節では、組織の形態と円滑な運営について記述します。

```
〈組織運営のポイント〉
1．組織形態（組織図）
2．組織の運営
　①職務分掌による責任と権限の明確化
　②内部コミュニケーションの役割
　③プロジェクト活動による課題解決
```

```
〈組織運営に活用する文書・記録のサンプル〉
　①組織図
　②マネジメントシステム（MS）委員会議事録
　③改善プロジェクト実行計画書
```

1．組織形態（組織図）

　経営方針に基づき事業戦略を実践し目的を達成する上で組織の形態は重要な役割を持ちます。

　組織形態には、ライン組織や職能別（機能別）組織、マトリクス組織などがありますが、ほとんどの企業は、「営業」「設計」「製造」「総務」などの機能ごとに編成された職能別（機能別）組織で構成されています。**職能別（機能別）組織**は各部門の専門分野が明確になっており、機能ごとの専門性に基づき効率的に仕事を進めることには適していますが、業務プロセスが細分化するに従い部門間の利害関係の調整など意思

決定が曖昧になることがあります。**（職能別組織サンプル1）** 参照

　さらに事業が大きくなると、事業部制の組織を採る場合があります。事業部制組織は、取扱い製品別に、または地域別に事業部を作り、事業単位に編成された組織です。各事業部には「営業」「設計」「製造」などの機能が配置され、一定の権限を与える独立事業採算単位とする組織です。**（事業部別組織サンプル）** 参照

※職能別組織サンプル1

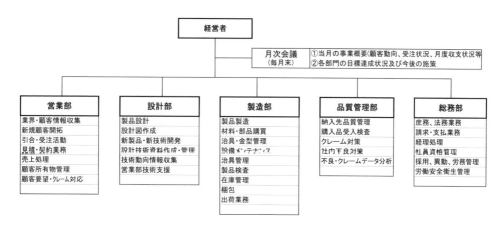

※事業部別組織サンプル

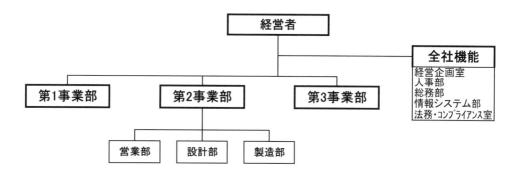

2．組織の運営

　組織は企業の経営方針および経営戦略を実現していく上でどのように組織化されているかが重要で、従業員一人一人が、経営方針・経営戦略を理解して行動しなければ、目的を達成することは不可能になります。

　職能別組織では、部門ごとの役割と権限は明確になっていますが、部門間の引継ぎや調整する機能が不足している組織が中小企業で多くみられます。例えば、製造業の

場合、主要業務の「営業」「設計」「製造」はありますが、営業が受注後、設計・製造に引き継ぎ生産全体を統括する機能や購買機能が分散し、必要なときに適正な価格購入、在庫や納期を統括する機能が不足している組織があります。**「職能別組織サンプル2」**は、このような部門間にわたる生産管理や購買業務などを調整する機能として**技術部**を設けています。技術部は、受注した物件をスピーディーに円滑に処理するため営業・設計・製造の部門間の調整を行う機能を持たせ、顧客の要望に対応した生産計画策定などの役割の他に、購買機能を持たせることにより購買・調達先とのコミュニケーションを図り、実行予算管理と組織全体の技術力強化を担います。

　また、部門間の調整を行うために内部コミュニケーションとして**各種会議や委員会**があります。この役割は、組織を取り巻く外部・内部の情報を共有し、部門間にまたがる課題等の調整などを行う機能を持ちます（各会議等の内部コミュニケーションに関しては後述します）。

　職能別組織と製品別組織を組み合わせたマトリクス組織がグローバル企業や大企業で導入されていますが、中堅・中小企業には難しいと考えられます。したがって、事業活動の中で早急に改善の必要がある重要課題や開発テーマなどが生じたとき、関連する部門から適切な人材を集めて解決するためにプロジェクトによる運営をお勧めします。この**プロジェクト活動**はプロジェクトチームやタスク・フォース（機動部隊）の形を取り、目標と期間を定めて活動する柔軟な戦略的活動で、目的が達成できれば解散する臨時的な組織です。プロジェクト活動は、ピラミッド型の職能別（機能別）組織を補完するネットワーク組織の役割を持ちます。

　このように職能別（機能別）組織に、内部コミュニケーションの充実とネットワーク型のプロジェクト活動を加えた、3つの機能をうまく組み合わせた組織運営が望まれます。

１．職能別組織による各部門の職務分掌の明確化
２．組織間調整を行う内部コミュニケーションによる組織運営の活性化
３．重要な課題解決や開発等を推進するためのネットワーク型のプロジェクト活動

※職能別組織サンプル2

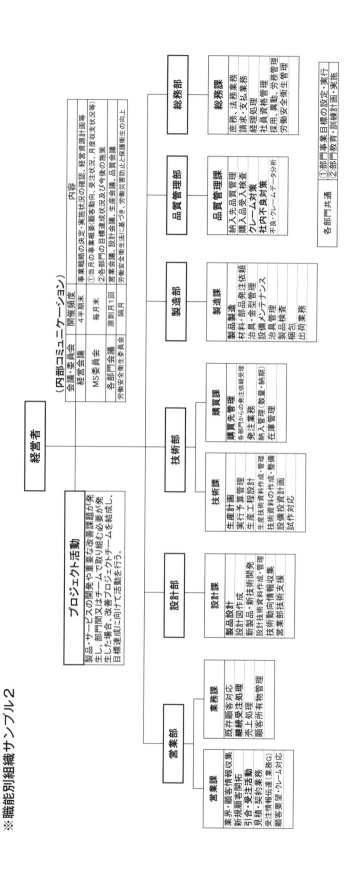

プロジェクト活動

製品・サービスの開発や重要な改善課題が発生し、部門間又はチームで取り組む必要が発生した場合、改善プロジェクトチームを結成し、目標達成に向けて活動を行う。

（内部コミュニケーション）

会議・委員会	開催頻度	内容
経営会議	4半期末	事業戦略の決定・実施状況の確認、経営資源計画等
MS委員会	毎月末	①当月の事業概要(顧客動向、受注状況、月度収支状況等)
		②各部門の目標達成状況及び今後の施策
各部門会議	原則月1回	営業会議、設計会議、生産会議、品質会議
労働安全衛生委員会	隔月	労働安全衛生法に基づき、労働災害防止と保健衛生の向上

経営者

営業部
- 営業課
  - 業界・顧客情報収集
  - 新規顧客開拓
  - 引合・受注活動
  - 見積・契約活動
  - 受注情報伝達(業務G)
  - 顧客要望・クレーム対応
- 業務課
  - 既存顧客対応
  - 継続受注処理
  - 売上処理
  - 顧客所有物管理

設計部
- 設計課
  - 製品設計
  - 設計図面作成
  - 新製品・新技術開発
  - 設計技術資料作成・管理
  - 技術動向情報収集
  - 営業部技術支援

技術部
- 技術課
  - 生産計画
  - 実行予算管理
  - 生産工程設計
  - 生産技術資料の作成・管理
  - 設備投資計画
  - 試作対応
- 購買先課
  - 各部門からの発注依頼処理
  - 発注業務
  - 納入管理(数量・納期)
  - 在庫管理

製造部
- 製造課
  - 製品製造
  - 材料・部品発注依頼
  - 購入品受入管理
  - 治具・金型管理
  - 設備メンテナンス
  - 治具管理
  - 製品検査
  - 梱包
  - 出荷業務

品質管理部
- 品質管理課
  - 納入先品質管理
  - 購入品受入検査
  - クレーム対策
  - 社内不良対策
  - 不良・クレームデータ分析

総務部
- 総務課
  - 庶務・法務業務
  - 請求・支払業務
  - 経理処理
  - 社員資格管理
  - 採用、異動、労務管理
  - 労働安全衛生管理

各部門共通
- ①部門事業目標の設定・実行
- ②部門教育・訓練計画・実施

（1）職務分掌による責任と権限の明確化

　組織運営を円滑に行うため、多くの企業・組織では「職務分掌規程」などを定めています。

「職務分掌」とは、組織においてそれぞれの職務が果たすべき責任（職責）や、その職責を果たす上で必要な権限（職権）を定め、円滑な組織運営・業務運営をするために、それぞれの仕事の内容や権限と責任の範囲を定義しているものです。

　しかし、業務の役割分担だけの職務分掌が多く、実務上の部門間の取り決めや緊急事態対応などが不足し、定めた職務分掌が十分に機能していないケースが多くみられます。また、職務分掌が事業内容の変化に対応して見直しされておらず、職務分掌と関係なく業務が行われている組織もみられます。

　職務分掌は、組織を円滑に運営するための基本となる仕組みです。企業全体として目的が効率的に達成できるために組織間での役割に漏れや重複がないようにするとともに、責任と権限に矛盾がないように制定することが重要です。また、組織を取り巻く状況や仕事の内容が変化した時は適宜に見直しすることが必要です。

　※各部門の職務分掌の概要を、「職能別組織サンプル１、２」に入れています。

（2）内部コミュニケーションの役割

　企業の内部コミュニケーションとして、経営会議、月次会議、週次会議、営業会議、設計会議、朝礼・終礼など、様々な会議が行われています。会議が最大のコミュニケーションとなっていますが、本当に有効な会議が行われているのでしょうか。

　企業の第一の目的は、経営方針を定め、事業計画を作り、各部署の目標を設定し、達成のために事業活動を行うことです。第二の目的は、事業活動の成果を検証・評価し、必要ならば改善に繋げることです。内部コミュニケーションはこの一連の流れを周知し共有化する役割になります。

　内部コミュニケーションとして様々な会議が行われていますが、目的を明確にして実施する必要があります。

●経営者の役割は、経営方針を定め、事業計画を作り、働きがいのある会社にしているか。この目的のために、年度経営発表会、経営会議などがあります。

●管理者の役割は、事業計画に基づき設定された目標を、部署の従業員に理解させ、達成に向けて最高の仕事ができる状況を提供することです。この目的のために部門会議、月次会議などがあります。

●リーダーの役割は、部門目標達成に向け実施計画を立て取り組むことです。この目的のために、朝礼・終礼、週次会議、およびグループ会議などのミーティングがあ

※主な内部コミュニケーション一覧

会議名	目的および内容	主催者	出席者	開催頻度
取締役会	①法定決議事項の決決 ②取締役会付議事項 ③その他重要事項	取締役社長	取締役社長 取締役・監査役	4半期毎
経営会議	①経営上の重要事項の協議 ②業務執行に関する報告および業務執行に関する方向性の決定	取締役社長	取締役社長 取締役、執行役員、部長	4半期毎
MS委員会 （マネジメントシステム）	①事業目標の達成状況、問題点、改善事項 ②法的要求事項の周知と順守評価 ③プロセスの運用、管理するための情報交換 ④年度教育・訓練実行計画の承認及び実施状況 ⑤社内運用文書の制定・改廃の審議 ⑥顧客からの苦情や相談への対応策の検討 ⑦データ分析の結果報告、問題点、改善提案 ⑧改善提案の審議 ⑨その他連絡事項など	管理責任者	各部門長 リーダー	毎月
部門会議	①月度活動報告および次月の活動方針報告 ②部門方針の確認 ③その他重要事項確認など	部門長	部門リーダー	毎月
安全衛生委員会	①労働安全衛生法に基づき、全社的な労働災害防止と保健衛生の向上。 ②労働安全衛生法全般	管理部門長	安全衛生委員	毎月
品質委員会	①社内安全対策会議 ②不良・事故原因の究明と対策の共有化 ③その他重要事項	品質 管理部長	該当部門長 リーダー	毎月

ります。

●従業員の役割は、目標達成に向けて自分自身の役割を決め、周りとコミュニケーションをとって取り組むことです。

◆内部コミュニケーションの活用のポイントは

①会議の運用ポイント

　多くの組織では部門間の活動の調整を図り、課題を共有し解決するために各種会議・委員会が利用されています。これらをうまく運用するには、出席者が積極的に発言し、審議し決定することができる会議・委員会になっているかが重要です。

　社長、役員と管理者、および社員間では、長年の仕事の経験や実績により、考え方に違いがあり、認識の相違があることは当たり前です。考え方の違い、つまり多様性があることは悪いことではなく、いろいろな意見を出し合って、柔軟に方向性を決めていくことができるかどうかです。ただし、やり方を一度決めたら、その実施内容に従い必ず実行する。その結果として良否の判断（一致したやり方をした結果ですので公平な評価ができる）を行い、必要であれば変更（改善）する。このサイクルがまわる会議・委員会になっているかが重要です。

部門間のコミュニケーションを図っていくには会議終了後に議事録を即作成し、課題を共有し目的達成に向けて協力し合って活動することです。そのためには、会議終了後に即作成できる「議事録」（様式）を準備しておくべきです。

　議事録には、事前に出席者名、審議する議事項目が順序よく列記されていることが必要です。白紙の議事録ではその時の課題が中心になり、その都度議事の進め方が変わり、効率的な会議進行ができなくなる可能性があります。また、会議終了後の課題・改善事項などを明確にし、次回の会議の審議につながる議事録にすべきです。参考として、「マネジメントシステム（MS）委員会議事録」（別紙1）を添付します。

※会議の重要なPoint！

①必要な会議が行われているか（不要な会議はないか）
②会議の目的が明確で成果（アウトプット）がでているか
③会議の資料は事前に作成され、出席者、日程・時間が決定されているか
④出席者が積極的に発言し、活動を報告し、進捗状況が共有されているか
⑤会議の議事録が即作成され、今後の活動に活用できる記録になっているか

　中小企業の場合、朝礼・ミーティングなどを実施していますが、効果的なミーティングになっていますか。経営者・幹部よりの一方的な指示・伝達だけでなく、従業員のモチベーションを高め、全員参加型の生産性の高い業務を行うためのコミュニケーションができているかもう一度再確認していただきたいと思います。

※従業員のモチベーションを高めるPoint！

①経営者、管理者が従業員に期待していることを伝えているか
②従業員は自分の仕事に誇りを持っているか
③一緒に働いている人たちと連帯感を持ち、協力して仕事をしているか
④自分の仕事が世の中の役に立っていることを認識しているか
⑤自律性を持って仕事をしているか
⑥公平な評価になっているか

◆内部コミュニケーションを活性化させるには

　多くの企業で内部コミュニケーションが不足がちです。

　この理由は何であるか、これまでの経験から、仕事の仕組みの脆弱さ、仕組みの不足のあることに行き着きました。それでは「仕組み」とは何か。組織の仕組みは、仕事のやり方、つまり、業務手順、作業標準・基準といえます。

　内部コミュニケーションがうまくできる条件は、仕事の仕組みがあり、仕事中に連絡・相談ができ、活動結果が報告できる状況にあることです。

　仕事をしていて想定外の事象、品質不良などが発生した場合、担当者は自分の判断で、思いついたままに修正したり改善したりしていませんか。仕事の仕組み（業務手順、作業標準・基準）がきちんとあり、やり方が従業員に周知されていたら、自分だけの判断ではなく、周りの人に報告し、どうしたらよいか相談することができます。これが内部コミュニケーションの始まりだと考えます。

　仕組みとは、仕事の手順を伝達可能にし、だれでもできるようにすること、これがマニュアル化、テンプレート化になります。つまり、仕組みがあるということは、作業する全員が仕事のやり方を理解し、どうすればよいか分かっていることです。

　統一した手順で仕事をした結果、うまくいかなかったら周りの人とどうするか相談する。そのとき、多様な意見が出てきて最良な方法を決めることができます。バラバラなやり方をして、不具合がでたときにやり方を決めようとしても、個人により違うやり方をした後で最良の方法は決めようとしてもできません。つまり、仕組みがないと周りの人や他部署とのコミュニケーションができないということは、こういう理由からです。

　仕組みを活用して実施した結果が記録として残ります。記録を蓄積するとデータとなります。そのデータから仕事の特性と傾向が見えてきます。このデータ分析から改善の芽が出てきて、もっと生産性を上げたい、不良をなくしたい、という改善に繋がっていく。さらに、改善を追求していくと改革（イノベーション）に繋がっていく。将来、これらのデータが蓄積されるとAI（人工知能）を活用して、ロボットがこの手順は改善の必要がありますよ！　と話しかけてくるかもしれません。

　それでは全従業員が納得して活き活きと取り組むことができる仕組みを作るにはどうしたらよいか。そのためには各業務のプロセスを明確にしたPFD（プロセス・フロー・ダイヤグラム）の作成を提案します。

（PFDの詳細は、「Ⅲ．実務戦略」で述べます）

　コミュニケーションは、日本語では報連相（報告・連絡・相談）ともいえます。報連相ができているということは、計画があって、その日の目標を持っていて、どのようにするか具体的な活動があるということで、これがないと報連相ができません。内部コミュニケーションの活性度が組織の活性度につながります。

※別紙１：マネジメントシステム（MS）委員会議事録（サンプル）

AAA 株式会社	MS委員会議事録	作成	承認	作成
QF-74-01-01		20XX/10/10		

〈出席者〉社長、MS管理責任者、営業B、設計B、製造B、品質管理B、生産技術B、総務B、その他（　　　　　）

①経営者からの伝達事項
・西日本豪雨があり、大きな被害が発生した。当社も工場及び倉庫の防水対策は十分か確認してほしい。10月25日に防災・防火訓練を予定している。予防規定に基づき避難誘導・消火訓練を行う。
・新規の営業活動は現在の状況では難しいと思われるが、新規問合せや既存顧客からの要望には迅速に対応し、顧客の信頼を維持すること。
・現在、業務改善チームで製品やサービスの変化に基づき作業手順や要領を見直し中であるが、全社一体となって協力して取り組むこと。

②今月の特記事項(法規制、環境対応、業界・経済状況他)
・営業(1名)と製造(2名)の補充に関しては、現在募集中で、11月に2名面接の予定。
・入荷品の開梱時に産業廃棄物の発生が多くなっている。また出荷梱包時でも廃棄物が多く発生しており、リサイクルや有価物としての処置ができないか検討のこと。

③部門目標の達成状況及び進捗状況報告

	報告内容	次月の課題、改善事項
営業部	「年度目標計画書・報告書」に基づき報告 7、8月の売上げは低調だったが、9月から引合が増加し売上げも戻ってきている。 新規A社より、XX製品の関連機器を含め引合があった。当社の製品が適合するか確認中。 既存顧客B社・C社の売上げが低調である。訪問し状況を確認する。	新規顧客には見積提案書を作成し、受注に向けて活動する。 既存顧客に対しては計画的な訪問を行い受注につなげ、売上げを確保する。
設計部	「年度目標計画書・報告書」に基づき報告 M製品のシリーズとして、M2製品の開発が完了した。販売に向けて製品仕様書、取り扱い説明書を作成中。 新製品Nは現在開発中で、今年度末には完成を見込んでいる。	M製品の新年からの販売に向けて製品説明会を11月に実施予定。 N製品の開発コンセプトを明確にするため、営業部門・製造部門を含めた開発会議を予定。
生産技術部	「年度目標計画書・報告書」に基づき報告 Z製品シリーズの技術資料の整備を行っているが、品質を維持する検査方法のやり方が課題となっている。 O社の廃業に伴い、新規購買先を調査した結果P社を候補にしている。近日に訪問して製造状況を確認する。	Z製品シリーズの技術資料完成に向けて、設計・製造とのミーティングを今月末に実施したい。 購入品が値上がりしており、新価格一覧表を作成し、配布する。
製造部 品質管理部	「年度目標計画書・報告書」に基づき報告 年末にかけてS製品出荷が重なっているので、他の製品製作で余裕のあるグループからの補充を検討している。 クレームや社内不良がまだ発生しているので工程内検査及び出荷検査を強化する。	生産技術部と連携して、購入品の発注を含めた生産計画を作成し、納期遵守に努める。 工程内検査報告書、出荷検査データに基づき改善の有無を確認する。
総務部	「年度目標計画書・報告書」に基づき報告 BCP対応として、会社全体のルールを検討しているので協力をお願いしたい。 10月22日にインフルエンザ予防接種含む予防接種は全員対象に実施（当日の体調不良は医師に相談すること）	

④クレーム及び社内不良報告

発生月	4	5	6	7	8	9	10	11	12	1	2	3
クレーム件数	3	4	3	5	4	3						
社内不良件数	17	15	15	18	7	10						

【特記事項】
・クレームは前年度に比べて削減しており、重大なクレームは発生していない。
・社内不良件数は、相変わらず軽微な不良が多い。削減するために製造部ミーティングを行い、改善点を検討する必要がある。

⑤MS年間スケジュールの実施状況確認

教育・訓練計画・実施	「教育・訓練計画書」に基づき実施。 ・11月に内部監査を実施するので、10月30日にMSスキルアップ研修を実施予定。 ・制御技術研修は月2回継続
購買先情報（継続購買先、新規の有無）	・新規購買先予定のP社の訪問を行い、「新規購買先評価表」に基づき評価予定。
設備点検、検査機器校正等	・「MS年間スケジュール表」に基づき実施 今月は天井クレーンの定期点検を予定。

⑥MSの維持・改善提案
S製品の「改善提案書」に改善方法の説明。

⑦その他
特になし。

（3）プロジェクト活動による課題解決

　企業にとって重要な改善課題や開発テーマなどが発生し、組織間にわたる対応が必要になったとき、改善プロジェクトを組織し実施する必要が出てくることがあります。

　プロジェクトを実行するに当たっては、プロジェクトリーダーを決定し、関連する部門からメンバーを選定し、目標と期間を定めて活動します。製品やサービスの開発テーマが発生した場合も同様にプロジェクト組織を構成します。

　プロジェクトメンバーは各自に通常業務がある一方で、改善プロジェクトは定められた期間に要求される成果を出さなければならないので、トップや経営層の承認により位置づけられたプロジェクトであるという認識を社内で確立しておくことが重要です。

　プロジェクト活動は組織間に横串を刺すネットワーク組織の要素を持ち、組織全体の支援が必要です。

　参考として、「改善プロジェクト実行計画書」（別紙2）のサンプルを添付します。

※別紙2：「改善プロジェクト実行計画書」

文書番号	プロジェクト活動実行計画書		プロジェクトメンバー		作成：20XX年XX月XX日		責任者	担当者
		リーダー	加工Gリーダー	メンバー	QCチームメンバー	変更： 年 月 日		

改善テーマ	【生産性向上】XXX加工時間のリードタイム短縮（効率化）	月度	実施項目の進捗状況	実績・成果
		1月	過去の作業日報から素材板厚ごとの加工速度を抽出 ・作業日報から段取と加工の時間を抽出 ・上記作業のデータを集計する記録様式の作成	過去の作業の素材ごとの加工速度と段取り時間のデータを作成できた。
改善の目的	在庫の適正化へ向け、加工前の素材の仕掛り量を削減し、加工時間短縮による加工作業の効率化を図る。	2月	・作業日報と検査日報から、作業者による毎日の素材ごとの段取り時間と加工速度・時間を機械毎に測定。 ・過去の作業時間のデータと比較し、改善点を抽出する。	機械毎に、作業者毎、素材毎の段取・作業時間が把握できた。作業者によるバラツキも多いことが判った。
成果目標	加工速度と段取時間の目標値を作り、素材の加工本数及び加工量をアップさせる。	3月	・前月のデータから、作業者毎のバラツキを無くす改善案を検討 ・改善案に基づき加工作業を行い、機械毎、素材毎の加工速度・加工時間、段取り時間を測定 ・品質会議で実施結果報告を行う。	改善により、段取り時間が5%、加工時間が、7～9%削減できたが、作業者によるバラツキがまだ多い。
【現状分析（現状の問題点・課題）】 XXXの仕掛り材（素材）の機械毎の段取りと加工時間のバラツキが多く、リードタイム短縮が課題となっている。しかし、段取りや加工時間のデータや分析結果などによる指標となるものがない。そのために素材毎の段取り時間および加工時間の目標値を作り、加工時間の短縮化を図り、仕掛かり素材の削減、在庫の適正化につなげる。				
【改善案】 ①日々、記入している作業日報を活用し、4台の加工機の過去1ヶ月間の板厚ごとの加工速度を抜粋し、板厚毎の高速値、低速値の平均から加工速度を抽出する。 ②4台の機械の加工速度の目標値を設定する。また、治具取付等の段取り時間を測定する。 ③QCチームの協力を得て、日々の作業を測定し、段取り時間と加工時間の改善を行い、リードタイム短縮を図る。		【改善プロジェクトの結果と今後の改善】 現状の加工時間を、機械毎・作業者毎・素材毎にデータをとり、段取り時間と加工時間を測定した結果、バラツキが多いことが判った。この結果に基づき、QCチームと作業者で改善案を検討し、実施した結果、段取りを含めた加工時間の短縮ができた。 今後、さらに改善するには、作業手順書の見直しを行い、更に作業改善を進める。	

No.	実施項目	担当	実施期間(20XX年)							実施項目の進捗状況	実績・成果
			1	2	3	4	5	6			
1	過去の作業日報から素材ごとの段取時間と加工時間のデータを抽出	A氏	→							4月：・段取方法の改善や作業手順の見直しを実施。 ・上記に基づき、作業日報を見直し、素材板厚ごとの加工速度・加工時間、段取り時間を記録。 ・QCチームで結果を分析し、加工部員と改善結果を共有。	機械毎、素材毎の段取り、加工速度・加工時間のデータを作成でき、全体の加工時間が約10%短縮が可能になった。
2	・素材ごとの加工速度（高速値、平均値）測定 ・素材ごとの段取り時間の測定	A氏 B氏		→						5月：・QCチームで、機械毎・素材毎の作業時間の標準モデルを作成し、これを基準に加工作業を実施 ・上記に伴い、作業手順書・要領書を見直し改訂する。	作業手順書・要領書を改訂し、段取りや加工中の写真を入れ、作業の標準化を行った。
3	・改善チームにより、実績データから改善策の検討 ・現場作業者と改善案に基づく作業方法を決定 ・上記の改善方法に基づき作業実績を測定	A氏 B氏 C氏			→					6月：・加工時間の標準作業モデルが定着したら、仕掛り材・製品在庫の削減や納期の短縮につなげる。	下期の製造部門目標に設定し、活動する。
4	・作業手順書を見直し、機械および素材毎の段取時間と加工時間の目標値を設定し、改善活動を行う。 ・QCチームで活動の分析を行い報告	QCチーム 加工部員				→				【改善プロジェクトの成果】 今回の改善活動により、当初と比べて加工時間が約10%ほど短縮できた。QCチームと加工グループが一体となって取り組んだ結果、今まで個人の技能に依存していたが、作業日報を見直し、結果をデータ化することにより、標準時間を設定し加工時間の短縮化ができた。今後は、関連部門と協力し、仕掛り・製品在庫の圧縮や納期短縮につなげていただきたい。	
5	・今回の改善活動に基づき、機械、素材毎の標準作業時間を設定し、更なる改善を進める。 ・作業手順書および作業要領を改訂する。	B氏						→			

● コラム：言葉の定義

…言葉の意味を一致させる…

　普段何気なく使っている言葉で、ほとんどの人が質問をしないやりとりがあります。例えば、上司から「この書類を今日中にお願いします」と言われたとします。この指示に「いつまでですか？」と質問を返す人はいません。ここで指示された仕事は、具体的にはいつまでに仕上がっていれば良いのでしょうか。以前、社内でアンケートを採ってみたところ、4種類の答えをもらいました。

・当日の就業時間内

・上司が会社を出る時間（できるまで待ってもらう）

・午前0時

・翌朝、上司が出勤した時

　驚いたことに、この4種類の回答はほぼ均等（25％ずつ）の回答だったのです。当然のことですが、この「今日中」の解釈が違うと、期待外れや不満が残ってしまう原因にもなります。

　この例えのように、発信側（上司）の期待と、受信側（部下）の理解が異なるものの、実際には「お互いに間違っているわけではないこと」があります。左右という簡単なことでさえ、向かい合っている場合には逆に解釈してしまっても、お互いに間違っているわけではありません。

　次の例として、「リーダーシップ」という言葉をどのように解釈すべきか少し考えてみたいと思います。ある組織では、「メンバー個々の能力と潜在力を引き出し、個々の成長を助勢すること」（水泳部長）と解釈しています。また、他の組織では「組織の目標の為に、長に従い、マニュアル通りにてきぱきとした行動力をメンバーたちの身に付けさせること」（牛丼店店長）と解釈していると聞いたことがあります。この例えの場合でも、お互いに間違っているわけではありません。

　あなたが運営する組織では、いかがでしょうか。組織やチーム内では、捉え方の違う言葉を見つけ出し、「言葉の意味の定義」をすることが必要です。成否の議論ではなく、この組織における言葉の解釈を一致させる為の少しの工夫をすることで、組織やチーム内での誤解や不満を減らし、仕事の質を保つことに繋げることができます。

(I. T)

● コラム：何が正しいか決めない

…意識には個人差がある…

　コロナ禍の中（2020年6月）、2ヶ月以上にわたり、出社を制限した会社は多いことと思います。私が経営する会社では「電車に乗ると恐怖で足が震える」と訴えてこられた方もいました。そんな中、通勤に営業車を使い、自宅方面毎にグループを作って乗り合いでの通勤を始めました。公共交通機関を全く使用しないため、家庭と社内での接触しかありません。その上、1/3ずつの交代出社としたため、行政から期待された80％の接触削減をほぼ達成することもできました。

　そんな中、「このまま続けて欲しい」という声に対して、「電車通勤を認めて欲しい」という不満の声も出てきました。理由を聞くと、

・出社・退社時間を複数人で合わせることが窮屈。

・出社日が減った上に、残業もできない。

・帰りに買い物に寄れない。

など様々な理由があり、当初の緊張感から2ヶ月後経った頃には、継続に対するストレスの方が溜まっていた人も少なくありません。

　全ての社員を対象に、以下の選択式アンケートで出社方法に関する希望を確認したところ、

・車通勤を続けたい

・電車通勤に戻したい

・時差（電車通勤）にしたい

・どちらでも良い

と、4種類の選択が、ほぼ均等（25％ずつ）の回答でした。距離からの運転疲れや気疲れ、感染に関する恐怖感の差もあり、「何が正しいか言えない」状況と理解しました。最終的には、1月単位で、各自の希望に合わせた出社方法を認めることとしました。

　一見、統率のとれていない組織運営にも見えますが、各自の感覚を受け止めた上で、組織として「何が正しいか決めない」ことも、多様性の受容に繋がるのではないでしょうか。この後、私が経営する会社では男性として初めて育児休暇を申請してきた社員がいました。彼は、「以前の雰囲気の中では申請しづらかったが、『いろいろな考え方の人がいても良い』と解釈し、家族との相談の上、思い切って申請しました。」と言ってきました。

　いろいろな考え方があると、違和感を覚える人もでますが、様々な感覚を受容する中で「何が正しいか決めない」ことも、時と場合によっては必要で有効なことです。　　　　　　　　（I.T）

● コラム：老舗とは〈100年or75年〉

老舗という単語を辞書で調べると「古くから何代も続いた由緒ある商店」とあります。それでは、創業何年から老舗ということができるのでしょうか。東京商工リサーチでは、創業30年以上を「老舗」と定義しているそうです。また、東都のれん会では、3代、100年以上と規定しています。

創業75年と言えば、立派な長寿企業だと思うのですが、2020年を現在として、100年超の企業との違いを考えてみたいと思います。100年or75年、単純に考えれば、創業以来の時間の違いは25％ですので、75年企業は100年企業の75％の経験があると言うことができます。

東京の下町で江戸時代から続く老舗のご主人に聞いた話です。「慶応の大火で焼けてしまい、その後も大正12年の関東大震災で、昭和20年には東京大空襲で焼けてしまった。そのため、『家を建てる材木を持っていること。建て替えの間の資金を持つこと』という家訓がある」と、いう内容です。このご主人は、2020年のコロナ禍に入った時「長く商いをやっていれば、こんなこともある」と、諭して下さいました。

また、明治初期に開業された150年企業の社長さんからは、「第一次世界大戦では先勝国だったはずなのに、その後3年〜4年は商売としては苦しい時代が続いたという記録が残っている。今回も、簡単には回復しないと考えた方が良いよ」と、助言を頂きました。続けて、その後の不況で、商売の形態を変えるきっかけにもなったので、状況によっては変化をいとわずに、柔軟に対応できる心構えをしておいた方が良いと教えて下さいました。

私の家業は、2020年現在で創業98年になりますので、慶応の大火や第一次世界大戦は経験していませんが、死亡者が10万人を超えた関東大震災と東京大空襲は経験しました。そして、再起までは有る程度の時間がかかることも経験しています。商いが家業でもあり、子供の頃は、耳にたこができるほど、震災・戦災の話を聞かされたものです。そんな私でも、経営者として初めて経験するパンデミックには、心おだやかではありません。

しかし、二軒の老舗のご主人の話や、子供の頃にいやというほど聞かされた話を思い出しながら、暫くすると気持ちが落ち着いていたことも事実です。経営者として、震災と戦災を経験した祖父の教えの一つに、「どうにもならないこともある」という言葉があります。こういう時こそ、結果を求めるより、目の前のできる事に専念することが重要なのではないでしょうか。

慶応の大火を経験している前出のご主人は、「火災も無ければ、爆弾も落ちてこない。そして、放射能も飛んで来ない」と言いながら、後輩たちを励ましてくれます。目の前の状況は変えられなくても、見方を変えれば前向きになることができる。100年企業と戦後開業の75年企業との差は、単純に25年の時間の長さだけで測れるものではないかも知れません。

(I. T)

Ⅰ-3．組織文書の作成

　組織の運用の仕組みをルール化したものが組織文書であり、現場で使用する文書は、作り込んだ運用手順・基準を明文化したものです。さらに、新製品のモデルチェンジや新しいサービスを追加した場合、現在の文書をレビューし、必要であれば追加・改訂することになります。

　これだけ製品とサービスが多様化し、高品質・短納期を要求される現代では、組織に蓄積されたノウハウ・技能を共有化し、組織の力に変えていくことが企業力になります。

〈組織文書の管理のポイント〉

1．組織文書作成
2．仕組みの強化としての文書の必要性
3．文書と記録の管理

〈組織文書管理に活用する文書・記録のサンプル〉

①マネジメントシステム文書体系
②文書管理規程
③文書管理台帳
④様式・記録一覧表

1．組織文書作成

　多くの企業では、"組織の運用の仕組みを明確にし、一体となって運用する"ことを目的に文書が作成されています。したがって、体系化した文書構成が必要になります。

　ISO9001やISO14001を活用したマネジメントシステムを構築している組織では、以下のような文書体系で文書が作成されています。

【マネジメントシステム文書体系】

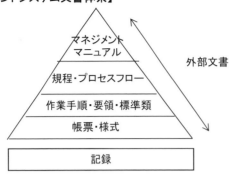

外部文書

品質文書階層	文書	内容
一次文書	マネジメントマニュアル	組織のマネジメントシステムを記述した最上位の共通文書であり、マネジメントシステムの基本的運用事項及び組織・責任と権限を定めた文書
二次文書	規程 PFD	マネジメントシステムを構成するプロセス(業務・工程)の活動を計画、管理するための実施手順を規定した文書。 また、製造・サービスプロセスの運用を定めた文書。
三次文書	作業手順・要領標準類	プロセス(業務・工程)を実施する上で、必要な具体的な作業要領・標準類などを詳細に記載した文書。
四次文書	帳票・様式	マネジメントシステムに関わる業務の計画・実施結果を記録するために用意された帳票・様式類。記入後は、品質記録として扱う。

　文書作成に当たっては、管理するだけではなく、業務の手順が明確になり、求める成果につながる簡潔な文書にする必要があります。詳細に記述したほうがよいと思い、長文で長々と書かれている文書を見受けることがあります。しかし、実際の業務では文書を見ながら仕事をすることは少なく、このような文書は一度作成されると作成した人しか見直しすることができず、業務の内容が変更になってもそのままになっていることが多く見受けられます（当方はこのような文書を印刷文書と言っています）。

　業務プロセスのインプットおよびアウトプットを明確にしたシンプルな文書が望まれます。フローや図表、写真を入れてわかりやすい文書にすると理解が進みます。（各節にフローを活用した文書化事例を添付しています）

　※文書体系のサンプルとしてISO9001・ISO14001を活用した【マネジメントシステム文書体系】（別表－1）を添付します。

別表1　マネジメントシステム文書体系

ISO9001/ISO14001要求事項		一次文書 品質・環境マネジメントマニュアル	二次文書 業務フロー・PFD	三次文書 作業手順・要領・標準	主な四次文書 帳票・様式
4 組織の状況	4.1 組織及びその状況の理解	Q・EMマニュアル	(方針・目標管理規程)		(方針・目標展開表)
	4.2 利害関係者のニーズと期待	Q・EMマニュアル			(方針・目標展開表)
	4.3 Q・EMSの適用範囲の決定	【付図-1】MSプロセス・フロー図			
	4.4 Q・EMS及びそのプロセス	【付図-2】MSプロセス関係図			
5 リーダーシップ	5.1.1 リーダーシップ及びコミットメント／一般	Q・EMマニュアル			
	5.1.2 顧客重視	Q・EMマニュアル			
	5.2.1 品質・環境方針の確立	Q・EMマニュアル	(方針・目標管理規程)		
	5.2.2 品質・環境方針の伝達	Q・EMマニュアル			
	5.3 組織の役割、責任及び権限	【付図-3】MS組織図	(職務分掌)		
6 計画	6.1.1 リスク及び機会への取り組み	Q・EMマニュアル			(方針・目標展開表)
	6.1.2 環境側面	(Q・EMマニュアル)	環境影響評価規程		環境側面面抽出表、環境影響抽出表(MPF対応) 環境影響評価表、著しい環境側面一覧表
	6.1.3 順守義務	Q・EMマニュアル			環境法規制等順守評価表
	6.2 品質・環境目標及びそれを達成するための計画策定	(Q・EMマニュアル)	方針・目標管理規程		品質・環境目標実行計画書・報告書
	6.3 変更の管理	Q・EMマニュアル			
7 支援	7.1.1 一般	Q・EMマニュアル			
	7.1.2 人々	Q・EMマニュアル			
	7.1.3 インフラストラクチャー	(Q・EMマニュアル)	設備管理規程	日次・月次点検作業手順	設備管理台帳、設備点検表 設備保全計画表
	7.1.4 プロセスの運用に関する環境	Q・EMマニュアル			作業環境チェックシート
	7.1.5 監視及び測定のための資源	Q・EMマニュアル		検査・試験機器管理手順書	計測器管理台帳、計測器点検表 校正成績書
	7.1.6 組織の知識	Q・EMマニュアル			
	7.2 力量	(Q・EMマニュアル)	教育・訓練規程	力量評価基準	力量評価表、資格者一覧表 年度全体教育・訓練計画／実施記録 年度部門教育・訓練計画／実施記録 教育・訓練記録
	7.3 認識				
	7.4.1 内部コミュニケーション	Q・EMマニュアル			MS委員会議事録
	7.4.2 外部コミュニケーション	Q・EMマニュアル			CSメモ
	7.5 文書化した情報	(Q・EMマニュアル)	文書管理規程		文書管理台帳 様式・記録一覧表
8 運用	8.1 運用の計画及び管理	(Q・EMマニュアル)	廃棄物処理規程		廃棄物(マニフェスト)管理表、年度エアコン簡易点検表 電力使用量推移表
	8.2 製品及びサービスに関する要求事項	(Q・EMマニュアル)	引合・受注規程	委託品販売・売上要領 送り状発行要領	見積書、新規顧客登録申請書 引合受注台帳、引合受注一覧表 実行予算書
	8.3 製品及びサービスの設計・開発		設計・開発規程	図面作成要領 製品カテゴリ標準 部品カテゴリ標準	設計計画書・レビュー・検証・妥当性記録 設計不良対策シート
	8.4 外部から提供されるプロセス、物流サービスの管理		購買管理規程	コーティング・塗装依頼要領 受入検査要領	新規購買先評価 購買先リスト&継続評価表 発注依頼書、(発注伝票) 仕入先カード、塗装依頼書
	8.5.1 製造及びサービスの提供の管理	(Q・EMマニュアル)	PFD関連	作業手順・要領関連 据付工事要領	製造計画表 組立チェックシート
	8.5.2 識別及びトレーサビリティ	Q・EMマニュアル			
	8.5.3 顧客又は外部提供者の所有物	Q・EMマニュアル			現地工事計画書、完成検査記録
	8.5.4 保存	Q・EMマニュアル			工事完了証明願
	8.5.5 引渡後の活動	Q・EMマニュアル		据付・改造工事要領 返品処理手順	現場工事計画書、完成検査記録
	8.5.6 変更の管理	Q・EMマニュアル			
	8.6 製品及びサービスのリリース	Q・EMマニュアル	検査試験規程		工程内・出荷検査記録書
	8.7 不適合なアウトプットの管理	(Q・EMマニュアル)			社内不適合一覧表、クレーム処置一覧表 事故報告書、点検シート
	8.8 緊急事態への準備及び対応	(Q・EMマニュアル)	緊急事態対応手順Ⅰ 緊急事態対応手順Ⅱ		緊急事態訓練記録
9 パフォーマンス	9.1 監視、測定、分析及び評価／一般	Q・EMマニュアル			年度MSスケジュール表
	9.1.2 顧客満足	Q・EMマニュアル			CSメモ
	9.1.3 順守評価	Q・EMマニュアル			環境法規制等順守評価表
	9.1.4 分析及び評価	Q・EMマニュアル			不良・クレーム対策シート 不適合・クレーム分析表
	9.2 内部監査	(Q・EMマニュアル)	内部監査規程		内部監査計画表、内部監査チェックリスト 監査是正処置報告書 内部監査報告書
	9.3 マネジメントレビュー	Q・EMマニュアル			マネジメントレビュー報告書
10 改善	10.1 一般	Q・EMマニュアル			
	10.2 不適合及び是正処置	(Q・EMマニュアル)	不適合・是正処置規程		是正処置報告書、原因調査報告書 不適合・是正処置報告書
	10.3 継続的改善	Q・EMマニュアル		改善提案要領	改善報告書 業務改善プロジェクト実行計画書

2．仕組みの強化としての文書の必要性

　文書作成に当たって、特に重要で作成が難しいのが上表の二次文書・三次文書です。

　二次文書は、業務プロセスの運用の仕組みを明文化したもので、三次文書はそのプロセスの具体的なやり方や標準作業を決めたもので、技術や技能を明文化したものです。

　組織の文書は、①仕事の内容が変わったら追加・改訂する、②必要であれば新しい文書を作成するなど、改定が数多く実施され、作り込まれた共有文書になっていることが必要です。

　しかし、仕事の体験や経験（ノウハウ）や技能は人に蓄積されます。この体験や経験や技能が仕組みやルールに変換され、作業手順・標準などの技術に置き換えられているかどうかです。

　昔、技能・技術は"目で盗め"とベテランにいわれたことがありましたが、製品やサービスの種類が増えて複雑になり、コンピュータの中に保存されている現在では、技能・技術は外から見えません。ベテラン社員の大量退職により、技能を"見える化"し、技術力にする体系的な仕組みの構築が急務となっています。

　この技術を若手が活用し、さらに体験を積み重ね経験知とし、技術力アップにつなげていく右図のような「技術と技能の相互関係」のサイクルを回すことにより、組織の知識・技術力を図っていきます。

　企業内に蓄積された技術を活用し、若手が意欲を持って仕事に取り組むには、組織のノウハウが如何に整理され、活用できるようになっているかにかかっています。

※**既存文書のレベルアップ（仕組みの強化）**

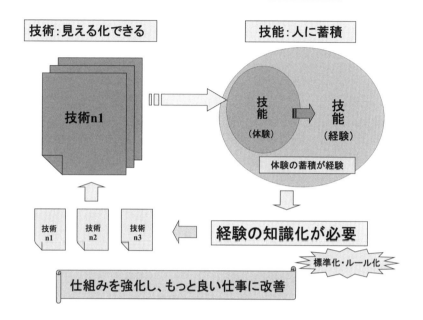

３．文書と記録の管理

　文書を管理するには**「文書管理台帳」**が必要になります。

　文書管理台帳の目的は、文書作成部署・配布先、最新版管理、必要となった文書の検索が即できることです。文書ごとに管理台帳を作成し、改訂履歴を詳細に記載している組織がありますが、各文書を体系的に整理して一目で確認できる**「文書管理台帳」（別表２）**のサンプルを添付します。

　また、作成したら記録となる「四次文書」に関しては、上記の「文書管理台帳」に含めるのではなく、様式と作成した記録の管理が一体となった**「様式・記録一覧表」（別表３）**の作成をお勧めします。この理由は、一次から三次までの文書は、改訂等の変更が発生したとしても半年や１年に１回程度ですが、様式や帳票は、必要になればすぐ改訂・追加する必要があるからです。変更の必要性が高いので最新版管理をするため別の一覧表にすることをお勧めします。

　これまで述べてきた文書管理のサンプルとして**「文書管理規程」**を添付します。

株式会社			文書管理規程	第2版	改定	20YY.04.01	承認	作成
CD-75-01-02					制定	20XX.04.01		

フロー			手順	関連文書・記録
作成部署	承認・事務局	配布先		

1.QMS/EMS(以下MSという)文書体系及び文書の作成・承認

① 文書の作成及び承認の区分は下表「**文書体系表**」に従う。

文書体系	文書名		作成部署	確認	承認
一次文書	品質/環境マニュアル	M	MS事務局	管理責任者	社長
二次文書	社内共通規程	D	MS事務局		管理責任者
	PFD・部門固有規程	D	各部門長		管理責任者
三次文書	社内共通標準・基準	A	MS事務局		管理責任者
	作業手順・要領・標準	R	各部門		部門長
四次文書	帳票・様式(社内共通)	F	MS事務局		管理責任者
	帳票・様式(業務固有)	F	各部門		部門長

<文書番号の制定>

新規作成した文書は次のように文書番号を付け、登録する。

Q　※1　-　○○　-　○○　-　○○

|　|　文書通し番号　版数2桁

Q:品質　　　　　　規格項番
E:環境
C:品質・環境共通

※1
M: 品質/環境マニュアル
D: 規程、PFD
A: 社内共通標準・基準
R: 作業手順・要領・標準
F: 帳票・様式

② 上記のQMS/EMS文書(四次文書は除く)は、上表に基づき作成・確認・承認の上、指定された署名・捺印欄に署名(又は捺印)し原本とする。尚、制定した文書をQ・EMS委員会で周知する。

2.MS文書の管理

① 完成した文書は、MS事務局が、「**文書管理台帳**」もしくは「**様式・記録一覧表**」(四次文書)へ登録する。

② 但し、製造部門が作成した「PFD・部門固有手順書」、「作業手順・要領・標準」は、部門毎に「**製品文書管理台帳**」に登録する。

③ 文書の原本は、MS事務局がサーバーに保管し管理する。

※ バックアップは、社内システム上で管理されている。

④ MS文書は、MS事務局が社内ネットの共有フォルダにて電子ファイルとして管理、最新版を維持し、各部門に制定の通達を行う。

⑤ 電子文書はハードコピーして使用することが出来るが、コピーした文書の最新版管理は行わない。当該コピーが最新版かどうかは、「文書管理台帳」及び「様式・記録一覧表」の版数と照合して判断する。

⑥ MS文書を、社外に配付する場合は、「文書体系表」に定めた承認者が認めた場合とし、「非管理版」の押印をし配付する。

⑦ 文書化した情報の保護に関しては、パソコンには、パスワード設定を行い、記録媒体への書き込み及びコピーができない仕組みを取っている。また、メールに添付資料をつけた場合は、パスワード設定がされ、開けない仕組みにしてい

関連文書・記録:
文書管理台帳
様式・記録一覧表
製品文書管理台帳
管理文書ファイル

3.MS文書のレビュー・変更

① 内部監査又はMRの実施に合せ、作成部門において文書のレビューを行う。

② レビューの結果はMS事務局に報告し、MS事務局は「文書管理台帳」にレビュー日を記入する。但し、変更の必要のない場合は文書の版数の変更は行

③ 文書を改訂する場合、原則として制定時と同一部署が行い、改定内容を当該文書の改定内容欄に記載(様式は除く)し、文書番号(版数)・改定日・版数を更新し、制定時と同一手順で実施する。

④ MS事務局は、改訂した文書を「文書管理台帳」及び「様式・記録一覧表」に改訂年月日を記入し、台帳・一覧表を更新する。

⑤ 改定版の配布は、「**2.MS文書管理**」と同様に配付・管理を行う。

<文書の廃止>

① レビュー及び変更の結果等の理由により、廃止・無効となった旧版の文書は、保管部門で破棄する。

② 旧版となった原本は、MS事務局がPC(サーバー)の旧版のフォルダに保管する。

関連文書・記録:
文書管理台帳
文書管理台帳
様式・記録一覧表

4.外部文書

① 顧客や外部機関などから発行されて以下の文書を外部文書とし、下記の部門が管理する。

	外部文書の種類	管理方法
1	顧客と契約書、覚書	営業部門
2	顧客からの共通仕様書、品質関連文書	技術部門
3	取引先との基本契約書、共通仕様書	購買部門
4	品質/環境関連書類(法規制含)、業界団体で定めた規制	MS事務局
5	JIS規格、MS認証登録関係	MS事務局

② 外部文書は配布しない。必要な場合は管理部門で閲覧する。

③ 外部文書の改定、廃棄によって差し替えが必要な場合は、管理部門が差し替えを行う。

5.記録の管理

① 記録の作成・管理部署、保管期限は「**様式・記録一覧表**」に定める。

② 作成した記録は、ファイル内容が明確になるように背表紙に名称をつけ、ファイリングする。インデックスを付けるなどして、同一ファイルに関連する資料が混在することを認める。

関連文書・記録:
様式・記録一覧表

フロー欄(作成部署／承認・事務局／配布先):
- 文書の作成・改訂
- 確認・承認
- 文書番号の設定
- 管理台帳一覧表登録
- サーバー保管
- 文書制定・改訂通知
- レビュー(改訂不要／改訂要)
- 文書改訂
- 管理台帳一覧表更新
- 文書制定・改訂通知
- 廃棄 文書の廃棄
- 受領
- 管理部署ファイリング保管
- 作成
- ファイリング

改定内容

※別表２：【文書管理台帳】（サンプル）

○○○株式会社
CF-75-01-01

文書管理台帳（QMS/EMS）

改訂日：2020.09.01
作成日：2017.04.01
1/頁

承認　作成

項番	QMS/EMS 要求事項	文書番号	C Q E	2次文書	3次文書	文書名	版数	新規制定	改定年月日	廃棄年月日	代表	管責	事務局	営業	設計	技術	製造	品管	管理	備考
4.1	組織及びその状況の理解	CM-41-01-01	C			品質・環境マネジメントマニュアル	5	2017.04.1	2020.06.01		◎	○	○	○	○	○	○	○	○	
6.1.2	環境側面	ED-61-01-01	E	●		環境影響評価規程	1	2017.04.1			○	◎	○	○	○	○	○	○	○	
6.2	品質/環境目標	CD-62-01-01	C	●		方針・目標管理規程	1	2017.04.1			○	◎	○	○	○	○	○	○	○	
7.1.3	インフラストラクチャ	QD-71-01-01	Q			設備管理規程	2	2017.04.1	2018.10.01			○	○			○	◎	○		
7.1.5	測定及び測定のための資源	QR-71-31-01	Q		●	A計測器点検手順書	1	2017.04.1				○	○			○		◎		
		QR-71-32-01	Q		●	B試験器点検手順書	1	2017.04.1				○	○			○		◎		
		QR-71-33-01	Q		●	C試験器点検手順書	1	2017.04.1				○	○			○		◎		
7.2	力量	CD-72-01-01	C	●		教育・訓練規程	2	2017.04.1	2018.05.01		◎	○	○	○	○	○	○	○	○	
7.5	文書化した情報	CD-75-01-01	C	●		文書管理規程	2	2017.04.1	2020.09.01		◎	○	○	○	○	○	○	○	○	
8.1	運用の計画及び管理	ED-81-01-01	E	●		廃棄物処理規程	1	2017.04.1				○	◎	○			○			
8.2	製品及びサービスのための要求事項	QD-82-01-01	Q	●		引合・受注規程	2	2017.04.1	2017.10.01			○	○	◎	○					
8.3	製品及びサービスの設計・開発	QD-83-01-01	Q	●		設計・開発規程	2	2017.04.1	2019.10.01			○	○		○	◎	○			
		QR-83-01-01	Q		●	図面番号設定基準	1	2017.04.1				○	○		○	◎	○			
8.4	外部から提供される製品及びサービスの管理	QD-84-01-02	Q	●		購買管理規程	2	2017.07.31	2018.04.01			○	○				◎			
		QD-84-02-01	Q	●		受入検査規程	1	2017.04.1				○	○				◎			
		QR-84-04-01	Q		●	受入検査要領	1	2017.04.1				○	○				◎			
8.5.1	製造及びサービス提供の管理	QD-85-01-03	Q	●		製品Aプロセスフロー（PFD）	3	2017.04.1	2020.04.01			○	○			○	◎	○		
		QD-85-02-03	Q	●		製品Bプロセスフロー（PFD）	3	2017.04.1	2020.04.01			○	○			○	◎	○		
		QD-85-03-03	Q	●		製品Cプロセスフロー（PFD）	3	2017.04.1	2020.04.01			○	○			○	◎	○		
		QR-85-01-03	Q		●	製品A作業手順書	3	2017.04.1	2020.04.01			○	○				◎			
		QR-85-02-03	Q		●	製品B作業手順書	3	2017.04.1	2020.04.01			○	○				◎			
		QR-85-03-03	Q		●	製品C作業手順書	3	2017.04.1	2020.04.01			○	○				◎			

※別表３：【様式・記録一覧表】（サンプル）

株式会社
CF-75-02-01

様式・記録一覧表（QMS/EMS）

改訂日：2020.04.01
作成日：2017.04.01
1/頁

承認　作成

項番	QMS/EMS 要求事項	様式番号	C:共通 Q:QMS E:EMS	様式名	版数	新規制定日	改定年月日	廃棄年月日	代表	管責	事務局	営業	設計	技術	製造	品管	管理	保管期間
4.1	組織及びその状況の理解	CF-41-01-01	C	方針・目標展開表	2	2017.04.01	2018.04.01		○	○	○							
6.1.2	環境側面	EF-61-01-01	E	環境側面抽出表	1	2017.04.01				○		○	○	○	○	○	○	
		EF-61-02-01	E	環境側面抽出表(PFD対応)	1	2017.04.01				○					○			
		EF-61-03-01	E	環境側面評価表	1	2017.04.01				○								
		EF-61-04-01	E	著しい環境側面一覧表	1	2017.04.01				○								
6.1.3	順守義務	EF-61-11-01	E	環境関連法規制等一覧	3	2017.04.01	2020.04.01			○								
		EF-61-12-01	E	環境法規制等要求事項一覧表および順守評価表	3	2017.04.01	2020.04.01			○								
6.2	品質・環境目標	CF-62-01-01	C	品質・環境目標実行計画書・報告書	1	2017.04.01						○	○	○	○	○	○	
7.1.3	インフラストラクチャ	QF-71-01-01	Q	設備管理台帳	1	2017.04.01									○			
		QF-71-02-01	Q	設備点検表	1	2017.04.01									○			
7.1.4	プロセスの運用に関する環境	QF-71-11-02	Q	作業環境チェックリスト	2	2017.04.01	2017.08.01								○			
7.1.5	測定及び測定のための資源	QF-71-21-01	Q	計測器管理台帳	1	2017.04.01										○		
		QF-71-22-01	Q	計測器点検表	1	2017.04.01										○		
		QF-71-23-01	Q	校正成績書(デジタル抵抗計)	1	2017.04.01										○		
		QF-71-24-01	Q	校正成績書(絶縁抵抗計)	1	2017.04.01										○		
		QF-71-25-01	Q	検査機器不適合記録	1	2017.04.01										○		
7.2	力量	CF-72-01-01	C	教育・訓練記録	2	2017.04.01	2019.04.01			○								
		CF-72-02-01	C	年度全社教育・訓練計画/実施記録	1	2017.04.01					○							
		CF-72-03-01	C	年度部門別教育・訓練計画/実施記録	1	2017.04.01					○							
		CF-72-04-01	C	力量評価表	1	2017.04.01								○	○			
		CF-72-05-01	C	力量評価 一覧表	2	2017.04.01	2019.04.01			○								
		CF-72-06-01	C	資格者一覧表	3	2017.04.01	2020.04.01							○	○			
7.4.1	内部コミュニケーション	CF-74-01-01	C	MS委員会議事録	1	2017.04.01				○								
7.4.2	外部コミュニケーション	CF-74-11-01	C	CSメモ	3	2017.04.01	2020.04.01			○		○	○	○				

Ⅱ. 経営資源

この章では企業の経営資源について解説します。

最も重要な経営資源は、人材と保有するインフラストラクチャ（設備）になります。これらの強化を含め、事業活動を取り巻く外部および内部の環境対応、デジタル経済化に対応するための経営資源の情報化について解説します。

Ⅱ-1．人材強化（教育・訓練）

　IoTやAIを活用したデジタル技術の発展による生産性向上の取り組みや、働き方改革による業務効率化が求められています。特に、少子高齢化に伴う労働人口の急激な減少が進んでおり、深刻化する人手不足への対応と、デジタル社会に対応した人材の育成・強化が必須になっています。

　我が国の労働生産性は、主要先進7カ国でみると、1970年以降最下位の状況が続いており、企業が持続的成長を維持していくには人的資源の強化が最重要課題となっています。

〈人材強化のポイント〉

1．人材育成の重要性

2．人材育成の課題

3．人材育成について（力量の評価と教育・訓練）

4．企業価値を高める能力開発

5．力量評価と人事評価との関連

〈人材強化に活用する文書・記録サンプル〉

①力量評価基準（製造業参考）

②力量評価表（製造業）

③部門（部署）教育・訓練計画／実施記録（事例）

④新入社員（異動者）教育・訓練計画／実施記録（事例）

⑤教育・訓練規程

１．人材育成の重要性

（1）これまでの教育・訓練および人材育成

　1960 ～ 70年代までは、部長や課長などの上司が業務の中で仕事のノウハウを伝授し、部下を育てていったものです。これができたのはまだ製品・サービスの種類も少なく、ある程度同じことの繰り返しが続いたので、時間的余裕があったからです。我が国の強みは、職場が一体となった現場力の強さにあり、忠実に仕事をするだけでなく、現場の人が創意工夫し、チーム力で仕事をするのが特長でした。バブル景気全盛の時代は、社員は"自分の会社"という意識を持ち、がむしゃらに猛烈に働き、この時代が懐かしいといわれる方も多いと思われます。

　しかし、90年代になると、仕事が多岐にわたり、品質・価格・納期の要求が複雑かつ厳しくなり、管理職は部門のノルマ達成と自分の仕事をこなすだけで精一杯の状態が続きました。プレーイングマネジャーが要求された時代で、部下を養成する余裕がなくなってきたのです。

　2000年代以降は、情報化時代となり、全員にコンピュータがあてがわれ、チームが連携して仕事をする意識が薄れたような気がします。企業の利益に直結する成果主義がもてはやされ、即戦力を求め、若手を育てるという伝統がなくなりかけていると感じます。

　特に、我が国の大部分を占める中小企業では、人材を体系的に育成する仕組みが弱く、日々の業務経験の中で技術・技能を蓄積する個人頼みの状態が多く見られます。

（2）これから求められる人的資源

　デジタル経済化が進む中で、社員のモチベーションを高め、企業体質を強化し、今後の事業展開に対応できる人的資源が求められています。

①仕事のプロセスを明確にしてマニュアル化、テンプレート化し、仕事の仕組みを継承可能にできる。

②構築した仕組みを活用し、活動結果をデータ化し、分析・改善につなげることができる。

③仕組みを共有化し進化させることにより企業力を向上させ、市場（顧客）の要望や期待する製品・サービスの提案力を高め、顧客満足につなげることができる。

２．人材育成の課題

　同じ仕事を長年経験すれば、だれでも専門職（プロ）になれると努力してきましたが、ICT（情報通信技術）を活用したグローバルな情報社会では、蓄積してきた技術・技能はすぐ陳腐化してしまいます。

「2019年度中小企業白書」や厚生労働省「平成30年　労働経済の分析」では、人材育成の課題について以下のように掲載されています。

【2019年度中小企業白書】

「人手不足状況」の抜粋

　労働生産性向上の鍵となる労働環境について見ると、賃金は伸び悩み、休暇取得状況についてもまだ改善の余地がある。働きやすさを求めて中小企業に入職した者を離さず、中小企業が稼ぐ力を身に付け労働生産性を向上させるためには、これらの課題に正面から向き合った労働環境づくりが重要である。

【平成30年　労働経済の分析】

第Ⅱ部第2章　働き方や企業を取り巻く環境変化に応じた人材育成の課題について

　―能力開発と企業のパフォーマンス・労働者のモチベーションとの関係―

●OFF-JTや自己啓発支援への費用を支出した企業では、翌年の労働生産性等が向上する関係がみられる。

●企業における人材育成の目的として、労働生産性や従業員のモチベーションの維持・向上等が多く挙がっている。

●能力開発に積極的な企業では、労働者の仕事に対するモチベーションが向上する傾向にある。

　※企業が人材育成を行う目的について

　　①今いる従業員の能力をもう一段アップさせ、労働生産性を向上させる

　　②従業員のモチベーションを維持・向上させる

　　③数年先の事業展開を考慮して、今後必要となる人材を育成する

　　④今いる従業員が当面の仕事をこなすために必要な能力を身につけさせる

　　⑤数年先の技術革新に備えて、今後必要となる人材を育成する

　以上のようなことから、人材育成のために環境整備や研修を行う費用の確保、教育と並行して従業員のモチベーションを向上させることが課題となります。

3．人材育成について（力量評価と教育・訓練）

　これまでの人材育成は、まず教育（学習）し、訓練（実践）し、経験を積むことにより力量（能力）をつけることで行われてきました。しかし、この方法では、必要な力量を身につけるのに時間がかかり、身につくかは個人の努力次第、または仕事でど

れだけ経験したかで決まってしまいます。

　現在は、入社した時から製品・サービスの要求に即対応できる力量が求められます。体系的な人材育成システムが不足していると、この対応に若者がついていけず退社率が大きくなってしまいます。

　従って、以下の人材育成の手順を提案します。

---

①ステップ1：業務に必要な力量（スキル）の明確化　→　力量評価基準
②ステップ2：個人の力量評価表の作成と力量評価
　　　　　　　→　力量評価表、力量評価一覧表
③ステップ3：教育・訓練の計画と実施
　　　　　　　→　部門（部署）教育・訓練計画／実施記録
　　　　　　　　　新入社員（異動者）教育・訓練計画／実施記録
　　　　　　　　　教育・訓練記録
④ステップ4：教育・訓練実施後の力量評価

（1）ステップ1：業務に必要な力量（スキル）評価基準の作成

　人材を育成するには、まず必要となる業務の力量を評価する基準を作成します。

　力量には、組織運営のための力量、業務遂行に必要な専門分野の力量、関連業務の力量があります。

　参考として製造業の力量評価基準を【力量評価基準（製造業サンプル）】（別表1）を添付します。

（2）ステップ2：力量評価表の作成と力量評価

　力量評価基準を参考に、業務遂行に必要な個々のプロセス（業務・工程）に対応した力量を抽出して【力量評価表】（別表2）を作成します。この中には、品質（Quality）、コスト（Cost）、納期（Delivery）、安全（Safety）、環境（Environment）などの要素を含めて考慮する必要があります。

「力量評価表」に基づき、従業員の力量評価を行います。力量5段階評価により、力量のレベルを算定します。この力量評価表に基づき部門単位の【力量評価一覧表】を作成します。

　力量項目が、部門でレベル3以下が多い場合は部門単位の教育・訓練、特定の個人だけがレベル3以下の場合は個人の教育・訓練を行います。

（3）ステップ3：教育・訓練の計画と実施

　上記の評価から、部門ごとの教育・訓練は【部門（部署）教育・訓練計画/実施記録（事例）】（別表3）を活用して、教育・訓練計画を立てます。個人の場合は【新入社員（異動者）教育・訓練計画/実施記録】（別表4）を活用します。

　この計画に基づき、教育・訓練を実施後、有効性の評価を行います。評価は達成度を評価するだけでなく、今後の教育・訓練の必要性も記録します。さらに必要な教育・訓練が発生したら、上記の教育・訓練計画に追加します。

　集合教育や社外研修を行った場合は「教育・訓練記録」を作成します。

　教育・訓練記録を残すだけでなく、計画した実施状況が一覧でき、成果も確認でき、次の教育・訓練につながる記録の残し方を工夫する必要があります。

（4）ステップ4：教育・訓練実施後の力量評価

　教育・訓練を実施したら力量評価行い、力量が向上した場合は、【力量評価表】（別表2）、【力量評価一覧表】を更新します。目標としたレベルに達していない場合は再教育を行うことにより力量アップを図ります。

　以上、力量向上のステップを述べましたが、1年後にはどの程度力量を高めるか具体的な目標を立て、どれだけ成長したかを評価し、さらに高めていく、人材育成のPDCAサイクルが回る仕組みを作ってください。

　なお、「力量評価表」（別表2）の項目は、製品・サービスの変化、業務の変更等により求められる力量は異なってきますので適宜見直しが必要です。

　力量評価は、従業員の能力を評価するだけでなく、今後どのように力量を伸ばしていくかに活用していただき、従業員一人ひとりがプロ意識をもって活動できる組織を目指していただきたい。

　※【力量評価一覧表】、【教育・訓練記録】に関しては、M3経営研究会HPに掲載していますので、そちらをご覧下さい。（https://www.m3kenkyu.com）

※別表1：【力量評価基準（製造業参考）】

1. 組織運営に必要な力量

組織運営に必要な力量		レベル1	レベル2	レベル3	レベル4	レベル5
1	経営方針・品質方針・品質目標の認識・自覚及び実践の程度	一応認識・自覚している	自覚し目標を実行し始めた	自覚し実践が伴ってきた	着実に実践し効果があがってきた	目標が策定でき、達成向けて積極的に実践している
2	社内外のルール・規律・基準を遵守する姿勢	自覚が不足している	自覚して遵守する心構えができてきた	自覚し遵守している	遵守・尊重し模範となっている	遵守・尊重する姿勢と共に指導ができる
3	MS(マネジメントシステム)の理解度・実行能力・改善能力	まだ理解不足である	理解して実行し始めた段階	MSの仕組みに従ってほぼ実行している	MSの仕組みを理解して確実に実行している	MSの改善提案を行い、仕組みの強化を行い実行している
4	組織内での業務遂行能力	個人プレーの仕事のやり方が多い	周りにアドバイスを求めながら仕事をしている	周りと協調しながら仕事をしている。	問題が発生した時に部門内の問題と捉え積極的に行動している	判断や指示が適切でリーダーシップがあり関係部門と協力して仕事ができる

2. 専門分野に必要な力量

① 営業業務に必要な力量

営業業務に必要な力量		レベル1	レベル2	レベル3	レベル4	レベル5
1	営業活動、営業提案力新規顧客開拓力、新製品企画力	自分の仕事の範囲はどうにか処理する事ができる	既存顧客からは確実に受注出来ている	顧客の信頼が厚く受注先も含めた拡大が出来ている	営業提案力が有り新市場・新規顧客開拓が出来る	市場の情報収集力に優れ、新製品の企画提案や新製品販売ができる
2	営業業務遂行能力(要求事項把握力・価格折衝力)	顧客要求事項の把握力、次工程への引継ぎ能力を向上する必要がある	顧客要求事項の把握、次工程への引継ぎが出来る程度である	顧客の要望を理解し、価格折衝力も備え次工程の引継ぎが確実である	顧客から信頼され、受注・引継ぎ・納品まで実行できている	顧客の信頼が厚く、新規顧客開拓もでき、受注目標を達成できる
3	接客態度	顧客の情報を受けるだけで積極性が発揮出来ない	初対面でも積極的に対応できる	顧客の要望を理解し確実に対応している	状況判断が出来、当社の要求を提案する交渉ができる	顧客の要求を含めた総合提案力が有り成果を上げている
4	製品及び技術知識	自分の仕事との自覚が薄い	自分の仕事と自覚し理解を始めている	自ら進んで学んで、知識を深めようとしている	製品及び技術知識があり仕事に活用している	広範囲な知識があり顧客に当社製品の信頼感を与えている

② 設計業務に必要な力量

設計業務に必要な力量		レベル1	レベル2	レベル3	レベル4	レベル5
1	企画・設計能力(要求事項把握力、提案力、開発力)	標準品の種類・仕様は理解している。	担当分野の製品及び仕様を理解できている。	顧客要求を満たす製品設計力がある	顧客要求を満足させ、提案を含めた設計力がある。	開発力があり、最適な設計提案ができ、設計管理業務が遂行できる
2	設計図作成能力	指示された通りの作図ができる	実績図面を活用し設計図を作成できる	物件の要求に対応した設計図が作成できる	CDを含めた最適な設計図が作成できる	標準化を図り、設計図管理手順を作成し、即活用できる体制を心掛けている。
3	業務遂行能力(原価積算、顧客折衝、工程設計等)	知識不足で補助を必要としている	指導によりどうにかできる	一般的な仕様は一人でできる	効率よく確実にできる	リーダーシップがありCDを図りながら業務が遂行できる
4	製造関連知識	指導すれば理解できる	必要性を自覚し、知識を深めようとしている	製造知識が高まり設計に活用され始めている	広範囲の製造知識を持ち設計に活用している	製造部門の必要な知識の造詣が深く製品設計のCD提案ができる

③ 購買業務に必要な力量

購買業務に必要な力量		レベル1	レベル2	レベル3	レベル4	レベル5
1	購買先(購入・委託)の知識及び開拓力	発注に必要な購買先の知識が不足している	標準品の発注先は選定できる	発注に必要な購買先を選定でき、適切な発注につなげている	最適な発注先を選定でき、購買先の開拓もしている	購買先の調査・評価を行い、最適な発注先の選定リストを作り、共有化し活用している。
2	要求事項把握力、価格折衝能力	知識不足のため補助を必要とする	要求事項を把握し、購買先の調整ができる程度である	要求事項を理解し、購買先の選定が確実である	購買先との価格調整を行い、受注先と納品管理まで実行できている	購買先の信頼関係があり、緊急時の対応もでき、目標価格・納期を達成できている
3	発注業務	指示に従い発注書を作成できる	仕様、納期を考慮して発注書を作成し発注できる	安全在庫等を考慮して発注数・納期を考慮して発注できる	発注先と品質保証基準を明確にし発注し、受入検査も確実に行っている	在庫管理のため必要な発注をし、業務の効率が向上している
4	技術(製造含む)知識	自分の仕事との自覚が薄い	自分の仕事に必要と学び始めている	自ら進んで学んで技術知識を深めている	技術知識があり購買に活用している	新しい技術や製品の情報を入手して、購買業務に活用している

④ 製造業務に必要な力量

製造業務に必要な力量		レベル1	レベル2	レベル3	レベル4	レベル5
1	機械の操作能力(機械毎、個々の機械操作)	補助的な仕事はできる	指導すればできる	一人で出来る能力がある	確実に効率よくできる	リーダーシップがあり改善を常に心掛けて実行している。
2	(A製品シリーズ)製造能力(製造・組立、仕上げ、出来映え)	指導すればできる	標準品は図面に基づく製造・組立ができる	製品図面を理解し、確実に製造・組立ができる	出来映えを考慮して確実に効率的に製造・組立ができる	製造日報や製造上のデータを設計部門にフィードバックし、製品の改善に努めている
3	(B製品シリーズ)製造能力(製造・組立、仕上げ、出来映え)	指導すればできる	標準品は図面に基づく製造・組立ができる	製品図面を理解し、確実に製造・組立ができる	出来映えを考慮して確実に効率的に製造・組立ができる	製造日報や製造上のデータを設計部門にフィードバックし、製品の改善に努めている
4	機械の点検・メンテナンス能力	技能・経験が不足している	標準なものは点検できる	点検リストに基づき、確実に点検できる	点検リストを作成し、機械の適切な維持に努めている	装置の使用状態から点検リストを見直し、適切なメンテナンス計画を立案している

⑤ 品質検査・保証業務に必要な力量

検査業務に必要な力量		レベル1	レベル2	レベル3	レベル4	レベル5
1	各工程検査及び最終検査能力	補助的な検査はできる	標準品の検査はできる	検査チェックリストに基づき製品検査ができる。	正確な検査を行い、製品毎の不良の検出ができる	発生した不良の収集及び分析を行い、設計・製造部門に改善案をフィードバックしている
2	計測機器の取扱及び点検能力	指導すればできる	簡単な計測機器の取扱ができる	計測機器の取扱ができ点検もできる	計測機器の取扱が適切で、必要な点検ができる	計測機器の校正ができ、常に最適な状態に維持している
3	品質保証業務	指導に基づき製品保証書は作成できる。	標準品の製品保証書は作成できる	要求事項に基づく品質保証書が作成できる	問題が発生した場合、顧客との折衝力、解決する力量がある	品質保証データを分析し、設計・製造部に改善案をフィードバックしている
4	製造知識	初歩的な知識はある	必要性を自覚し、知識を深めようとしている	製造知識が高まり検査に活用され始めている	広範囲の製造知識を持ち検査に活用している	製造上の必要な知識の造詣が深く検査データを製造にフィードバックしている

※別表２：【力量評価表（製造業）】

株式会社	力量評価評価表	作成			評価対象者		
QF-72-01-01	＜　　部　　　課＞	年　　月　　日					

評価履歴		評価日			
		評価者	本人	部門長	経営者

Ⅰ．組織運営の力量（力量5段階評価：1：不足している、2：指示されればできる、3：普通にできる、4：効率的にできる、5：指導できる）
※管理・指導能力欄は、リーダー・管理職以外は保有する能力があれば評価すること。それ以外は枠を黄色く塗ること。

1. 実行性	経営方針・品質／環境方針を理解し、部門（グループ）目標を認識して実践できる能力				
2. 規律性	社内外のルール、規律、基準を遵守し、責任を持って規範となる行動ができる能力				
3. マネジメント力	MSを理解し、仕組みを構築し、実行し、改善を行い仕組みの強化を行っている。				
4. 業務遂行性	定型的な日常業務ができ、トラブルが発生しても正しく理解・伝達し、改善提案、処理できる能力				
3.管理・指導能力 （リーダー・管理職）	1.会社の考えや方針等を伝達し、目標達成に向けてリーダー（的に）として活動している。				
	2.仕事の質を判断し、業務手順に従い指導し、リーダー（的に）としての適切な処置をしている				
	3.判断や指示が適切で、部下の育成に取り組み、周りの人々に信頼されている				
	4.新規業務や改善の必要性が発生した場合、手順書等の改訂・作成等、仕組みの改善に取り組んでいる				
	5.他部署が忙しい場合や緊急発生時に、業務の応援を積極的に行い達成度に貢献している。				
基本的な力量及び組織運営に必要な力量の合計点					

Ⅱ．専門性の力量（力量5段階評価：1：不足している、2：指示されればできる、3：普通にできる、4：効率的にできる、5：指導できる）
※担当外は枠を黄色く塗ること

1. 専門の力量	製造計画書の作成及び製造進捗管理力			
2.	部品及び材料の知識及び受入検査能力			
3.	AAA部品の製造能力			
4.	BBB部品の製造能力			
5.	CCC部品の製造能力			
6.	溶接技術力			
7.	XXXユニットの組立・検査能力			
8.	YYYユニットの組立・検査能力			
9.	ZZZユニットの組立・検査能力			
10.	製品の工程内検査能力			
11.	本体組立能力			
12.	製品の試運転及び最終検査能力			
13.	完成品検査及び検査記録の作成能力			
14. 関連業務の力量	製品の修理業務能力及び原因調査が確実にできる			
15.	部品及び治具の整理・整頓及び在庫管理			
16.	M製造装置の操作、メンテナンス及び故障時の対応能力			
17.	N製造装置の操作、メンテナンス及び故障時の対応能力			
18.	O製造装置の操作、メンテナンス及び故障時の対応能力			
19.	P検査装置の検査、校正能力			
20.	Q検査装置の検査、校正能力			
21. 環境対応	省エネ・省資源に取り組み、環境活動に積極的に取り組んでいる			
専門性の評価レベルの力量の合計点				
力量の総合合計点				

保有資格		取得日			取得日	
		取得日			取得日	
		取得日			取得日	
		取得日			取得日	

力量総合評価	

今後の課題及び 期待		経営者コメント	

※別表３：【部門（部署）教育・訓練計画／実施記録（事例）】

株式会社	20XX年度 【AAA部門】教育・訓練計画／実施記録	作成 20XX年 4月 1日	承認	作成
様式：CF-72-04-01		報告 20x1年 3月31日		

＊ 都度実施する教育・訓練は、計画を必要とせず、必要に応じて追加実施のこと。
＊ 朝礼／夕礼、ミーティング等で実施する指示・伝達事項、改善活動等も教育の一環として記録のこと。

	教育・訓練テーマ / 教育・訓練の内容	○：予定(上段)・●：実施(下段)月												実施日 時〜時	主催・講師	受講者	有効性の評価
		4	5	6	7	8	9	10	11	12	1	2	3				
1	TIG溶接技能向上 （技能セミナー)を2日間受講	○ ●												5月14、15日	MMMセンター	A氏	※受講結果の詳細は「教育・訓練記録」を参照
2	計測器機器操作及び点検業務 受入業務が多忙になった際に備えて対応人員の強化			○ ●										6月6日 10〜12時	検査リーダー	OO氏、PP氏	＊6月6日に実施し、操作・点検方法は取得できたと判断する。今後、誰でもできるように計測器取扱い要領を作成する必要がある。
3	XXXユニットの組立及び検査 ユニット組立完了後にミスが発生しているので確実な組立・検査を要領に基づき指導				○ ●	○								7月10日 15〜17時	製造リーダー	XX氏、YY氏	＊7月10日に実施したが、理解が今一歩のところがあり、8月に再度教育を計画
4	加工機械操作習得：シャーリング 加工の生産性向上を図るため						○ ●							9月1日 13〜16時	製造課長	MM氏、NN氏、BB氏	＊9月1日に実施し、加工技術の習得ができたと判断できる。今後は、実践を積みながら必要なところはOJTで補完する
5	他社製造メーカー視察 （株)XXX 静岡工場を見学し、総合的生産管理及び作業環境を中心とした5Sの運用を学ぶ							○ ●						10月19日 9時〜	(株)XXX 静岡工場	製造課(3名)、品質管理課(1名)、生産技術課(1名)参加	※見学結果の詳細は「教育・訓練記録」を参照
6	操作盤内配線教育 操作盤の配線の設計変更が発生したので配線図に基づき教育											○ ●		2月5日 13〜16時	制御設計主任	制御課全員 製造課主任(B氏、C氏)	※受講結果の詳細は「教育・訓練記録」を参照 今後、機械設計者にも教育し、制御方法の変更を周知する。
7																	

※別表４：【新入社員（異動者）教育・訓練計画／実施記録】

株式会社	(A氏)新入社員(異動者)教育・訓練計画／実施記録	作成 20XX年 3月25日	承認	作成
様式：CF-72-05-01		報告 20XX年 5月30日		

※教育・訓練実施期間は原則下記表とするが、新人(異動者)の能力に応じて変更可能とする。

	教育・訓練テーマ / 教育・訓練の内容	○：予定(上段)・●：実施(下段)月																実施日 時〜時	主催・講師	有効性の評価
		4月				5月				6月				7月						
		1	2	3	4	1	2	3	4	1	2	3	4	1	2	3	4			
1	新入社員教育1(原則1日) 会社概要説明(HP、カタログ等) 就業規則説明 会社方針、品質／環境方針説明、会社組織	○ ●																4月2日 9時〜17時	業務部長	「研修教育記録」による ※一通り理解できたと評価する。
2	新入社員教育2(原則1日) ビジネスマナー(挨拶の仕方、電話対応(電話応対要領、接客心得) 担当の仕事の役割	○ ●																4月5日 9時〜17時	業務課長	「研修教育記録」による ※今後業務の中で対応できているか確認する。
3	業務内容の説明1(原則1日) XX課の業務内容説明(業務関連手順および業務処理説明) 事業部方針、XX年度目標の説明		○ ●															4月5日 9時〜17時	XX課長	「研修教育記録」による ※今後業務の中で理解を深めていく。
4	業務内容の説明2(原則2日) 情報処理システムの説明及びトレーニング(伝票発行、計画書作成、納品書等)		○ ●															4月6日 13時〜17時	YY課長	「研修教育記録」による ※今後業務の中で理解し、実践できているか評価する。
5	業務実施方法の取得1(原則5日間) XX部門の業務手順及び実施方法の説明			○ ●														4月12日〜15日 9時〜17時	ZZ主任	「実務研修教育・訓練記録」による ※業務手順書が作成されたので、今後は3日間の研修に変更する。
6	業務実施方法の取得2(原則5日間) 担当予定業務の実施補佐(担当者について、実施方法の取得)				○ ●													4月19日〜23日 9時〜17時	MM主任	「実務研修教育・訓練記録」による ※今後業務の中で力量を高めていく。
7	担当業務の実施訓練 担当業務の実施(補佐による指導)					○ ●	○ ●	○ ●	○ ●									5月の出勤日 9時〜17時	課長・主任	「実務研修教育・訓練記録」による ※1ヶ月の実務研修教育・訓練結果に基づき、6月末に「力量評価」を行う。

4．企業価値を高める能力開発

　厚生労働省【平成30年版　労働経済の分析】で述べたように、日本企業はバブル崩壊後、業績悪化に伴い社員教育費を削減し、我が国のGDPに占める企業の能力開発費の割合は低下傾向にあり、欧米5か国に比べて突出して低くなっています。

　デジタル経済化と超少子高齢化の時代に直面している中で、人的投資が企業価値を高める条件となっており、今後の成長に向けた能力開発計画をつくり、内部研修（OJTなど）と外部研修（Off - JT）を組み合わせた人材強化が望まれます。

※厚生労働省【平成30年版　労働経済の分析】による各国の能力開発費

　我が国のGDPに占める企業の能力開発費（能力開発費とは、企業が社員の研修にかける研修費のこと）の割合は低下傾向にあり、以下のように分析しています。

①日本の能力開発費の割合は、欧米5か国に比べて突出して低いことがわかります。他の国々がGDPの1％以上を投入しているのに対して、日本のその割合は0.1％と、10倍以上の開きがあります。

②国際比較によると、我が国のGDPに占める企業の能力開発費の割合は、米国などと比較し、突出して低い水準にあり、経年的にも低下していることから、労働者の人的資本が十分に蓄積されず、ひいては労働生産性の向上を阻害する要因となる懸念があります。

○　我が国のGDPに占める企業の能力開発費の割合は、米国・フランス・ドイツ・イタリア・英国と比較して低い水準にあり、経年的にも低下している。

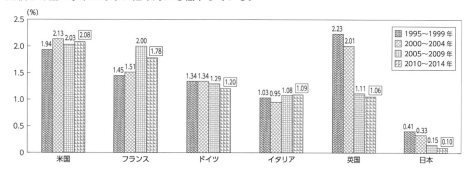

資料出所　内閣府「国民経済計算」、JIPデータベース、INTAN-Invest database を利用して学習院大学経済学部宮川努教授が推計したデータをもとに作成
（注）　能力開発費が実質GDPに占める割合の5箇年平均の推移を示している。なお、ここでは能力開発費は企業内外の研修費用等を示すOFF-JTの額を指し、OJTに要する費用は含まない。

※教育・訓練の種類

　教育・訓練には、組織全体で行う教育、テーマごとに行う教育、部門ごとおよび個人ごとに行う教育（上記の力量向上が対応）、外部研修などの以下の教育・訓練があります。

	種類	対象者	実施内容
1	全社教育	全従業員	・年初全体教育：経営方針・事業計画の発表・伝達 ・社員研修（新人含む）、安全・衛生教育、防災活動訓練
2	部門（部署） 教育・訓練	部門（部署）員	・業務遂行上必要な手順の理解と技術・技能の習熟 ・ミーティング、OJTなどを活用した教育・訓練
3	新人・ 異動者教育・ 訓練	新人 異動者	・業務内容及び部門・グループ毎の業務の基礎知識 ・業務内容及び部門・グループ業務の基礎知識
4	外部研修 公的資格取得	従業員 管理者候補	・事業活動に必要な資格取得 　（公的）技術士、中小企業診断士、エネルギー管理士 　　　　　一級・二級建築士、電気工事士、設備士 　　　　　大型・中型運転免許、フォークリフト運転技能者 　　　　　運行管理者、安全衛生管理者など 　（社内）品質検査員、内部監査員など ・管理者研修（社内）（社外）

　以上、これまで述べた教育・訓練の手順を文書化した**別紙：「教育・訓練規程」**のサンプルを添付します。

● コラム：「教育・訓練計画」は人材育成につながっているか？

　どの企業も年度目標の中に必ず「人材育成」の目標が入っている。この人材育成のために「教育・訓練計画」が作成され、中身は外部研修、社内研修・勉強会などとなっているが、これが人材育成につながっているだろうか。

　人材育成の目的は、この人にどれだけの仕事をしてほしいか、そのためにその職務ごとに、使命、役割や具体的な仕事内容、必要な能力・経験など、必要な力量を明確にすることです。こうすれば必要な力量を持つための「教育・訓練計画」が作成できます。

　現在は、我が国の特長である組織運営のための力量（メンバーシップ型）に加えて、生産性向上につなげるために専門性の力量（JOB型）が求められています。この両方を強化することにより、企業力強化につながる人材育成が可能になります。　　　　　　　　　　（M. M）

5．力量評価と人事評価との関連

　我が国の中小企業は人事評価の仕組みを明確にし、運用されている組織は少ないと考えられます。

　これまで述べてきた人材育成の「力量評価」を活用することにより人事評価に展開することが可能です。

　企業の人事評価は、昇給や昇格に主眼が置かれている場合が多く、人材育成に主眼を置いた仕組みに変更することで従業員のモチベーション向上に繋がります。

※別紙：【教育・訓練規程】（サンプル）

株式会社	教育・訓練規程	第1版	改定	承認	作成
文書番号：CD72-01-01			制定		

フロー			手順	関連文書・記録
経営者	管理部門	各部門・部署		

〈教育・訓練の目的〉
当社の業務を効率的に運用し、事業目標達成のため必要な力量の確保及び向上を目的とし、業務に従事する要員（協力社員、派遣社員含む）に教育・訓練を実施する。

	種類	対象者	実施内容	実施責任者
1	全体教育	全従業員	1 年初全体教育（年度事業方針・事業計画の説明）	経営者
			2 安全・衛生教育、防災活動訓練、コンプライアンス教育他	管理部門
2	各部門教育・訓練	部門内の従業員	1 業務遂行上必要な手順の理解と技術・技能の習熟	各部門長
			2 OJT、業務報告及びミーティング等を活用した教育	
3	新人・異動者教育・訓練	新人	当社の就業規則、業務内容及び担当業務の基礎知識	総務部門
		異動者	グループ業務遂行上の必要な業務内容	各部門長
4	外部講習公的資格取得	対象者	事業活動に必要な資格取得・受講、法令・技能関係等の知識習得、情報収集、見学・視察等	管理部門

1.教育・訓練の計画
① **全社の教育・訓練計画**
管理部門長は、全社で実施する教育訓練計画に基づき**「全社教育・訓練計画／実施記録」**を年度末（原則として3月）に作成し、経営委員会で審議し、経営者の承認を得る。

② **各部門・部署毎の教育・訓練計画**
各部門長及び部署長は、**「力量評価表」**及び実務運用状況に基づき、必要な力量を向上させる教育・訓練計画を作成し、**「部門（部署）教育・訓練計画／実施記録」**に記入し、経営者の承認を得る。
※ 改善活動の一環、または臨時に教育・訓練を実施する場合は、計画を必要とせず、必要に応じて追加し、実施する。

2.教育・訓練の実施
① **「全社教育・訓練計画／実施記録」**の計画に基づき教育・訓練を実施し、実施結果を**「全社教育・訓練計画／実施記録」**に記録する
※ 多人数で実施した場合などは**「教育・訓練記録」**を作成する場合もある。
※ 教育・訓練の有効性評価は、実施責任者が教育実施後、又は作業の実施状況を確認し、理解度を評価する。
※ 外部教育の場合は、受講者が**「教育・訓練記録」**を作成し、自己評価を行う。
② 部門（部署）は、「部門（部署）教育・訓練計画／実施記録」に基づき教育・訓練を実施し、実施結果を**「部門（部署）教育・訓練計画／実施記録」**に記録する。
※ 但し、部門間に亘る教育・訓練等の場合、**「教育・訓練記録」**を作成し、有効性を評価する場合もある。
③ 新人・異動者への教育は、**「新入社員（異動者）教育・訓練計画／実施記録」**に計画し、同様式に実施結果を記録する。
④ 教育・訓練の計画及び実施結果の評価
a)**「全体教育・訓練計画／実施記録」**、**「部門（部署）教育・訓練計画／実施記録」**及び**「新入社員（異動者）教育・訓練計画/実施記録」**に基づき、教育・訓練の実施状況及び有効性を、月度（及び年度）業務報告会で報告する。
b) 経営管理層は、上記の実施状況を確認し、必要な場合は、教育・訓練の計画の変更・追加を指示する。
※ 年度末の評価では、新年度の教育・訓練計画に対する方向性等を指示する。

3.力量評価及び資格認定
① 従業員は**「力量評価表」**に基づき、自己による力量評価を行い、上司に提出する。
② 上司は、**「力量評価表」**に基づき、従業員と面接を行い、従業員の評価を行い、経営層に提出する。
③ 経営層は**「力量評価表」**に基づき従業員の総合評価を行い、「力量評価表」に力量を記入する。
※ ただし、評価対象者が役職者（リーダー等）の場合は、経営層が評価する。
※ 新人及び所属グループから異動になった場合は、教育・訓練の実施後力量が判断できる時点で行う。
※ 部門（部署）長は、**「力量評価表」**に基づき、教育・訓練の計画のデータとする。

④ 資格認定
a) 資格認定基準に基づき、外部講習の受講、又はそれに準じた社内教育・訓練を受け、管理者が認めた場合に資格認定する。
b) その他公的資格は、当該資格の合格証、終了証によって資格認定とする。
c) 社内資格、公的資格に認定された要員については、管理部門が**「資格者一覧表」**へ登録する。

関連文書・記録：
- 全社教育・訓練計画/実施記録
- 力量評価表
- 部門（部署）教育・訓練計画/実施記録
- 全社教育・訓練計画/実施記録
- 教育・訓練記録
- グループ教育・訓練計画/実施記録
- 新入社員（異動者）教育・訓練計画/実施記録
- 力量評価表
- 力量評価表
- 資格者一覧表

フロー（各ステップ）：
- 全体教育訓練計画
- 担当教育訓練計画
- 経営者承認
- 教育・訓練実施
- 有効性評価
- 月度（年度）の有効性評価
- 経営管理層評価　次月・新年度計画へ反映
- 力量評価（自己）
- 力量評価（上司）
- 総合力量評価（経営管理層）
- 教育・訓練計画
- 資格取得
- 資格認定
- 資格登録

改訂内容

62

● コラム：人を育てる仕組みがない…人材育成論の必要性

　日本人は２世が大好きです。政治家や芸能人には２世、３世があふれており、テレビを見る
とコメンテーターにスポーツ選手の２世が出ています。また、報道番組やスポーツ番組にはお
笑いタレントが司会者として大活躍しています。これが世間に受けているのだから文句はない
のかもしれませんが、業界の中で努力している若者が活躍できる機会がなかなか回ってきませ
ん。これでは専門家を育てることができないのではないかと心配です。

　以前、アメリカのある機関が調査したデータの中で、優秀な人・できる人は、偉くなって良
いか、金持ちになって良いかのアンケート調査を先進国で行った結果、アメリカ人は肯定する
人が70％を超えており、日本人は30％を下回っているのを思い出しました。

　アメリカ人は何でもデータを収集・分析したがる人種だと思いましたが、日本人はできる人、
優秀な人を嫌う傾向があるのではないかと思われます。

　組織の中にせっかくできる人がいるのに、意見を取り入れず、異端児（？）扱いにして抹殺
している。できる人を鍛え、人間性を高め大きく成長させ、組織の中だけでなく社会に役に立
つ人材を育てるという気持ちが少ない。

　できる人の意見を取り入れずに一般論に終始し、全体の意見を取り入れたようにして結論を
先送りする調整マンが実権を握っている組織が多く見られます。組織として最適な結論かどう
か、社会的に信頼される結論かどうかは問題でなく、自分たちの立場を守るため現状維持を最
優先する。この結果、事実に基づき真剣に考えている人、未来を想定できる人の意見は無視さ
れていく。歴史のある大手企業の経営層などがこの顕著な事例でしょう。

　また、我が国の戦後創業した中小企業の経営者はいくつになっても変わりません。周りの環
境が激変しているのに、長年経営してきた自分の他に変われる人材は社内に居ないと思い込み、
後は親族がうまく引き継いでくれるだろうと思っています。これでは何の教育も受けず引き継
がされた後継者はたまったものではありません。中小企業大廃業時代といわれ、後継者育成が
叫ばれているのに育てるという気概がありません。

　経営学や組織論、マーケッティング、テクノロジー技術論などの理論はあふれていますが、普遍
的な人材育成論は確立されていません。個々の組織の中に人材育成は閉じ込められています。

　専門家は資格を要求されますが、政治家や経営者などの実務家は多様性に対応する必要があ
るからなのか、要求されません。力量を発揮するために最低限の資格は必要だと思いますが……。

　グローバル化が進み、ハーフのスポーツ選手の大活躍、多国籍出身地のラグビーチームの大
活躍にみんなが大喝采をしていますが、一時的な現象としてとらえているだけでは我が国は世
界から取り残されていく心配があります。

　多様な人たちがOne Team!として活躍できる、日本に適していて、かつ世界に通用する人
材を育てていくグローバルスタンダードな人材育成論が望まれます。　　　　　　　（M. M）

Ⅱ-2．インフラストラクチャ（設備管理）

　要求される製品およびサービスを実現するために設置されているインフラストラクチャ（機械・装置・情報システム）は企業を支える重要な経営資源です。以後、インフラストラクチャを設備として記述します。

　企業の中長期経営戦略に基づき継続的な成長と安定を目指すには、設備投資は重要な要素であり、多額の資金と導入期間を必要としますので、採算性および財務面からも十分留意する必要があります。

　また、設備管理は、製品やサービスを効率的に生産して品質を維持する上で最も重要で、かつ最適な状態に維持することにより寿命を延ばし、管理費用低減に貢献する活動になります。なお、設備には、機械・装置や車輌、付属機器、および情報機器を含んで記述します。

〈設備管理のポイント〉

1．設備投資計画

2．設備の維持、管理

3．設備維持費用と予算管理

〈設備管理に活用する文書・記録サンプル〉

①設備管理規程

②設備管理台帳

③設備点検表

④設備保全計画表

1．設備投資計画

　設備投資には、新製品や新しいサービスを提供するための新規投資、製品・サービスを拡大するための増設投資、老朽化した設備の更新投資などがあり、その目的を明確にする必要があります。

①新製品や新サービスを生産していくのに必要な新規設備投資
②現状の生産量やサービスを効率的に拡大するために生産増強を目的にした設備投資
③設備の老朽化に伴う更新投資、ただし、品質・生産性向上および自動化などを考慮

　設備投資は多額の資金を必要とし、かつ投下資金の回収が長期にわたるので、それによって予想される利益、自己資本の確保、耐用年数に応じた減価償却費など、採算性および財務面を考慮して計画する必要があります。また、リースによる調達が可能ですので、使用頻度や稼働率などから検討の余地があります。
　なお、減価償却に関しては「Ⅴ．財務戦略」で述べます。

２．設備の維持、管理

（１）設備の登録

　設備を導入したら資産計上する必要がありますので設備登録を行います。
　設備登録には「設備管理台帳」などを用いますが、設備の登録だけでなく、日常点検の有無、定期点検の計画を含めた管理台帳として活用することを推奨します。
　参考として【設備管理台帳】（別表1）を添付します。

（２）機械・装置などの設備管理／保全

　機械・装置などの設備は、生産活動を円滑に行い、安心・安全に使用するため維持・管理する必要があり、その用途に従って設備管理と保全の必要性、内容と頻度が決まり、以下の保全活動があります。

※設備保全活動

1	事後保全（BM） Breakdown Maintenance	設備の故障が発生してから行う保全で、故障してから修理した方は経済的な場合に適用する…突発的な緊急保全が発生する恐れあり。
2	予防保全（PM） Prevention Maintenance	定期的な点検と劣化部位の事前取替えを行い、未然防止を図り、使用可能な状態を維持する保全…日常保全と定期保全がある。
3	改良保全（CM） Corrective Maintenance	保全が必要な箇所を改善し、長寿命化、故障率の低減、保全負荷の低減を図り、設備全体の体質改善を行う。

| 4 | 保全予防（MP）
Maintenance Prevention | 設備の設計や製造段階で保全活動の少ない又は不要な設備を製造することで、改良保全を一歩前進させた方式 |

①保全計画

　保全計画は、設備の構成部品の特性や重要度などにより決定しますが、故障状況や日常点検の中で発見された劣化状況、品質・精度などからの情報を含めて計画します。

　保全活動には、通常［a. 劣化を回復する活動、b. 劣化を防ぐ活動、c. 劣化の程度を測る活動］があります。

　aの活動は、事後保全（BM）で、設備が故障したり、所定の稼働が維持できなくなったりしたときに行う修理など保全活動です。

　bおよびcの活動は、予防保全（PM）で、設備使用中の故障を未然に防ぎ、使用可能な状態に維持するために行う計画的な保全活動で、日常点検・月例点検、一定期間で行う定期点検・整備が該当します。

　改良保全（CM）は、故障分析により今後、保全の手間がかからないようにすることをネライとした改善方式で、設備の長寿命化、故障率の低減、保全負荷の低減を図ります。

　保全予防（MP）は、設備を計画する段階から信頼性の高くて保全性のすぐれた設備の設計、製作、設置を行う方法で、改良保全から発展した保全の方法です。

②日常（始業）点検

　通常、始業時点検などと呼ばれることもありますが、使用する前に設備が適切に動作・稼働しているかを確認する作業です。大量生産に使用する設備は不備が発生したら多くの不良部品や製品を生み出し、多額の損失金額が発生しますので、日常点検は重要な活動です。

　ただし、始業時の点検で全てのことを点検しようと考えると項目が多くなり、毎日の繰り返しですから大丈夫だという気持ちが起こり、チェック（レ点）を入れるだけになってしまう恐れがあります。このため、点検項目を、毎日必要な項目、1週間ごとに点検する項目、1月ごとに点検する項目に分けて、「設備点検表（日常・週次）」を作成するなどの工夫が必要です。また、設備の劣化などにより故障箇所が発生したら、その箇所を「日常（始業）点検表」の点検項目に加えることも重要です。

　参考として【**設備点検表（日常・週次・月次）**】（別表2）を参照下さい。

③定期点検・整備

　定期点検は、日常点検ではできないオーバーホールや整備点検になります。定期点

検の目的は、設備の劣化に伴う重大故障を予防し、生産活動を維持することです。車輌やプレス機械などでは、法定で決められている点検もあります。定期点検で発見された劣化箇所を適宜に修理することで設備の寿命を長くします。

　主要な設備の点検・整備記録は、「設備管理表（点検・整備）」に記録し管理します。

　なお、「設備管理表（点検・整備）」はM3経営研究会HPに掲載していますので、そちらをご覧下さい。（https://www.m3kenkyu.com）

（3）情報機器・システムの保守

　情報システムは、ハードウェアおよびソフトウェア、ネットワーク、通信回線などで構成されています。

　ICT（Information and Communication Technology：情報通信技術）の技術革新が進む中で、企業におけるこのICT基盤は、ビジネスに欠かせない重要な構成要素となっています。

①ICTシステムの構成

構成	対象
ハードウェア	サーバおよび周辺機器、通信機器
	サーバOS、データベース、ミドルウェアなど
	PC（端末）および周辺機器、通信機器
	クライアントOS、ミドルウェア、PC側アプリケーション
	オフィスソフト（表計算、ワープロ、プレゼンテーションなど）
ソフトウェア	パッケージソフトウェア
	各種開発ソフトウェア
ネットワーク	LAN設備（ケーブル、HUB、無線装置など）
通信環境	ルータ機器、セキュア機器、通信回線
バックアップ	自動化（冗長構成）
	アプリケーションおよびデータバックアップ

②ICT保守

　企業内のICT業務システムは、企業活動の根幹に関わる位置付けになっていることが多く、その運用停止は受注機会の損失など、業績に大きな影響を与える場合があります。

　ICT保守運用を考える上での方向性として、自社リソースの極小化を含む外部リソースの有効活用が挙げられます。そのため、業種／業態により24時間365日の稼働が要求される場合への常時監視などにも対応できる保守体制を有しているITベン

ダーも多くあります。

　ITベンダーやメーカーは、その状況に応じて多彩な保守メニューを有していますが、近年、通信環境の著しい発展から、ハードウェア、特にサーバ周りについては、企業への機器設置型（オンプレミス）から、データセンター事業者に自社サーバ設備を預け、日常の保守運用も含めて事業者に委託する「ハウジングサービス」、その企業用に使用する仮想領域を設け、その領域に仮想サーバを構築して利用する「クラウドサービス」など、徐々にですが「購入・設置」から「利用」へ移行が進んでおり、それに応じてICT保守のあり方も変化しつつあります。外部リソースをうまく利用しながら運用コストを下げていくやり方が今後ますます進んでいくと思われます。

　一方で、企業内におけるPC端末やプリンタ、周辺機器、LAN機材や通信機材などは、物理的に社内に配備する必要性から、OSバージョンアップや故障、入れ替えや現場の問い合わせ対応など、情報システムの運用に関わるスタッフの負荷が近年大きくなる傾向にあります。このため社内人材の強化を含め、運用保守を含めたアウトソーシングも課題としてとらえるべきです。

3. 設備維持費用と予算管理

　機械・装置や車輌などの定期点検・整備は外部業者に依頼することが多く、費用が発生しますので、保守点検計画が必要です。定期点検終了後、設備・部品の劣化、故障の可能性が発見されたら修理を行います。また、設備故障が発生したら設備修理を行うことになりますので、設備の状態を想定して保全計画を作成しておく必要があります。

　設備の故障により発生する機会損失（生産減、品質劣化、納期遅れ、コスト増、安全性）を少なくするために定期点検を含めた保全費用を想定し、年度予算を事前に組んでおく必要があります。

　設備ごとに故障・処理履歴を管理した「設備管理表」により保全や故障履歴を作成されていると組織も多いと思いますが、本書では**「設備保全計画表」（別表3）**を活用し、設備の経年変化に対応した保全計画を紹介します。

「設備管理台帳」を活用した**「設備保全計画表」**を作成し、年度ごとの保全費用（予算）を想定し計画を立て、年度末に実績を記入します。このデータを蓄積していくことにより設備ごとの保全費用および内訳がわかり、次年度以降の予算計画を立てることが容易になります。

　どの機械・装置や車輌などが、どのような保全方法をとったらよいか、故障費用の多い設備の更新時期の判断など、予算管理の精度を上げていくことができます。この情報が、「1. 設備投資計画」の設備更新および新規投資計画につながります。なお、

更新計画は、「Ⅴ．財務戦略」のコラム、「減価償却を理解する」を参照ください。

　将来、機械や設備に取り付けられたセンサーから送られてくるあらゆるデータをリアルタイムに分析し、IoTを活用した過去の傾向からトラブルが発生するタイミングを予知し、未然に防止する**「予知保全」**ができる可能性があります。よりよい製品づくりやサービスを実現するための自動化設備はますます拡大すると予想され、製品やサービスに占める設備投資額および維持費用の割合は大きくなり、これらの費用をコストに反映させていくことが重要になります。インフラストラクチャの運営管理技術は大きく変化しており、この役割を担う人材育成が望まれます。

　これまで述べてきた設備管理のサンプルとして**「設備管理規程」**を添付します。

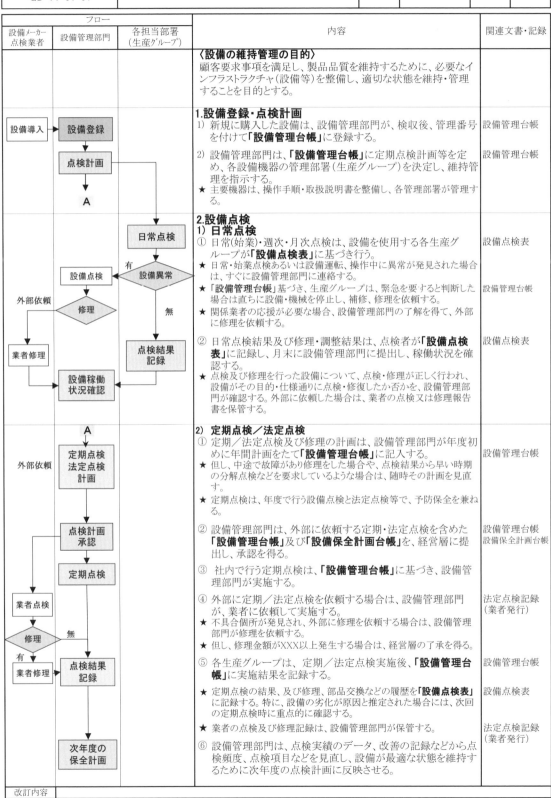

〈設備の維持管理の目的〉
顧客要求事項を満足し、製品品質を維持するために、必要なインフラストラクチャ(設備等)を整備し、適切な状態を維持・管理することを目的とする。

1.設備登録・点検計画

1) 新規に購入した設備は、設備管理部門が、検収後、管理番号を付けて**「設備管理台帳」**に登録する。　〔設備管理台帳〕

2) 設備管理部門は、**「設備管理台帳」**に定期点検計画等を定め、各設備機器の管理部署(生産グループ)を決定し、維持管理を指示する。　〔設備管理台帳〕
★ 主要機器は、操作手順・取扱説明書を整備し、各管理部署が管理する。

2.設備点検
1) 日常点検

① 日常(始業)・週次・月次点検は、設備を使用する各生産グループが**「設備点検表」**に基づき行う。　〔設備点検表〕
★ 日常・始業点検あるいは設備運転、操作中に異常が発見された場合は、すぐに設備管理部門に連絡する。
★ **「設備管理台帳」**基づき、生産グループは、緊急を要すると判断した場合は直ちに設備・機械を停止し、補修、修理を依頼する。　〔設備管理台帳〕
★ 関係業者の応援が必要な場合は、設備管理部門の了解を得て、外部に修理を依頼する。

② 日常点検結果及び修理・調整結果は、点検者が**「設備点検表」**に記録し、月末に設備管理部門に提出し、稼働状況を確認する。　〔設備点検表〕
★ 点検及び修理を行った設備について、点検・修理が正しく行われ、設備がその目的・仕様通りに点検・修復したか否かを、設備管理部門が確認する。外部に依頼した場合は、業者の点検又は修理報告書を保管する。

2) 定期点検／法定点検

① 定期／法定点検及び修理の計画は、設備管理部門が年度初めに年間計画をたて**「設備管理台帳」**に記入する。　〔設備管理台帳〕
★ 但し、中途で故障があり修理をした場合や、点検結果から早い時期の分解点検などを要求しているような場合は、随時その計画を見直す。
★ 定期点検は、年度で行う設備点検と法定点検等で、予防保全を兼ねる。

② 設備管理部門は、外部に依頼する定期・法定点検を含めた**「設備管理台帳」**及び**「設備保全計画台帳」**を、経営層に提出し、承認を得る。　〔設備管理台帳 設備保全計画台帳〕

③ 社内で行う定期点検は、**「設備管理台帳」**に基づき、設備管理部門が実施する。

④ 外部に定期／法定点検を依頼する場合は、設備管理部門が、業者に依頼して実施する。　〔法定点検記録(業者発行)〕
★ 不具合個所が発見され、外部に修理を依頼する場合は、設備管理部門が修理を依頼する。
★ 但し、修理金額がXXX以上発生する場合は、経営層の了承を得る。

⑤ 各生産グループは、定期／法定点検実施後、**「設備管理台帳」**に実施結果を記録する。　〔設備管理台帳〕
★ 定期点検の結果、及び修理、部品交換などの履歴を**「設備点検表」**に記録する。特に、設備の劣化が原因と推定された場合には、次回の定期点検時に重点的に確認する。　〔設備点検表〕
★ 業者の点検及び修理記録は、設備管理部門が保管する。　〔法定点検記録(業者発行)〕

⑥ 設備管理部門は、点検実績のデータ、改善の記録などから点検頻度、点検項目などを見直し、設備が最適な状態を維持するために次年度の点検計画に反映させる。

改訂内容

※別表１：「設備管理台帳」

| AAA株式会社
様式番号：QF-71-01-01 | | 設備管理台帳 | | | | | | | 改訂日：　年　月　日
作成日：20XX年 4 月 1 日 | | 承認 | 作成 | 頁 |

設備番号 （管理番号）	設備名	メーカー名	型式	購入年月	管理部署	取説 有無	日常点検 有無	設備定期点検（計画：○、実績：●）、法定点検：◇ 定期点検実施：●、法定点検実施：★	備考
								月 4 5 6 7 8 9 10 11 12 1 2 3	
M0001	圧着器（AK22A）	XXXXXX	YYYYYY	2010年10月	製造1		○	計画　　　　　○ 実績	
M0002	圧着器（NH32）	XXXXXX	YYYYYY	2010年10月	製造1		○	計画　　　　　○ 実績	
M0003	高速カッター	XXXXXX	YYYYYY	2000年11月	製造1		○	計画　　　　　　　　　　○ 実績	
M0004	メタルソー	XXXXXX	YYYYYY	2008年3月	製造1		○	計画　　　　　　　　　　○ 実績	
M0005	旋盤	XXXXXX	YYYYYY	2018年10月	製造1	○	○	計画　　　　　　　　　　○ 実績	
M0006	ボール盤	XXXXXX	YYYYYY	2008年8月	製造1		○	計画　　　　　　　○ 実績	
M0007	タレットパンチプレス	XXXXXX	YYYYYY	2015年9月	製造1	○	○	計画 ○○○○○○○◇○○○○ 実績	
M0008	ポータブルドリル研磨機	XXXXXX	YYYYYY	2003年3月	製造1			計画　　　　　　　　　　○ 実績	
M0009	溶接設備（アーク半自動）	XXXXXX	YYYYYY	2015年6月	製造1	○	○	計画　　　　　　　　　　　◇ 実績	電撃防止装置の法定点検必要
M0010	溶接設備（TIG）	XXXXXX	YYYYYY	2019年10月	製造1	○	○	計画 実績	
N0001	80tonプレス	XXXXXX	YYYYYY	1999年3月	製造2		○	計画 ○○○○○○○○○○○◇ 実績	年1回法定自主点検必要
N0002	110tonプレス	XXXXXX	YYYYYY	2001年6月	製造2		○	計画 ○○○○○○○○○○○◇ 実績	年1回法定自主点検必要
N0003	乾燥機	XXXXXX	YYYYYY	2010年12月	製造2	○		計画　　　　　　　　　○ 実績	
N0004	コンプレッサー	XXXXXX	YYYYYY	2015年3月	製造2			計画　　　　　　　○ 実績	
N0005	コンプレッサー	XXXXXX	YYYYYY	2017年10月	製造2			計画　　　　　　　○ 実績	
S0001	天井クレーン（1ton）	XXXXXX	YYYYYY	2000年11月	技術G		○	計画 ○○○○○○○◇○○○○ 実績	※年1回法定自主点検必要 ※クレーン運転特別教育を受けた者のみ使用
S0002	PPバンド結束機	XXXXXX	YYYYYY	2015年10月	技術G	○		計画　　　　　　　○ 実績	
S0003	フォークリフト	XXXXXX	YYYYYY	2008年3月	技術G		○	計画 ○○○○○○○○○○○◇ 実績	年1回法定自主点検必要

※別表２：「設備点検表（日常・週次・月次）」

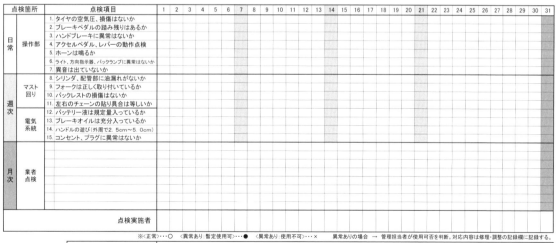

| 設備登録番号
XXX-xx-01 | 設備名（車両名）
フォークリフト | 設備点検表（日常・週次・月次） | 実施月
年　　月 | 設備管理者 |

点検箇所		点検項目	1 2 3 4 5 6 7 8 9 10 11 12 13 14 15 16 17 18 19 20 21 22 23 24 25 26 27 28 29 30 31
日常	操作部	1. タイヤの空気圧、損傷はないか	
		2. ブレーキペダルの踏み残りはあるか	
		3. ハンドブレーキに異常はないか	
		4. アクセルペダル、レバーの動作点検	
		5. ホーンは鳴るか	
		6. ライト、方向指示器、バックランプに異常はないか	
		7. 異音は出ていないか	
週次	マスト回り	8. シリンダ、配管部に油漏れがないか	
		9. フォークは正しく取り付いているか	
		10. バックレストの損傷はないか	
		11. 左右のチェーンの貼り具合は等しいか	
	電気系統	12. バッテリー液は規定量入っているか	
		13. ブレーキオイルは充分入っているか	
		14. ハンドルの遊び（外周で2.5cm～5.0cm）	
		15. コンセント、プラグに異常はないか	
月次	業者点検		
点検実施者			

※<正常>…○　＜異常あり：暫定使用可＞…●　＜異常あり：使用不可＞…×　　異常ありの場合 → 管理担当者が使用可否を判断。対応内容は修理・調整の記録欄に記録する。

| 修理・調整記録 | |

※別表3：「設備保全計画表」

AAA株式会社 様式番号：	設備保全計画表	●:設備業者による定期点検　◎:設備更新 ○:設備劣化の伴う修理 △:設備故障に伴う費用	改定日： 作成日：	承認	作成

設備番号 (管理番号)	設備名	メーカー名 型式	購入年月日	20XX年度 計画(予算)	20XX年度 実績(実施結果)	20XX年度 計画(予算)	20XX年度 実績(実施結果)	20XX年度 計画(予算)	20XX年度 実績(実施結果)	20XX年度 計画(予算)	20XX年度 実績(実施結果)	20XX年度 計画(予算)	20XX年度 実績(実施結果)
M0005	旋盤	XXXXXX	2018年10月	○： △：	○： △：	○： △：	○： △：YY万円	○： △：	○： △：	○： △：	○： △：	○： △：	○： △：
M0006	ボール盤	XXXXXX	2008年8月	○：X万円 △：X万円	○：Y万円 △：Y万円	○：X万円 △：X万円	○：Y万円 △：Y万円	○： △：	○： △：	○： △：	○： △：	○： △：	○： △：
M0007	タレットパンチプレス	XXXXXX	2015年9月	●：XX万円 △：	●：YY万円 △：	●：XX万円 △：XX万円	●：YY万円 △：YY万円	● △	● △	● △	● △	● △	● △
N0001	80tonプレス	XXXXXX	1999年3月	○：X万円 △：X万円	●：Y万円 △：Y万円	○：X万円 △：X万円	○：Y万円 △：Y万円	◎：	◎：	● △	● △	● △	● △
N0002	110tonプレス	XXXXXX	2001年6月	○：X万円 △：X万円	●：Y万円 △：Y万円	○：X万円 △：X万円	○：Y万円 △：Y万円	● △	● △	◎：	◎：	● △	● △
S0001	天井クレーン(1ton)	XXXXXX	2000年11月	○： △：	●：Y万円 △：XX万円	○：X万円 △：XX万円	●：Y万円 △：YY万円	● △	● △	● △	● △	● △	● △
S0003	フォークリフト	XXXXXX	2008年3月	○：X万円 △：	●：Y万円 △：X万円	○：X万円 △：X万円	○：Y万円 △：Y万円	○： △：	○： △：	○： △：	○： △：	○： △：	○： △：
X0001	A生産設備	XXXXXX	2001年3月	●：XX万円 △：XX万円	●：YY万円 △：XX万円	●：XX万円 △：XX万円	●：XX万円 △：XX万円	● △	● △	● △	● △	◎：	◎：
X0002	B生産設備	XXXXXX	2007年3月	●：XX万円 △：XX万円	●：YY万円 △：XX万円	●：XX万円 △：XX万円	●：YY万円 △：XX万円	● △	● △	● △	● △	● △	● △
X0003	C生産設備	XXXXXX	2015年3月	●：XX万円 △：	●：YY万円 △：	●：XX万円 △：	●：YY万円 △：	● △	● △	● △	● △	● △	● △
合計金額				ΣXXX万円	ΣYYY万円	ΣXXX万円	ΣYYY万円						
年度保全実績及び結果				80t・110tプレス機は古いので更新計画をする A, B生産設備のは古くなってきているのでメンテナンス計画を強化		A生産設備は、経年劣化により故障維持費用がかかっているので3年後に更新計画を予定する。		※80tonプレス更新予定		※110tonプレス更新予定		※A生産設備更新予定	

※年度の保全実績を蓄積し、各設備の点検・整備費、劣化及び故障時の修理費等を想定し、精度のある計画につなげる。

● コラム：設備保全計画表の活用事例

　製造業の場合、「設備保全計画表」で年度保全費用の実績を見ていくと、劣化や故障に伴う修理費用が増えている設備があるとすれば、減価償却などを考慮して設備更新を何年後に実施したらよいか判断ができます。また、故障などの緊急時の対応としてどのような予備部品などを在庫すればよいかの参考になります。さらに、部品の共通化により保全費用の削減につなげます。

　運送業の場合、車両管理台帳から「車両整備計画一覧表」を作成すると、車検費用や整備費用などの年度の実績から、購入後あまり経過していないのに故障整備費用が多い車両が見受けられることがあります。ドライバーの運転技能に課題があるのではないか考えられ、添乗指導時に運転状態を確認し、安全運転指導をするとともに整備費用削減につながる運転指導につなげます。また、車検費用の削減や、事業内容を考慮して、車両購入時に故障頻度が少ないメーカーを選定するのにも活用できます。

　このように「設備保全計画表」をうまく活用すると、設備運用費用の削減につながるとともに、維持費用を含めた事業コストが明確になり、適切な利益を確保した見積算出につながります。

(M・M)

Ⅱ-3．組織運営に関する環境対応

　組織が事業活動を行うに当たっては、企業活動を取り巻く外部および内部の課題を明確にする、適切な対応が必須になっています。

　この節では、企業活動で要求される外部の社会的課題への対応、自然災害への対応、および企業運営するための人的・物理的な内部課題について述べます。

〈組織運営の社内外環境対応のポイント〉

1．外部課題への対応（企業の社会的責任）

2．自然災害対策

3．内部課題への対応

　①職場環境の整備

　②作業環境改善

〈組織運営の環境対応に活用する文書・記録サンプル〉

①緊急事態対応手順書

②環境法規制など順守評価表（製造業例）

③法規制などの順守一覧表（物流業例）

④作業環境チェックシート（製造部門サンプル）

1．外部課題への対応（企業の社会的責任）

　地球温暖化による自然環境破壊や気候変動問題などの高まりによって、経済的発展と環境破壊がトレードオフの関係になっており、今度ますます進む温暖化への対策として、自然生態系や自然景観を守る環境対応が重要視されています。

　2015年9月の国連サミットで採択された、30年までの達成を目指す持続可能な社会の実現の国際目標【SDGs（Sustainable Development Goals）】や、企業の長期的な成長のために環境や社会への配慮、企業統治の向上で、それぞれの頭文字を取った【ESG（環境・社会・企業統治）】の観点からの環境に配慮した企業活動が求

められています。

　しかし、中堅・中小企業が独自に対応するには困難な面がありますが、コーポレートガバナンスの基本原理の一つである企業コンプライアンスとして、「企業倫理（社会的ルールに従った企業活動）」「法令遵守」の取り組みは必須となっています。
「企業倫理（社会的ルールに従った企業活動）」の取り組みとしては、法令遵守はもちろんのこと、企業は社会倫理に従って行動することや、品質・環境・安全に配慮した活動が求められています。その取り組みとして、国際規格であるISO規格があり、多くの企業がマネジメントシステムの構築・運用に取り組んでいます。

※主な国際規格
ISO9001：品質マネジメントシステム
ISO14001：環境マネジメントシステム
ISO50001：エネルギーマネジメントシステム
ISO27001：情報セキュリティーマネジメントシステム
ISO22000：食品安全マネジメントシステム
ISO/TS16945：自動車業界品質マネジメントシステム
ISO39001：道路安全マネジメントシステム
ISO13485：医療機器品質マネジメントシステム
ISO31000：リスクマネジメントシステム
ISO22301：事業継続マネジメントシステム　　　　　　　など

　その他、我が国では、グリーン経営認証制度、エコアクション21、Gマーク制度（貨物自動車運送事業安全性評価事業）など、いろいろな認証制度があります。

　「法令遵守」として事業活動を行うには、建設業法、食品衛生法、道路運送法、貨物自動車運送事業法、高圧ガス保安法、医薬品医療機器法など多くの法律があります。ここでは製造業および物流業の環境法規制などを含めた法令遵守事例をサンプルとして添付します。
　※別表１：環境法規制など順守評価表（製造業例）
　※別表２：法規制などの順守一覧（物流業例）

※別表１：環境法規制など順守評価表（製造業例）

様式：EF-61-02-01

環境法規制等順守評価表

改訂日：20XX年6月1日
作成日：20XX年1月15日

	承認	作成

法令

環境区分	法規制の名称	主な法的要求事項等(法令等)の内容	対象設備・物質	法順守事項	対象(管理)部署	監視・測定、記録の保管	順守評価年月日	検証結果(○:順守)
環境一般	環境基本法	環境の保全について基本理念を定める	全て	事業者の責務	全社	－	－	－
大気汚染	フロン排出抑制法	特定製品(第一種・第二種)に使用されているフロン類の大気中への排出防止を目的とし、その特定製品の廃棄時において、適切な回収、破壊処理、省フロン使用、フロン使用中の管理を行う事を義務付ける。	業務用空調冷凍機	・年次簡易点検(3か月毎)の実施、記録の保管 ・3年に1回の定期点検(圧縮機の定格出力が7.5~50kW未満機器の冷媒漏洩検査) ・回収業者に直接引渡す際には回収依頼書を、工事業者に委託する場合には委託確認書を交付し、3年間保存すること	事務所工場	①エアコン簡易点検表 ②定期点検記録表(専門業者) ③破棄時の回収依頼書		
電気	電気事業法	電気会社より600Wを超える電圧で受電して電気を使用する設備を設置。	会社内電気設備全て	月次・年次点検の実施と記録の保管	総務部	①保守規定の順守 ②定期点検記録		
騒音	騒音規制法	・特定施設届出 (法2.1・令1・別表1) 特定施設を設置しようとする者は、その特定施設の設置の工事の開始の日の三十日前までに、環境省令で定めるところにより、次の事項を市町村長に届出 1 機械プレス：呼び加圧能力980キロニュートン(100重量トン)以上	ベンディングマシン(37.5kw) タレットパンチプレス(294キロニュートン) セットプレス機(294キロニュートン)29t、 せん断機(3.75kw~)：2.2KW 切断機 空気圧縮機及び送風機(7.5kw	・増設・改造時の設置届け	製造部	設置届		
		・「特定工場等において発生する騒音の規制に関する基準」(環境庁告示15号)	同上	区域：第3種 昼間：60~65 朝・夕：55~65　夜間：50~55		騒音測定記録		
振動	振動規制法	・特定施設届出 (法2.1・令1・別表1) 1 機械プレス、呼び加工能力980キロニュートン、1t(100重量トン)以上 特定工場等において発生する振動の規制に関する基準	せん断切断機(1kw以上) ロールシャー・中厚シャー・別ロシャー・薄・切断機	・増設・改造時の設置届け 区域：第2種 昼間：65~70dB、夜間：60~65dB	製造部	増設・改造時 振動測定記録		
廃棄物	廃棄物の処理及び清掃に関する法律(廃棄物処理法)	・保管場所の構造、表示(水銀使用製品産業廃棄物の追加) ・委託業者契約(運搬、処分を区別)…水銀使用製品産業廃棄物の取扱いに含む ・委託業者許可証…同上 ・管理票(マニフェスト)の管理(水銀使用製品産業廃棄物の数量記載) ・排出量の抑制 ・マニフェスト交付状況の報告	産業(一般)廃棄物	・廃棄物保管場所の表示(60×60cm以上) ・委託契約は運搬と処分を区別し許可証の確認と計画の確認。契約書の5年間保存 ・委託業者にマニフェストを発行し、運搬・処分終了する時、業者から回収し、確認・保管回収：B2・D票(90日以内)、E票(180日以内)(管理票マニは5年間保存) ・マニフェストの交付状況報告書の当該年度分を6月30日までに葛飾区へ報告 ・当該産業廃棄物の処理の状況に関する確認に努める	管理部製造部	①保管場所の表示 ②廃棄物処理業者登録台帳 ③契約書 ④廃棄物管理票の交付確認回収・保管確認産業廃棄物管理票 ⑤廃棄物管理票交付等状況報告書 ⑥産業廃棄物処理場確認		
リサイクル	循環型社会形成推進基本法	・廃棄物の発生抑制 ・循環資源の循環的な利用及び処分の基本原則	全て	・事業者としての基本原則の責務 ・3R	全社	－	－	－
	環境基本法	基本理念	全て	事業者の責務	全社	－	－	－
	家電リサイクル法	テレビ・冷蔵庫・洗濯機・エアコンの廃棄・排出	テレビ・冷蔵庫・洗濯機・エアコン	管理票を発行し保管する	管理部	廃棄時管理票確認		
	パソコンリサイクル法	事業者はパソコンを排出するにあたり、再資源及び再生部品の利用を促進する。	パソコン	排出する際には正規の手順により排出しているかの確認	管理部			
	小型電子機器リサイクル法	・電話機、FAX、携帯電話、デジタルカメラ、ビデオカメラ、DVDレコーダー、デジタルオーディオプレーヤー、ラジオ受信機等の排出	電話機、FAX他の有線通信機器携帯電話、PHS他の無線通信機器デジタルカメラ、ビデオカメラ、DVDレコーダー等の映像機器、デジタルオーディオプレーヤー他の電気音響機器、ラジオ受信機等の28項目	再資源化として適切に処置	管理部			
	グリーン購入法	責務のみ	全て	物品購入等に際しできる限り環境物品等を購入する	管理部			
	自動車リサイクル法	自動車所有者	使用済自動車の廃棄	リサイクル料の支払	管理部	車両購入時のリサイクル料支払の確認		
防災関係	消防法	(消防法第8条) ・防火管理者の選定、消防計画の作成 ・消防用設備等の点検及び報告	消火器等	防火管理者の選定 消防計画の消防署への提出、実施 2回/年(6・12月)の点検実施と1回/3年の消防署への点検結果報告	管理部	防火管理者 消防計画、緊急事態訓練記録		
			第2石油類(灯油：指定数量1000l)シンナー：指定数量1000lアルコール：一数量400l	指定数量の1/5以上の危険物、及び指定可燃物を貯蔵取扱いする場合はあらかじめ所轄消防長に届出が必要。(法9の4)	管理部			
		・高圧ガス(法2)：圧縮ガス：O2、H2、N2、CH4、空気等	・特定高圧ガス(法24の2)(令7.2)①圧縮水素 300m3以上、②圧縮天然ガス 300m3以上、③液化酸素 3t以上	・特定高圧ガス(法24の2)(令7.2)3.貯蔵の規制(法15、16) ・貯蔵とは、通常容器に充填した高圧ガスをおくこと、又は動かせない貯槽に高圧ガスを充填しておくことをいう。 ・0.15m3(圧縮ガス)、1.5kg(液化ガス)を越える高圧ガスは貯蔵の基準に従う(一般則18~30条) ①圧縮水素 300m3以上、②圧縮天然ガス300m3以上、③液化酸素 3t以上、④液化アンモニア 3t以上、⑤液化石油ガス 3t以上、⑥液化塩素 1t以上、⑦特殊高圧ガス：(法24の2)	管理部			
労働安全	労働安全衛生法	・安全衛生推進者の専任 ・定期健康診断 有機溶剤中毒予防規則		従業員10人以上50人未満の事業場 定期健康診断の実施	管理部			
国土利用	都市計画法	規制に基づく建築物届出	規制に基づく建築物	設置届け	管理部	新築・増設時		

※別表2：法規制などの順守一覧表（物流業例）

法規制等の順守一覧表

制定日：　　　　　改定日：

NO	法規制名（略称）	規制の対象となる活動または環境側面・規制に該当しない判断理由	法規制内容	法順守事項	順守評価対象	該当部署
1	道路交通法	事業用車両の運行	道路交通法は、道路における危険を防止し、その他交通の安全と円滑を図り、及び道路の交通に起因する障害の防止に対する事を目的としています。	事業者の責務	①規定マニュアル・手順書確認②規定どおりの運用がされているか確認	全部署
2	労働基準法	流通加工作業・事業用車両の運行	労働基準法は、一般に「労働法」と呼ばれる法令関係の中の中心となる法律です。使用者に対して、労働立場の弱い労働者を保護するために、労働条件の最低条件を定める法律です。	事業者の責務	①規定マニュアル・手順書確認②規定どおりの運用がされているか確認	全部署
3	下請法（下請代金支払遅延等防止法）	備品の使用	事業の下請け（製造委託）において、委託者（親事業者）が下請け事業者に対する金銭的地位を利用して不当な行いをしないように規制する法律。下請け取引を公正化し、また下請け事業者の利益を保護することを目的とする。	事業者の責務	①コンプライアンスチェックリスト②3季面	健康を使用する全サイト
4	道路運送法及び貨物自動車運送事業法の改正（運輸安全マネジメント導入）	全ての運送事業者全般・業務用車両の運行	全ての運輸安全マネジメント対象事業者は運輸安全マネジメントを導入し輸送の安全にかかわる情報を公開しなければならない。一部分を受け付ける場合は国土交通省の許可認可を行われる。2007年4月1日以降は全対象事業者に対し毎年実施されるすず。	事業者の責務	①ホームページ②事故報告書	全部署
5	自動車NOX・PM法	業務用車両の輸配送時の排気ガス	2002年10月から排出ガス基準に適合しない車は、対策地域（1都3県）にわたる広範囲な排出ガス規制の為、窒素酸化物排出基準又は粒子状物質排出基準に適合しない車は、使用できない。対策地域には、適用猶予期間があり。	車種に応じた基準値の確認	トラック購入時のチェック	全部署
6	フロン排出抑制法	業務用冷凍・冷蔵庫機器 業務用空調機器	第1種特定製品・業務用空調・冷凍の廃棄者は、登録された第1種のフロン回収業者を引き渡すこと。その特定製品（第一種、第二種）に使用されている回収業者、工事業者に委託する場合には委託確認書を交付し、3年保存。簡易点検・専門業者による修補・定期点検の実施、記録の保存。	事業者は直接の工事業者に委託する場合には委託確認書を交付し、点検の実施。	①簡易点検記録表②定期点検記録表③専門業者修補記録表④破壊時の回収記録表	運輸部各営業所
7	大気汚染防止法改正	軽油貯蔵タンクVOC排出測定 軽油貯蔵タンク容量1000kl以下のため規制対象外	揮発性有機化合物を含物VOCの規制。規制対象を8種類とし、対象施設ごとに設備ならびに施設を有する者は、年1回以上の測定を実施すること。規制排出口の測定濃度を定める。			各センター
8	道路運送車両法	業務用車両の運行	自動車の安全性の確保及び公害の防止、その他の環境保全及び安全の確保を目的として、自動車の保安の確保及び整備についての技術の向上を図り、自動車検査証の交付を受け、自動車検査証を備え、検査標章を表示しなければ、運行の用に供することが出来ず、及び定期に点検をし、整備を行わなければならない。	①自動車検査証携行②検査標章表示③定期点検記録簿④始業前点検実施	定期点検記録簿確認	各センター
9	容器包装に係る分別回収及び再商品化の促進に関する法律（容器包装リサイクル法）	容器包装・製品輸送ラップ	事業者及び消費者は容器及び包装の廃棄物の排出の抑制に努めるとともに、容器包装の分別収集及び分別基準適合物の再商品化等に努めなければならない。	事業者の責務	事業用車両及び営業所保管設備	生活物流部門 運輸部門基幹
10	国等による環境物品等の調達の推進等に関する法律（グリーン購入法）	事務用品の購入	国や地方公共団体などが、再生品などの環境負荷の少ない物品を率先して購入する、及び並びに情報を提供する。物品を率先して得られたものを使用して、容器包装率先業務の分別回収を率先業務等により調達推進する。	物品購入等に際して、できる限り環境物品を購入する。	①分別回収リサイクル状況②マニフェスト③規程手順書	本社
11	使用済自動車の再資源化等に関する法律（自動車リサイクル法）	直接的には該当しない	自動車製造業者及び輸入業者による使用済み自動車の引取り及び引渡し並びに再資源化等に関する措置、使用済み自動車に係る廃棄物の減量並びに再生資源及び再生部品の十分な利用等を通じて、使用済自動車の適正な処理及び資源の有効な利用の確保及び国民経済の健全な発展に寄与することを目的とする。	リサイクル料の支払い	車輌購入時のリサイクル料支払いの確認	各センター
12	振動規制法	特定施設の設置は無し	工場及び事業場における事業活動並びに建設工事に伴って発生する相当範囲にわたる振動について必要な規制を行うとともに、生活環境を保全し、国民の健康の保護に資することを目的とする。	設置の届出		ー
13	騒音規制法	該当無し。但し、深夜稼働に住民苦情は設置する。	工場及び事業場における事業活動並びに建設工事に伴って発生する相当範囲にわたる騒音について必要な規制を行うとともに、生活環境を保全し、国民の健康の保護に資することを目的とする。	設置の届出	増設・開設	各センター
14	流通業務の総合化及び効率化の促進に関する法律	運輸業及び加工の事業所で事業許可では該当する許認可を行うことによって、事業所では必要な一括許可手続きに関する許認可も行う中小企業者に対する支援もある。	低炭素物流。流通業務（輸送・保管・荷役・流通加工）を一体的に行い、かつ流通業務の効率化のための措置を総合的に実施する事業であって、特定流通業務施設を中核として行われるもの。	WMSなどの在庫管理システムなどの運用状況把握をする。		全社
15	エネルギーの使用の合理化に関する法律（改正省エネ法）	業務用車輌	省エネルギー対策の一環として、エネルギー使用量などの定期点検が義務付けられた。貨物自動車200台以上、特定荷主。	①中期計画書などの提出②エネルギー使用量などの定期点検	燃費データ ZEMS404 エコドライブ活動計画書 ZEMS404	各センター
16	労働安全衛生法	指定貨物の取り扱いが無い、第一種衛生管理者免許取得のためには必須	美リンタ、ベンジン、ベンゾピレンを含み重要な作業。職場における労働者の安全と健康を確保するとともに、快適な職場環境の形成を促進することを目的とする。労働災害を防止するための措置を講じて、労働場における労働者の安全及び健康を確保するとともに、快適な職場環境の形成を促進することを目的とする。	事業者の責務	①労働安全衛生マネジメント計画／結果②教育記録	全部署
17	消防法	建物、業務用車両、燃料・火災予防・消防用設備・危険物（インハウスタンク（防火設備））		①1回/年の点検業務実施②1回/3年の消防署への点検結果報告③避難訓練計画作成と実施状況	点検結果確認②教育記録	①2名/各センター③全部署
18	都市計画法	ユーティリティー、設備関連	規制に基づく建築物の届出	設置の届出	新築・増設時	全部署

２．自然災害対策

　地球温暖化による自然環境破壊や、異常気候変動による災害や、地震リスクを抱えている我が国では、自然災害対策は喫緊の課題となっています。

　緊急事態は突然発生します。有効な手を打つことがきでなければ、特に経営基盤が脆弱な中堅・中小企業は廃業に追い込まれるおそれがあり、「BCP（事業継続計画：Business Continuity Plan）」を策定する企業が多くなっています。

　中小企業庁は、「BCP（事業継続計画）とは、企業が自然災害、大火災、テロ攻撃、パンデミックなどの緊急事態に遭遇した場合において、事業資産の損害を最小限にとどめつつ、中核となる事業の継続あるいは早期復旧を可能とするために、平常時に行うべき活動や緊急時における事業継続のための方法、手段などを取り決めておく計画のことです。」と述べています。

　BCPは被災後の事業継続を図っていくための経営戦略であり、BCPを策定するに当たっては「中小企業BCP策定運用指針」を参考されることをお勧めします。

　災害発生時、緊急事態への対応の手順、緊急連絡網の整備、および緊急事態を想定した対応訓練を実施するなど準備が必要です。参考として別紙「緊急事態対応手順書」を添付します。

　また、感染症拡大の疾病対策などの策定も必要になっており、感染防止対策、所属員の感染、家族が感染した場合の対策など、事前に対応策を準備しておく必要があります。

３．内部課題への対応

（１）職場環境の整備

　従業員の健康を守るだけでなく、快適に働くことができる職場環境、女性が働きやすい職場作りなどが求められています。働きやすい職場の構築として、中堅・中小企業にも「育児・介護休業などに関する規則」や「パートタイマー就業規則」などの浸透が望まれます。また、パワーハラスメントやセクシャルハラスメントの防止の取り組みが必要になっています。

「労働関連法令など」を遵守することはもとより、働き方改革法案に対応した働きやすい社内環境の整備が企業力につながります。

①働きやすい職場環境の構築企業の表彰制度など
　経済産業省は、特に優良な健康経営を実践している大企業や中小企業などの法人を

顕彰する制度として「健康経営優良法人認定制度」を開始しています。また、国土交通省は、トラック・貸切バスなどの自動車運送事業に従事するドライバー不足が年々深刻化しており、ドライバーの労働条件・労働環境を改善するとともに、働き方改革を重視し、必要となる運転者を確保・育成するために、長時間労働の是正などの働き方改革に取り組む自動車運送事業者を評価する制度「**運転者職場環境良好度認証制度**」（通称「**ホワイト経営認証制度**」）を2020年度から始めています。

「ダイバーシティー（diversity）」は、通常「多様性」と訳され、企業経営においては人種・国籍・性・年齢は問わずに人材活用する「人材と働き方の多様化（多様性）」を意味します。経済産業省では2015年より「新・ダイバーシティ経営企業100選」を選定するなど、日本企業が今後より一層力を入れて取り組むべき課題としています。労働人口の減少や様々なニーズに対応するために、高齢者や外国人の雇用を増やす「ダイバーシティ経営」とも言われています。

　このように働きやすい職場環境では組織が活性化し、生産性が向上し、従業員満足につながります。

②労働安全衛生法の遵守

　労働安全衛生法は、「職場での労働者の安全と健康を確保」するとともに、「快適な職場環境を形成する」目的で制定された法律です。労働災害を防止するための労働者を危険から守るための安全衛生管理体制について決められています。法改正により「ストレスチェック制度」が導入され、労働者が50人以上いる事業所では、2015年12月から、毎年1回、この検査を全ての労働者に対して実施することが義務付けられました。従業員のストレスチェック（心理的な負担の程度を把握するための検査）と、産業医による面接指導などを行うことにより従業員の仕事上でのストレス軽減に役立てる制度です。

（2）作業環境改善

　職場での作業環境の改善を進めるに当たって「**5S**」による活動があります。

　5Sとは［整理・整頓・清掃・清潔・躾］の5つのSを取ったもので、一般的に5Sの定義は以下になります。

・整理：いらないものを捨てる
・整頓：決められた物を決められた場所に置き、いつでも取り出せる状態にしておく
・清掃：常に掃除をする
・清潔：3S（上の整理・整頓・清掃）を維持し職場の衛生を保つ
・躾　：決められたルール・手順を正しく守る習慣をつける

　5S活動の目的は、仕事の質の向上にあります。職場をより快適でより安全なものにして、生産やサービスの効率化と品質の向上につなげようとするものです。つまり、5S活動は、経営者、管理者、従業員が一体となって取り組み、作業改善活動につなげることです。

①安全な職場を作る　　　：安全対策による労災事故防止
②快適な職場を作る　　　：快適に働ける職場環境により社内コミュニケーションの充実
③効率的な職場を作る　　：生産性の高い職場を作る

　ここで、5Sチェックシートによる作業改善の事例を添付します。
　5Sを定着し、仕事の生産性向上につなげるためのチェックシートです。
　※別表３：「作業環境チェックシート」（製造部門サンプル）

　新型コロナウイルスにより在宅ワークを取り入れた企業は多く、オフィスの縮小・移動も始まっています。在宅ワークの物理的な対応としては個人にパソコンを配布し、自宅からネット回線を通じて会社のネットワークに接続できれば可能となりますが、自宅を職場とする在宅ワークでは会社や工場で行ってきた職場環境の整理を自宅に置き換えて再検討する必要があります。

　再検討といっても在宅ワークの為に0から作り上げる必要はありません。今まで実施している職場環境の整理において、少し言葉を換えるだけでも十分在宅ワークにおける職場環境の整理になります。一例としては本編で紹介した5Sの定義を在宅ワーク用に紹介します。

・整理：いらない【情報・データ】を捨てる

・整頓：決められた【情報・データ】を決められた場所に置き、いつでも取り出せる状態にしておく

・清掃：常に【共有】する

・清潔：3S（上の整理・整頓・清掃）を維持し職場の【セキュリティ】を保つ

・躾　：決められたルール・手順を正しく守る習慣をつける

　【　】で囲った言葉のみ変更しており、若干違和感のある言葉もありますが、この観点で在宅ワークの環境であるパソコンの内部（データ管理）を見直していくことで環境は整理されてきます。

　一方在宅ワークでは家庭の中で職場スペースを確保するために配慮すべき点があります。個人のプライバシーの確保や、小さい子供のいる家庭では会議中に子供の声が聞こえる時もあります。全てのことを物理的に解決することは難しいですが、それぞれの家庭環境をお互い理解した上で在宅ワークを実施していくことは職場環境の整理として非常に大切です。

　今後、一層在宅ワークが加わった自宅という職場環境の整理が重要になってきます。

(M. N)

※別紙：緊急事態対応手順書

ER-87-01-01	緊急事態対応手順書 （大規模火災・地震）	第1版	改訂	承認	確認	作成
サイト:			制定 20XX.06.01			

手順／フロー

〈目的〉
　自然災害や大規模火災の発生を想定し、【消防計画標準】に基づき、緊急事態対応手順を確立し、避難訓練を行い、人命を守り被害を最小限にすることを目的とする。

1　緊急事態
　①自然災害（大規模地震・台風）：建物の亀裂・倒壊・火災、②大規模火災（有毒ガス、粉塵、飛び火）

2　避難訓練
1）避難訓練実施項目
　●一次避難訓練（構内の一時集合場所：　1F駐車場及び前面の歩道へ移動）
　●避難誘導、救護訓練
　●避難場所・経路の確認
　●初期対応

2）避難・誘導
①　該当の部門長は、社内放送で緊急事態を周知し、避難経路を確保し緊急避難を呼びかける。
②　緊急事態を受けた部門長は、ドアを開ける、設備・機械・暖房機・ガス等の元栓を閉める。
③　緊急事態が発生しても勝手な行動はしないで、頭部を守りつつ、一時集合場所（　　　　）へ移動する。
④　誘導責任者は、被災が大きく人身に危険であると判断した場合、二次避難地（　　　　）に移動する。
⑤　二次避難地では消防・警察や自治会防災組織等の指示により行動する。役員、帰宅困難者は災害救助活動に参加する。

3）避難のフロー

4）救護
　●部門長又は代務者は、部員に負傷者がいるかどうか確認する。
　※各部門長は安否確認を確実に上長へ報告すること。

　●負傷者がいる場合
①安全推進委員は、備品の救急薬品等で応急の手当てをする。
②話が出来ないような重傷者、重体者は近隣の医療施設に連れて行く。
　　【近隣の医療施設　病院名：　　　　病院　住所：　　　　　　　　　tel：　　　　　　　】

5）初期対応（緊急事態発生からの時間別対応表）

	避難誘導・救護	連絡、情報伝達・収集	初期対応
発生	◆避難誘導 ①一時避難地に集合させ、人数等の確認をする ②二次避難地への経路確認、二次避難地へ移動する ◆救護 ①救急用品を確保する ②救護場所を確保する ③負傷者がいる場合、応急手当する	◆連絡 ①放送等で緊急事態を周知する ②事実の状況確認 ③一時避難を指示する ④一時避難完了後人数、点呼す ◆情報伝達・収集 ①緊急事態の程度を確認する	◆初動対応 ①火災は、初期消火行動する ②大地震は、落下物を避けられる場所に身を置き、揺れがおさまるのを待つ。揺れがおさまった後避難する。 ◆作業中の機械設備の扱い ①構内移動が可能な安全を確認後、担当設備・機械の主電源を切る、ガス栓を止める ②その後一次避難地へ再集合する
1時間〜	①近隣住民が避難してきた場合のため避難場所を確保 ②周囲の建物及び近隣の安全確認	◆安否確認・点検 ①社員の安否確認 ②会社施設の点検及び安全確認 ③周囲の状況確認 ④テレビ・ラジオ等による情報聴取	トイレには1人では行かないこと。
数時間後		①状況により社員を帰宅させる	

6）緊急連絡

①　外部連絡

防火管理者	→ 通報	消防署(119)	警察署(110)

②　当事業所が営業停止中（非操業中）
　「社内緊急連絡網（別紙）」を使用し、全社員に状況を連絡し、営業開始日等について連絡する。連絡があるまでは、自宅待機とする。

7）訓練回数
　　毎期1回（原則9月）行い、「緊急事態訓練記録」を作成する。

改訂内容	

※別表3：作業環境チェックシート（製造部門サンプル）

QF-71-01-01	作業環境チェックシート	作成　　　年　　月　　日	承認　部門長	作成　担当者

部門	年　　　　月　　前半・後半

＜評価頻度＞
・各部門にて管理区分を設定し、区分ごとに毎月2回実施のこと。

区分	No.	項目内容	×	△	◇	○	◎	ポイント
1.整理	1.	作業台や機械まわりに、作業に必要のないものが放置されていないか	1	②	3	4	5	6
		作業指示書や工具などが整理され、不要なものがおいていない						
	2.	作業エリアと台車やパレット置き場の標示は適切で、区画（明示）されているか	1	2	3	④	5	ポイント
		作業エリアの表示が適切で、所定の置場に整理されている						
2.整頓	1.	加工前品と加工済み品および不適合品との区分はされているか。	1	2	3	4	⑤	14
		配置がしっかり区分され、仕掛品と不適合品が識別され、区分されいる						
	2.	作業手順書は、指定場所に掲示されているか。	1	2	③	4	5	
		最新版が用意され、指定場所に掲示されている						
	3.	治工具はいつも使用できる状態で、工具置場に保管されているか。	1	2	3	④	5	
		置場の区分または識別表示がされており、使用した後所定の置場に戻している						
	4.	材料及び製品は、整列され、表示した状態で保管されているか。	1	2	③	4	5	
		材料及び製品の表示は正確で、必要な場所に保管されている						
	5.	検査表等の作成された記録は、すぐ引き出せることができるように整理されているか	1	2	3	④	5	ポイント
		検査結果は確実に記録し、必要な場所に保管されている						
3.清掃	1.	＊＊＊＊等の床の掃き掃除はできているか。	1	2	3	④	5	7
		床にゴミ等がなく清掃されている						
	2.	＊＊機械および周辺に不要なものはないか	1	2	③	4	5	ポイント
		機械及び周辺に不要なものはなく、清掃がされている						
4.清潔・その他	1.	指定の作業服、名札を付け、身だしなみは清潔か。	1	2	3	4	⑤	12
		作業服は清潔で、ヘルメット・あごひも・安全靴を装着し、安全な作業ができる環境になっている						
	2.	職場の照明は明るく、適切な作業環境になっているか。	1	2	3	④	5	
		作業場、検査場の明るさを確認、暗いところはない						
	3.	4Sを向上する意識は定着してきているか。	1	2	③	4	5	
		すすんで安全で最適な職場作りに努めている						ポイント

合計	39/60 ポイント

＜重点改善箇所＞ ※2ポイント以下の項目は、要改善とする。

改善前（1－1）	改善後（1－1）

● コラム：新型コロナウイルスからの教訓…社会を支え合う三人称の世界へ!

　2020年現在、新型コロナウイルス感染が拡大し、行政機関から"ステイホーム"や行楽地への人出の自粛を求められています。しかし、モノに携わっている人たち、つまり工場で働く人や食品などの生活物資を配送しているトラックドライバーに対する配慮があまり感じられません。海外では、首相が社会を支える医療や物流に従事している人たちに感謝や激励の言葉を語りかけていますが、わが国の行政は外出自粛要請だけです。

　通常の生活をしていれば製品やサービスしか目につきません。受益している国民はそれだけで社会が成り立っていると錯覚しているのです。消費者は食品メーカーや販売店しか意識しません。メーカーと販売店を"つないでいる"物流関係の人たちは表には現れないのです。

　健康であれば病院も医者や医療機関で働く人たちも必要ありません。都心ではマンションが建ち並び、そこでの生活が当たり前になっていますが、生活を維持してくれる管理人や清掃およびガードマンが支えていることの認識が薄いのです。

　日本は昔から二人称（自分と相手）の国でないかと思っています。

　つまり、「作る人（生産）と使う人（消費）」「売る人と買う人」という認識しかない。しかし、社会はこれらをつなぐ機能に従事しているたくさんの人たちがいるのです。

　医療に従事する人たち、保育所で働く人たち、介護施設で働く人たち、配送する人たちなど、数えきれない多くの人たちが世の中を支えているのです。

　東日本大震災が発生し、国民一体となって対応したときに、"つなぐ"という言葉が世の中に行き渡りました。多くの物流企業は必死で被災者に物資を届けました。しかし、10年近く経った今、その教訓は風化し、何も変わっていません。いまでも通販のテレビコマーシャルなどで叫んでいる"送料無料"はもってのほかです。毎日、必死で定時・定量に正確に運んでいる物流関係の人たちに申し訳ありません。製・配・販の三位一体による三人称（自分と相手に加えて第三者がいる）のサプライチェーンの重要さを理解してほしいのです。

　"つなぐ"、"支える"、表に出ない人たちがたくさんいる三人称の世界があって社会、経済が支えられています。

　新型コロナウイルス対策が人類共通の戦いと言われ始めました。新型コロナウイルスの影響で外出自粛をしている現在、平和であることの重要さを身近に感じます。

　オリンピックも平和であるからこそできるものです。

　グローバルな社会が進む中で、平和な世界があって人々が交流することができます。

　三人称の世界でみんなが支え合う平和な世界を目指して!　新型コロナ以降の世界をどう描くか問われています。

（M．M）

Ⅱ-4．経営資源の情報化

　組織運営および事業活動の仕組みを明文化した組織文書は「Ⅰ-3．組織文書の作成」で述べましたが、その他に組織の運用文書は複雑で多岐にわたっています。仕組みが共有化され、必要な人が必要なときに迅速に活用できる経営資源の情報化が重要になっています。

〈経営資源の情報化のポイント〉
1．組織運営文書（仕組み）の情報化
2．記録からデータ化による改善

〈組織文書管理に活用する文書・記録のサンプル〉
①組織運営および事業活動の文書体系

1．組織運営文書（仕組み）の情報化

　Ⅰ-3項で述べたISO規格を参考にしたマネジメントシステムの組織文書を紹介しましたが、組織全体を運営する文書を体系化すると以下になります。

　①組織運営に必要な文書

　　経営理念・方針、組織運営、方針・目標管理、人的管理、インフラ管理、内部監査、財務管理など

　②事業活動を行うのに必要なプロセス文書

　　引合・受注管理規程、設計開発規程、購買管理規程、製造管理規程、PFD、不適合・是正処置規程など

　③業務プロセスの運用に必要な手順・基準

　　見積・積算資料、技術資料、図面管理要領、QC工程表、組立要領、検査手順書、改善提案要領など

　④事業活動に必要な様式および記録

　　引合・受注→企画・設計→購買→製造・サービス→検査→出荷→引渡までの活用

する様式および記録
⑤**事業活動後の記録を集めたデータ**

　顧客リスト、引合・受注一覧表、設計図面データ、購買先リスト、検査データ、社内不適合一覧表など

　これらの組織運営の文書を体系化したのが**「組織運営および事業活動の文書体系」**（別表1）になります。

　これらの文書がリンクして使えるような文書管理情報システムを構築できれば、日常業務の生産性が高まるとともに一体となった組織の運営が可能になります。

2．記録からデータ化による改善

（1）記録からデータ分析

　業務の実施結果として記録が作成されていますが、何のために作成しているのでしょうか。

　記録する第一の目的は手順通りに実施した結果を証拠として残すことにあり、業務やサービスが確実に実施されて所定の品質・納期が確保されたことを保証するものですが、それだけではもったいないと考えます。

　よくある事例ですが、記録を取りっぱなしでファイルしているだけではだんだん億劫になり、記録漏れが見受けられるようになります。原因は記録を取っても役に立てていないからでしょう。

　記録を整理して蓄積していくとデータになります。データを上手く分析すると業務の傾向と特性が見えてきます。これまで見えなかった業務プロセスのリスクが可視可できるようになり、改善の判断の材料につながる可能性があります。改善につながる記録の取り方の重要性を認識してください。

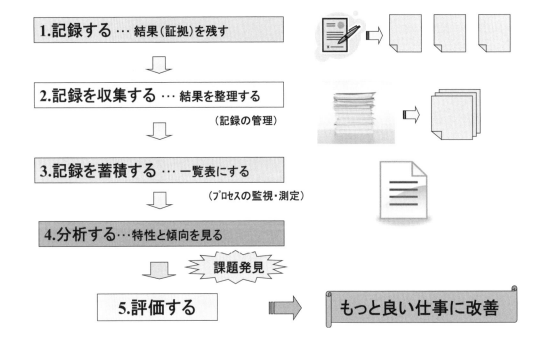

記録をするというルールは、何を目的にしているか

1.記録する … 結果（証拠）を残す

2.記録を収集する … 結果を整理する
　　　　　　　　　　　（記録の管理）

3.記録を蓄積する … 一覧表にする
　　　　　　　　　　（プロセスの監視・測定）

4.分析する … 特性と傾向を見る

課題発見

5.評価する　　➡　　もっと良い仕事に改善

（2）データ分析からリスク管理…ビッグデータ、AIに繋げるには

　蓄積した記録のデータ分析の結果から、受注時のリスク管理、企画・設計・購買・製造およびサービス実現時のリスク管理に反映することができます。新製品や新サービスでは仕様の決定や金額を算定する場合に多くのリスクが含まれています。過去のデータからリスクや対応事例を参考にできれば、これらから想定されるリスクを回避し、提案力につなげることができます。

　データ管理の重要性を再認識していただき、将来これらのデータがビッグデータとなりAIなどを活用し、企業力向上につなげていくことが期待できます。

　データ分析からの改善に関しては「Ⅳ-2．データ分析から改善活動」で具体的に記述します。

●コラム：デジタル経済化時代の文書化した情報の活用

　日常業務の中で取っている記録をデータにつなげていますか。データになるような記録の取り方になっていますか。また、OJTなどで伝達しているノウハウを、個人の頭の中だけの記憶にしていませんか。それらを顕在化させ、組織の共有の知識にできていますか。

　これらの蓄積された記録やノウハウが仕組みとして共有化されると、業務が正確・迅速になり、繰り返し業務の生産性の向上につながります。これらが若者に技術伝承されると、人材育成につながります。

　将来この蓄積されたデータを、リスク管理として人工知能（AI）を活用した生産システムやサービスの業務システムに組み込むことにより、生産性の高い事業運営につなげることが期待できます。この仕組みの強化は、デジタル経済化が進み、少子化対策にも対応する21世紀の企業のこれからの課題といえます。

(M. M)

別表１：組織運営および事業活動の文書体系」（サンプル）

別表１：組織運営および事業活動の文書体系

組織運営

組織運営（上段ブロック）

経営理念・方針
- 経営理念
- 経営方針
- 基本方針
- 中期経営計画
- 年度経営基本方針
- HP（ホームページ）

組織
- 組織図
- 職務分掌規程
- MS役割責任表
- 就業規程
- 給与規程
- 育児・介護休業規程
- パートタイマー就業規程

組織運営
- 経営計画発表会
- 経営会議
- MS委員会
- 改善プロジェクト
- 営業会議
- 設計会議
- リーダー会議
- 朝礼
- 展示会

方針・目標管理
- 方針・目標管理規程
- 方針・目標展開表
- MS目標管理
- MS目標実行計画書・報告書
- 年度MSスケジュール表
- マネジメントレビュー報告書

文書管理
- MS文書体系
- 文書管理規程
- 文書管理台帳
- 記録文書管理台帳
- 様式・記録一覧表
- ＊文書化情報の管理

人的管理
- 教育・訓練規程
- 力量評価基準
- 力量展開表
- 資格者一覧表
- 教育（訓練）計画・教育（訓練）実施記録
- 社員台帳
- 面接シート
- 人事考課

インフラ管理
- 設備管理規程
- 設備保全管理要求
- 設備管理台帳
- 設備点検表
- ＊セキュリティー管理

安全・防災
- BCP
- 緊急対応手順書
- 緊急連絡体制
- 消防計画／訓練
- 緊急事態訓練記録
- 圧着型測定器管理
- 安全衛生委員会
- 健康診断・ストレスチェック
- 福利厚生

法規制
- 環境管理規程
- 環境法規制要求
- 順守評価表
- 廃棄物収集運搬管理
- 電力使用量点検表
- ＊主要業務（マニュアル）管理規定

内部監査
- 内部監査規程
- 内部監査計画書
- 内部監査チェックリスト
- 内部監査報告書
- 監査是正処置報告書
- 内部監査総括表

財務管理
- 期末決算処理
- 資借対照表
- 損益計算書
- 製造原価報告書
- 月次決算報告書
- 経理処理
- 支払処理

業務規定

- 不適合・是正処置規程
- 計測器管理規程
- 引合／受注規程
- 設計開発規程／図面管理規程
- 生産管理規程
- 購買管理規程
- 製造管理規程／設備管理規程
- 品質検査規程
- 梱包・出荷規程

手順・基準

- 新規顧客開拓手順書
- 見積・積算資料／見積仕様書ひな型／契約書ひな型／営業実務処理手順
- 設計ガイドライン標準／部品ガイド標準／技術資料／図面作成要領／CAD・設計ツール
- 生産計画実施要領
- 受入検査手順書／受入検査要領／発注要領
- 製造共通作業手順書／IQC工程表／組立要領／溶接要領／工程内検査要領
- 検査作業手順書／製品作業手順書／試運転・調整要領
- 梱包作業手順書／出荷作業手順書
- 据付・改修工事要領／引渡保守要領／出張作業手順書
- 保守点検マニュアル

仕事の流れ（プロセス対応／様式・記録）

事業活動
- 経済・社会動向
- 関連業界情報
- 主要顧客情報
- 技術動向
- 競争環境

引合／受注
- 新規顧客調査表
- 顧客要求仕様書
- 与信調査
- 御見積書
- 提出図書（標準図他）
- 注文受付書
- 契約書
- 営業日報
- CSメモ
- 顧客クレーム報告書（営業）

設計
- 設計要求仕様書
- 設計検討会
- 設計工程表
- 設計レビュー議事記録
- 設計妥当性確認記録
- 出図（社内図面）
- 開発研究テーマ
- 試作

生産技術
- 生産計画
- 工程設計
- キャップリブ事前録
- 実行予算作成
- 引継資料
- 見積書
- 受注案件表
- 契約内容確認報告書
- 確定仕様書
- 体制表

購買
- 新規購買先調査表
- 新規購買先申請書
- 見積依頼書
- 発注伝票
- 塗装製作依頼書
- 先行手配依頼書
- 購買金額集計表
- 納品書
- 不良報告書（購買）

製造
- 製造管理規程（製造）
- PFD（製品・リース）
- 設備管理規程
- 作業日報
- 出図（社内図面）
- 溶接記録
- 組立チェックシート
- 工程内検査記録
- 最終検査表
- 設備管理台帳
- 設備点検表

品質検査
- 最終検査報告書
- 外観検査
- 寸法検査
- 機能検査
- 品質内検査リスト
- 特別採用申請書
- 試運転・調整記録

梱包・出荷
- 梱包作業手順書
- 出荷検査チェック表
- 送り状
- 納品書
- 取扱説明書
- 配送依頼書

現地工事・引渡
- 現地工事施工計画書
- 安全工事日報
- 工事進捗報告書
- 現地工事是正結果
- 完成検査報告書
- 工事完了証明書
- 工事金額
- 事故報告書
- 不良報告書（工事）

メンテナンス（保証）
- 保守契約書
- 品質保証契約書
- 予備品リスト
- 消耗品リスト
- 事故報告書

クレーム・改善
- 不適合・是正処置報告書
- 原因調査報告書
- 社内不適合報告書
- 顧客クレーム報告書
- 環境不適合・是正処置報告書
- 改善提案書
- 改善プロセス実行計画書

データ

- 年度受注状況
- 月次決算状況
- 設備管理データ
- 生産計画進捗データ
- 全体予算データ
- キャップ実施データ
- 購買データ
- 製造管理データ
- 作業時間
- 加工工数
- 工程内検査データ
- 最終検査データ
- 設備工具管理台帳
- 出荷管理データ
- 配送費用集計データ
- 現地工事管理データ
- 工事期間データ
- 工事金額集計データ
- 保守工事管理契約データ
- 品質保証契約書データ

（各部門データ：社内不良一覧表、社内不適合一覧表、不良一覧表 等）

Ⅲ． 実務戦略

この章では製品やサービスを提供するプロセスの実務戦略について解説します。製品やサービスの実現プロセスは、［営業⇒設計・開発⇒購買⇒製品およびサービスの実現］になります。製品実現後は、「在庫管理」、「据付・引渡およびアフターサービス」のプロセスが発生します。提供する製品およびサービスを保証するための「品質管理」についても解説します。

Ⅲ-1．営業戦略

Ⅲ-2．設計・開発戦略

Ⅲ-3．購買戦略

Ⅲ-4．製品およびサービスの実現戦略

Ⅲ-5．在庫管理

Ⅲ-6．据付・引渡およびアフターサービス

Ⅲ-7．製品およびサービスの品質管理

Ⅲ-1. 営業戦略

　企業が継続して経営を維持していくには売上の向上と利益の確保が最も重要になります。

　近年、企業を取り巻く経済環境は、異分野からの参入およびグローバルな競合によるコストダウン要請などめまぐるしく変化しています。また、生産年齢人口の減少による労働市場の逼迫化、高齢化の進行による総需要の減少など、変化の度合いを強めています。

　変化のない製品やサービスで既存顧客に依存して売上を確保し続けていくような旧来型のビジネスでは、生き残りは困難な状況です。

　「Ⅰ-1．経営戦略策定」から目標展開で述べた企業を取り巻く外部および内部環境の変化から抽出した機会とリスクを取り組み、営業戦略を設定していく必要があります。

　この節では、企業によって、あるいは取り巻く経営環境の変化によって取り組む課題は異なりますが、売上を維持・拡大し、利益を確保するための営業戦略について述べます。

〈営業戦略のポイント〉

１．売上・利益の維持、拡大戦略

２．引合・受注活動

３．受注処理と変更の対応

４．消費者の購買プロセスへのアプローチ

〈営業戦略に活用する文書・記録のサンプル〉

①引合・受注管理規程

②引合・受注一覧表

③引合・受注台帳

④見積製品仕様書

１．売上・利益の維持、拡大戦略

売上を維持し、拡大するには下記の3通りがあります。

（1）既存顧客の売上シェアを拡大し、売上を伸ばす

（2）新規顧客、新規分野を開拓し、売上を伸ばす

（3）新製品、新サービスを創造し、売上を伸ばす

（1）既存顧客の売上シェアを拡大し、売上を伸ばす

現状の売上を維持、拡大するには、先ず、既存顧客に対して自社のシェアを維持・拡大することを目的にした継続的な営業活動が重要です。

尚、営業活動に関しては、節末掲載のコラム「ソリューション営業の鉄則とプロセス」も合わせて参考にしてください。

①現状の把握

主要顧客の引合・受注状況がどのように推移しているかを常に把握しておくことは非常に重要です。主要顧客の月毎の引合・受注件数・受注金額の推移、半期又は年度毎の同様なデータを集計し分析することにより、顧客の動向及び関連する業界の動きを把握することができます。

これらのデータから、売上の変化、製品及びサービスの変化などに注力し、顧客毎の製品及びサービスに対してどのような対策が必要か、今後の営業活動に反映する必要があります。特に留意していただきたいことは受注額の推移です。受注額の変化の原因は、競合他社の増加、製品及びサービスの陳腐化等がありますが、反面、受注額が向上しているものは当社の優位性がある製品及びサービスであり、両方の面から成果を確認して営業活動を進めていただきたい。

（データを集計する参考様式として、「引合・受注一覧表」（別表1）があります）

引合・受注動向の変化から新しい動きが見えてきて、（2）の新規顧客・新規分野開拓につながる可能性があります。

②相見積りへの対応

既存顧客への営業活動において、競合他社との相見積りになることはないでしょうか。顧客は価格以外に、納期・品質・アフターサービス等、様々な角度から取引先を

比較した上で独自の評価をしています。どのような提案が顧客満足につながるか、客観的に把握しておく必要があります。普段は、価格優先の顧客でも、案件によっては、品質や納期を優先する場合があります。

　自社への評価を知り、顧客別、案件別に夫々の優先順位を確認・理解することで、相見積りへの対応力を上げることが可能です。営業活動はそのような視点を持って、普段から顧客との接点を持つ必要があります。既存顧客の売上拡大には、相見積りで競合他社に勝り、受注率を上げ、失注を減らしていく工夫と努力が重要です。

● コラム：主要顧客とは

　主要顧客とは、具体的にどの顧客を意味するのでしょうか。営業の現場では、よく「2：8の法則」とよばれる現象があります。既存顧客数のうち2割の顧客から、全体の8割の売上を獲得しているという意味です。あなたの会社（組織）ではいかがでしょうか。人的にも、費用的にも限られた経営資源の中で、全ての顧客に全く同じ対応をすることは不可能です。現在の効率と将来の伸長を考慮した上で、自社で選定した主要顧客に、集中的な資源の投入を考えることも否定できません。興味のある方は、分析やマーケティングの分野で「パレートの法則」や「ABC分析」などを学ばれることをお勧めいたします。　　　　　　　　　　　(I. T)

（2）新規顧客、新規分野を開拓し、売上を伸ばす

　現状の製品及びサービスが順調なときほど、次に繋がる新規顧客や新規分野の開発は重要になります。社会及び経済環境が変化する中、既存顧客の維持だけでは、現状の売上を維持することが困難になってきます。このため日常の営業活動では、既存製品・サービスを改良しつつ、新たな販売先を増やしていく努力も必要になります。

①既存市場の新規顧客
　既存市場内で自社製品やサービスの使用（購入）経験のない潜在顧客がターゲットです。但し、B to B市場において、潜在顧客が既存顧客と競合するケースでは配慮が必要です。場合によっては接触を控えます。既存顧客と競合しない営業対象となる潜在顧客をリストアップします。次に、リストアップした潜在顧客内で想定される競合他社などをできる限り確認し、経営戦略のSWOT分析で抽出した自社の強みを活かした営業戦略を策定します。

②新市場の新規顧客

　販売経験のない市場で、自社の既存製品やサービスと類似した製品・サービスは使用（購入）されていないでしょうか。世間一般では既存の市場でも、自社にとって未経験の市場は新市場です。既存の主要顧客の業種と違う業種に対しては、潜在的な需要を見逃している可能性もあります。例えば、地域で訪問営業活動をしている企業では、ネット販売を開始することで販売地域が全国・全世界に広がります。また、自社の製品やサービスや技術が別分野で活用可能かも知れません。地域・業種・用途・対象年齢など様々な角度から、今まで販売経験のない市場を調査することで、新たな機会を発見できる可能性があります。

● コラム：新市場の開拓は

　新市場の開拓は、通常「労多くして益少なし」です。そのため、比較的初期労力の小さな「紹介活動」から始めても良いと思います。場合によっては、既存顧客内でも、取引経験のない他部署が"新規顧客"になるケースもあります。全ての顧客が永遠でない以上、新市場の開拓は、将来の為に避けて通れない活動です。例えば、営業活動に投じる総エネルギーの10%を新市場の開拓に向けるなど、普段の活動の中に必ず組み込む工夫をお勧めいたします。（I. T）

（3）新製品、新サービスを創造し、売上を伸ばす

　通常、既存の製品・サービスの維持だけで売上を確保することは、時間の経過とともに困難になっていきます。このため常に新製品や新サービスを考えていなければなりません。この時、既に取引関係のある顧客の要望や需要を基に新製品・サービスを開発し、当初の営業対象にすることには、いくつかのメリットがあります。

　第一に、既に実際の取引と信頼関係があるため、新規顧客開拓の労力が不要です。個別配送が必要な場合でも、既存のルートを使用することができます。第二に、新製品・サービスに対する有益なフィードバックを期待することができます。第三に、自社の新しい製品やサービスを優先的に案内・提供することで、顧客側からもより強い信頼を得ることができます。

　尚、新製品、新サービスの構築には、設計・開発が関連してきますので、次節の「Ⅲ-2．設計・開発戦略」で述べます。

　また、拡大戦略の次ステップとして、（2）新規顧客と（3）新製品を掛け合わせる

ことで、多角化戦略へのプロセスも見えてきます。

①既存の製品・サービスを提供した新規市場の顧客向けに新製品・サービスを開発・販売する。

②既存の顧客向けに新製品・サービスを開発・販売した後に、その新製品・サービスを軸に新規の市場を開拓する。

　など、既存の企業内資産の延長線上にある機会を探し出し、多角化戦略を展開します。

　これらの戦略に関して、経営戦略分野で有名な「アンゾフの成長マトリックス」があります。

製品軸

		既存	新規
顧客軸	既存	市場浸透戦略（1）	新製品開発戦略（3）
	新規	新市場開拓戦略（2）	多角化戦略

● コラム：多角化戦略

　2006年9月富士フイルムは化粧品市場に進出しました。過去の企業内資産とは関係のない市場に挑戦したように見える事例ですが、ご紹介したアンゾフの製品軸を「技術」に置き換えることで理解することができます。実際に、主原料・製法技術においてフィルムと化粧品の間には、コラーゲン・抗酸化技術など、親和性の高い要素があったことが知られています。企業内にある独自技術（資産）を活用して、新市場に進出するといった事例は、酒蔵で酵母を活用した新商品を開発するなど、中小企業においても数多く見ることがでます。

参考）富士フイルムHP　https://www.fujifilm.com/ffhc/ja/about/history

（I. T）

2．引合・受注活動

（1）引合活動

　引合物件が発生した場合、製品およびサービスの引合物件を**「引合・受注一覧表」**

（別表１）に登録し、引合・受注状況を常に把握しておきます。特に、重要な物件および大型物件などは、顧客ごとに「**引合・受注台帳**」（別表２）を作成し、要求事項を明確にします。

「引合・受注一覧表」から、売上・利益目標に対しての達成状況、業界ごと、顧客ごとの売上、製品やサービスごとの売上・利益などの分析を行い、目標達成に向けた活動の成果を確認し、今後の営業活動に反映できるかがポイントです。

（２）受注活動

　効率的に受注につなげるためには、製品およびサービスを種類や用途ごとに分類し、オプションを含めた見積資料を整備し、見積書を迅速に作成ができる仕組みが整っているかが重要です。

①サービス業の場合

　受注活動の段階で受注金額を含め最終仕様が決定しますので、営業担当者は仕様決定力および見積作成力を持ち、実務部門へスムーズに引き継ぐことが求められます。

　新しい要望やサービスの要求がある物件は、営業担当者が顧客の要求を理解し、提案できる力量が求められます。必要な場合、企画提案書の提出が必要になる場合もあり、企画提案力や提案書の作成力が要求されます。このような力量が必要ですので、営業企画部や営業技術部と呼ばれることもあります。

②製造業の場合

　製品や装置ごとに標準品・準標準品・特殊品などがありますので、見積基準や見積仕様書、および製品図面が整備されているかが問われます。これらを活用して、顧客の要求に応えられる見積提案および見積書の作成ができる力量が営業担当者に求められます。

　見積時に製品仕様やサービス内容を明確にするため、顧客要求事項を明確にした「**見積製品仕様書**」（別表３）を作成することがあります。さらに、提案する製品・サービス内容を明確にし、使用条件や方法を含めた「**見積仕様書**」を提出する場合もあります。

　このように製品および装置などの引合段階で計画設計業務が多い場合は、営業部門の中に技術対応できるチームを設けている組織もあります。ただし、オプションを含めた準標準品や特殊品の場合、製品仕様の決定や製品計画図の作成、見積積算の複雑さなどから、設計部門に依頼する場合が多く見られます。この場合、設計部門は受注後の詳細設計や図面作成に忙しいことが多いので、見積対応者を明確にしておく必要があります。

営業部門に技術対応グループを設けるか、設計部門に依頼するかの2通りの方法がありますが、どちらを選択するかは企業の事業内容および製品や装置の複雑度、企業の事業戦略によって変化します。

3．受注処理と変更の対応

①受注処理

顧客より「注文書」を受領したら、後工程に「見積書」、「見積製品仕様書」などを引き継ぎます。

新規顧客の場合、**「新規顧客登録申請書」**を作成し、社内システムに顧客登録を行います。また、受注前に**与信調査**を行い、安全な顧客であるかどうかの調査も必要な場合があります。

大型物件や高度な仕様が含まれている物件は、顧客と**「契約書」**を取り交わす必要があります。また、設備物件などは**「確定仕様書」**の提出が必要になります。このように受注後の引継ぎが円滑に処理できる組織体制や仕組みが重要です。

②実行予算書の作成

ある程度の規模の仕事になると予算管理が必要になります。

（見積時→受注時→実施時→事後確定）と仕事が進むにつれて、当初の予算が変化してきます。仕事を進める中で変更などに対応し、確実に利益を確保するために進捗管理が必要です。

製造業の事例として、受注後の引き継ぎ資料として**「実行予算書」**を作成します。実行予算書は、後工程の実務部門の予算管理、事後原価の進捗管理に活用します。

また、この実行予算書は、仕事の完了後、営業部門にフィードバックして、同様な仕事の見積時にデータとて活用します。

なお、「実施予算書」に関しては、「Ⅳ-2．データ分析から改善活動」に掲載しています。

③変更の対応

受注決定後の内容変更には以下の場合があります。
- ●顧客による納期、数量、仕様変更
- ●社内での設計時および運用実施時（製造など）の変更
  - …設計時の変更は次項「設計・開発戦略」に記載

顧客による仕様変更の場合、特に注意が必要です。

受注決定後の変更の場合、提出した「見積書」や「見積仕様書」などを変更し、必

要ならば価格、納期変更の交渉が必要になります。変更が確定したら後工程の設計部門への変更引継ぎを確実に行うことが重要です。

　また、設計や運用作成段階で変更が発生した場合、変更要求内容を吟味し、必要な変更箇所を明確にし、変更する項目、発生する費用、変更内容を明確にし、顧客の承認を得る必要があります。

　この交渉は営業担当者が中心になって行いますが、必要ならば技術者が同行し、顧客の理解を得ることが重要です。この変更内容は、上記の「実行予算書」に反映させておくことが必要です。

　これまで述べてきた引合・受注処理の仕組みのサンプルとして、製造業の事例の**「引合・受注管理規程」**（別紙）、および**「引合・受注一覧表」**（別表１）、**「引合・受注台帳」**（別表２）、**「見積製品仕様書」**（別表３）を添付します。

　※尚、「新規顧客登録申請書」は、M3経営研究会HPに掲載していますのでそちらをご覧下さい。（https://www.m3kenkyu.com）

※別紙：「引合・受注管理規程」

株式会社	引合・受注管理規程(1/2)		改定	承認	作成
QD-82-01-01		第1版	制定		

フロー			内容	関連
顧客	営業部門	設計部門他		

フロー（顧客／営業部門／設計部門他）	内容	関連
企業調査・開拓 → 新規顧客リスト → 新規訪問予定作成（顧客：訪問）	**Ⅰ．新規顧客開拓** ① 営業担当者は、顧客開拓を行う。 ★ ホームページ、登録企業名簿等により企業情報を収集。 ★ 顧客や同業者の紹介 ② 上記の情報より**「新規顧客リスト」**作成。 ★ **「新規顧客リスト」**に基づき、新規訪問予定を計画し活動する。 ③ **「新規顧客リスト」**に基づき、訪問顧客を選定し訪問する。 ★ 営業担当者は、顧客訪問後、**「営業日報」**に記入し、部門長に報告する。 ★ 営業担当者は、**「営業日報」**から、有望な引合先を選定し、引合活動を行う。	新規顧客リスト 営業日報
顧客：引合 → 要求事項確認 → 製品分類	**Ⅱ．引合処理** **1 顧客要求事項の確認** 営業部門は、顧客から**「見積依頼書」**、**「製品要求仕様」**等を訪問又はFAXやメールで受領し、製品要求内容を確認する。 ※ 電話での口頭の場合は、要求内容をメモ等に記録する。 **2** 営業担当者は、引合物件を**「引合・受注一覧表」**に記入する。 ※ 製品の内容に合わせて下記の引合対応を行う。 **3 製品分類（標準品・準標準品・特殊品）による対応** **1）標準品対応**	見積依頼書[顧客発行] 製品要求仕様[顧客発行]
標準品 → 見積書作成／納期調整（標準図）→ A	① 営業担当者は、**「価格表」**に基づき**「見積書」**を作成し、顧客から要求された場合は**「標準図」**を添付して提出する。 ※ 営業担当者は、短納期等、社内調整が必要な場合は、生産管理部門、又は製造部門に確認する。 ※ 口頭で見積金額を回答する場合は、必ず「見積依頼書」やメモに記入する。	価格表、見積書 標準図
準標準品 → 引合検討（N/Y）→ 見積書作成（参考図）→ A	**2）準標準品対応** ① 営業担当者は、検討が必要な場合、設計部門・生産管理部門と打合せを行い、製作可否・納期等を検討をする。 ② 製作可の場合、標準価格表に規格外やオプション費用を含めた**「見積書」**を作成し、必要な場合**「参考図」**を添付し提出する。 ※ 口頭で見積金額を回答する場合は、必ず「見積依頼書」やメモに記入する。	見積書 参考図
特殊品 → 引合台帳 → 計画設計依頼／計画設計 → 顧客打合せ（Y/N、仕様打合）→ 引合検討会（仕様決定）→ 見積図作成 → 見積仕様書作成 → 見積書作成／積算 → レビューの有無（N/Y）→ 提出前レビュー → A → 見積書提出	**3）特殊品対応、大型物件対応** ① 営業担当者は、顧客から受領した資料を基に**「引合・受注台帳」**を作成し、設計部門に引継ぎ、製品検討を依頼する。 ② 設計担当者は、顧客と製品仕様を明確にする必要がある場合は、質問事項を作成し、営業担当者に顧客との調整を依頼する。 ※ 但し、仕様及び製作可否等の判断がつかない場合、設計担当者は営業担当者に同行し、顧客と直接仕様打合せを行う。 ③ 顧客と打合せ結果、必要な場合は**【引合検討会】**を行い、関係部門の責任者と技術要求仕様及び製作可否に関して打合せを行う。 ④ 製品仕様が確定したら、設計担当者は**「見積計画図」**を作成する。 ⑤ 設計担当者は、**「見積図」**に基づき積算を行い、積算書を営業担当者に提出する。必要な場合、**「見積仕様書」**を作成する。 ⑥ 営業担当者は、見積図・見積仕様書及び積算書を受領し、**「見積書」**を作成し、部門長の承認を得る。 ※ 但し、見積提出する前に、必要な場合は、関係部門の責任者と今後の営業活動に関して提出前レビューを実施する。且つ、重要顧客で、繰り返し性の高い製品、及び見積金額がXXXX万円以上となる物件に関しては経営層の参画を必須とする。 **4 見積提出** 営業担当者は、**「見積書」**を顧客に提出する。	引合・受注台帳 ※引合検討会開催要領 見積計画図 見積仕様書 見積書 ＊見積基準

改定内容	

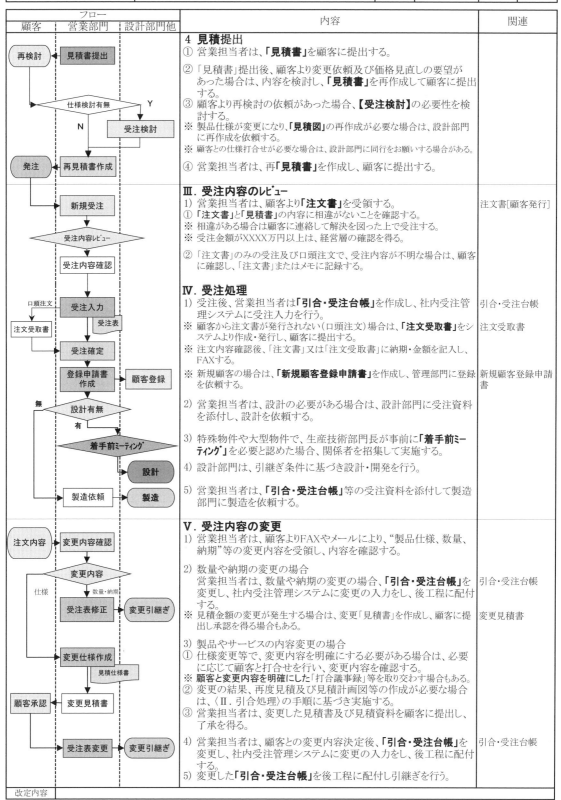

フロー	内容	関連
顧客　営業部門　設計部門他		

4 見積提出
① 営業担当者は、「**見積書**」を顧客に提出する。

② 「見積書」提出後、顧客より変更依頼及び価格見直しの要望が
あった場合は、内容を検討し、「**見積書**」を再作成して顧客に提出
する。

③ 顧客より再検討の依頼があった場合、【受注検討】の必要性を検
討する。

※ 製品仕様が変更になり、「**見積図**」の再作成が必要な場合は、設計部門
に再作成を依頼する。

※ 顧客との仕様打合せが必要な場合は、設計部門に同行をお願いする場合がある。

④ 営業担当者は、再「**見積書**」を作成し、顧客に提出する。

Ⅲ. 受注内容のレビュー
1) 営業担当者は、顧客より「**注文書**」を受領する。
① 「注文書」と「見積書」の内容に相違がないことを確認する。

※ 相違がある場合は顧客に連絡して解決を図った上で受注する。

※ 受注金額がXXXX万円以上は、経営層の確認を得る。

② 「注文書」のみの受注及び口頭注文で、受注内容が不明な場合は、顧客
に確認し、「注文書」またはメモに記録する。

関連: 注文書[顧客発行]

Ⅳ. 受注処理
1) 受注後、営業担当者は「**引合・受注台帳**」を作成し、社内受注管
理システムに受注入力を行う。

※ 顧客から注文書が発行されない(口頭注文)場合は、「**注文受取書**」をシ
ステムより作成・発行し、顧客に提出する。

※ 注文内容確認後、「注文書」又は「注文受取書」に納期・金額を記入し、
FAXする。

※ 新規顧客の場合は、「**新規顧客登録申請書**」を作成し、管理部門に登録
を依頼する。

2) 営業担当者は、設計の必要がある場合は、設計部門に受注資料
を添付し、設計を依頼する。

3) 特殊物件や大型物件で、生産技術部門長が事前に「**着手前ミー
ティング**」を必要と認めた場合、関係者を招集して実施する。

4) 設計部門は、引継ぎ条件に基づき設計・開発を行う。

5) 営業担当者は、「**引合・受注台帳**」等の受注資料を添付して製造
部門に製造を依頼する。

関連: 引合・受注台帳、注文受取書、新規顧客登録申請書

Ⅴ. 受注内容の変更
1) 営業担当者は、顧客よりFAXやメールにより、"製品仕様、数量、
納期"等の変更内容を受領し、内容を確認する。

2) 数量や納期の変更の場合
営業担当者は、数量や納期の変更の場合、「**引合・受注台帳**」を
変更し、社内受注管理システムに変更の入力をし、後工程に配付
する。

※ 見積金額の変更が発生する場合は、変更「**見積書**」を作成し、顧客に提
出し承認を得る場合もある。

3) 製品やサービスの内容変更の場合
① 仕様変更等で、変更内容を明確にする必要がある場合は、必要
に応じて顧客と打合せを行い、変更内容を確認する。

※ 顧客と変更内容を明確にした「打合議事録」等を取り交わす場合もある。

② 変更の結果、再度見積及び見積計画図等の作成が必要な場合
は、〈Ⅱ. 引合処理〉の手順に基づき実施する。

③ 営業担当者は、変更した見積書及び見積資料を顧客に提出し、
了承を得る。

4) 営業担当者は、顧客との変更内容決定後、「**引合・受注台帳**」を
変更し、社内受注管理システムに変更の入力をし、後工程に配付
する。

5) 変更した「**引合・受注台帳**」を後工程に配付し引継ぎを行う。

関連: 引合・受注台帳、変更見積書、引合・受注台帳

改定内容

※別表1：「引合・受注一覧表」

QMS-82-01-01 【引合・受注一覧表】

NO	受付日	引合番号	引合先	エンドユーザー	業種	製品・サービス名	数量	引合内容	納期	ランク	営業担当者	見積金額	受注有無	見積仕様書作成の有無	競合他社	受注金額	備考

※別表2：「引合・受注台帳」

株式会社	引合・受注台帳	承認	営業担当
QF-82-02-01			

引合No	－ － －	カテゴリ	－	型式	－

見積金額		受注金額	

	引合名		担 当 者		年月日	引合・受注打合せ経緯（顧客背景・価格決定・変更状況・スケジュール等）
①顧客情報	顧客名		担 当 者			
	使用地域	□ 国内向け　□ 国外向け	納期	年　月　日		
	納入方法	□ 据付・調整　□ 納入引渡	立合い	□ 有　□ 無		
	納入先					
②製品仕様	製 品 名	□　　　　□	型　式			
	電気仕様	Ｖ	稼働時間	1日　　時間		
	特記仕様		数量	台		
	その他					
③オプション	XXXX	□無 ☑有	備考			
	YYYY	□無 □有	備考			
	ZZZZ	□無 □有	備考			
		□無 □有	備考			
		□無 □有	備考			

≪特記事項≫

※別表3：「見積製品仕様書」

XXX株式会社 QF-72-01-03	見積製品仕様書	作成日		確認	作成
		引合番号			

概要	引合名称		顧客名	
	エンドユーザー名		納入先	
	数量		希望納期	
	希望金額		見積提出期限	

1. 提出書類

図書名	部数	提出時期	図書名	部数	提出時期	図書名	部数	提出時期
見積仕様書			電気配線図			検査要領書		
計画図面			制御盤図面			検査成績書		
全体工程表			制御プログラム			試験成績書		
納入仕様書			配置図			取扱説明書		
部品組立図			工事計画書					

2. 見積りの範囲

□ 設計　　□ 調達　　□ 製作　　□ 輸送　　□ 仮設　　□ 据付　　□ 組立　　□ 教育
□ 現場工事　□ 試験　　□ 検査　　□ 試運転　　□ 調整　　□ 保守　　□ 点検　　□ 図書
□ 調整の為の原材料　　　□ ユーティリティー工事　　□ 現地工事に関する保険　　□ 他

備考

3. 引渡し、及び検収条件

□ 顧客の設置場所による試運転立会後、正常が確認された場合引渡しとする	
□ 工場での試運転立会後搬入、顧客による試運転が正常な場合引渡しとする	
□ 顧客の受入検査、試験をもって検収とする	備考
□ 自社での検査・試験、及び試験検査報告書をもって検収とする	
□ 顧客に引渡し後＿＿日経過後、異常が無い場合検収とする	
□ 装置引渡し後の特記事項の有無（　　　　　　　　　　　　）	

4. 保証条件

□装置引渡し後 / 工場出荷後＿＿＿ヶ月以内に、明らかに当社責任による故障や不良が認められた場合、
　当社責任において修理を行なう。
□その他（　　　　　　　　　　　　　　　　　　　　　　　　）

5. ユーザー指定条件

塗装仕様	□　無し　　□　有り（　　　　　　　　　　　　　　　）
環境条件	□　無し　　□　有り（　　　　　　　　　　　）
適用基準	□　無し　　□　有り（　　　　　　　　　　　）
指定安全対策	□　無し　　□　有り（　　　　　　　　　　　）
その他要求事項	□　無し　　□　有り（　　　　　　　　　　　）

6. その他

付帯事項	□　規約無し　　□　規約あり（　　　　　　　　　　　）
特記事項	□　規約無し　　□　規約あり（　　　　　　　　　　　）
機密保持事項	□　規約無し　　□　規約あり（　　　　　　　　　　　）
知的所有権	□　規約無し　　□　協議の上決定　　□　顧客・弊社 所有　　□　その他
適合法令	□　適合法令無　□　適合法令有（　　　　　　　　　　　　　）

４．消費者の購買プロセスへのアプローチ

　消費者の購買プロセスは、時代とともに変化しています。ここでは、時代が変化する流れの中で提唱されてきている、「AIDMA（アイドマ）」・「AISAS（アイサス）」・「SIPSS（シップス）」・「RsEsPs（レプス）」について紹介します。

　全てのモデルに共通していることは、消費者の購買プロセスをいくつかの段階に分解していること。そして、顧客がどのような段階にあるかを理解することで、各段階での適切なアプローチ・コミュニケーション戦略を可能にし、最終的な購買につなげることを目指していることです。新しいモデルが正しく、古いモデルが間違っている（使えない）ということではなく、時代とともに、新たな顧客の購買プロセスが発生してきていると考えた方が適切です。

※AIDMA（アイドマ）

　A → Attention　　（広告などで、ある製品やサービスの存在に気付く）

　I → Interest　　（その製品やサービスに、興味関心を持つ）

　D → Desire　　（それが欲しいと思う）

　M → Memory　　（その製品やサービスを記憶する）

　A → Action　　（店頭などで、該当の製品やサービスに出会った時点で購入する）

　1920年代にアメリカで提唱された最も古典的なモデル。購買プロセスの流れとして、Attentionを「認知段階」、Interest、Desire、Memoryを「感情段階」、Actionを「行動段階」と考えると分かりやすくなっています。なお、レストランなどでメニューを決める場面や、店頭で衝動買いが起こる瞬間などは、その場で「欲しい」という欲求が発生した時点で購買決定にいたるため、「記憶段階」が不要になり、AIDA（アイーダ）となります。また、AIDAは、顧客心理部分のプロセスを表していることから、アメリカのマーケティング活動ではこちらが一般的に用いられています。

```
※AISAS（アイサス）
 A → Attention   （ホームページ等で、ある製品やサービスの存在に気付く）
 I → Interest    （その製品やサービスに、興味関心を持つ）
 S → Search      （価格・機能・評判等をネットなどで調べる）
 A → Action      （該当の製品やサービスを購入する）
 S → Share       （使い勝手などをSNSに発信し多くの人と共有する）
```

　2004年に電通が提唱したモデルで、商標出願もされています。インターネット時代の購買行動の流れを強く意識したプロセスになっています。やはり、5段階のプロセスによって構成されていますが、後半の3つがAIDMAと異なることが特徴です。3つめの段階からは、消費者が自ら商品情報をインターネットで「検索」し、その結果をもとに「行動（購入）」します。そして、その製品やサービスによって得られた体験や知識をSNSなどで「共有」するところまでが考慮されています。現在、日常的に見られる購買プロセスであり、人とモノがインターネットで繋がっている時代の中で、AISASは最も実情に近い購買行動モデルといえます。

```
※SIPS（シップス）
 S → Sympathize      （共感できる情報をみつける）
 I → Identify        （検索し、情報を確認する）
 P → Participate     （共感した情報を他者に勧め、情報連鎖に参加する）
                     *購入するとは限らない
 S → Share & Spread  （お互いに共有し、更に他者によって拡散される）
```

　2011年に電通コミュニケーションデザインセンターの社内ユニットが提唱したモデル。AIDMAやAISASなどの後継との位置づけではなく、購買行動プロセスにおいて、ソーシャルメディアを頻繁に利用する消費者を対象にしている事と、消費者参加型である事がこのモデルの大きな特徴です。最初の認知段階が、SNSなどで得た情報への「共感」からはじまります。購入段階を、をAction（行動）ではなくParticipate（参加）としている事も「共感」から始まっていることが背景にあります。そして、最後に情報が共有・拡散（Share & Spread）されることで、他の消費者のSympathize（共感）を呼び、次のSIPSに繋がっていきます。

```
※RsEsPs（レプス）
  R→Recognition    認識の段階
     s：search（検索）・share（共有）・spread（拡散）
  E→Experience    体験の段階
     s：search（検索）・share（共有）・spread（拡散）
  P→Purchase      購買の段階
     s：search（検索）・share（共有）・spread（拡散）
```

　2019年に日本プロモーショナルマーケティング協会が提唱したモデル。デジタル・テクノロジーの普及・進展によって大きく変化している消費者の購買プロセスを表しています。プロセスの第一歩は、やはり商品やサービスを認識することですが、AIDMAやAISASには無かった「体験」の段階を真ん中に加えています。イベントやポップアップストア等を展開して商品やサービスに対してだけでなく、ブランドへの共感を醸成することが重要な時代です。このモデルでは、消費者は「認識」「体験」「購買」の各段階で自発的な「検索・共有・拡散」を行い、態度変容していく様子を有機的に捉える必要があることを伝えています。

● コラム：ソリューション営業の鉄則とプロセス

◆ソリューション営業の鉄則とプロセス１　〜課題解決編〜

顧客の期待を超える営業へ

　経営者の悩みや想いとしては、「売上をもっと伸ばしたい」「販売先を増やしたい」「新しい商品・サービスを開発したい」「収益を上げていきたい」などがあります。

　さて、自動車業界の系列型サプライチェーンの仕組みに代表されるように、20世紀の経営は、号令や指示のもとで規律正しく、整然と推進していけば成長できました。

　しかし、2010年代半ば以降は、中国の新興電池メーカーがわずか数年で世界有数の企業になるほどの大変革の時代となってきています。このような時代には、市場や顧客と真摯に対応できるソリューション（課題解決、提案）能力を持った営業の取り組み、およびバランスとタイミングの良い組織運営が、ますます重要になってきます。そこで、今回は「ソリューション営業の鉄則とプロセス」についてお伝えいたします。

　変化の激しい現代社会において、継続的に購入してもらうためには顧客進化が肝要になります。顧客進化とは、潜在顧客→見込み客→顧客→得意客→支持者→代弁者→パートナーへと顧客を進化させていくことです。そのためにも、要望や注文を聞いて回る「御用聞き営業」のスタイルから、顧客の期待を超えていく「ソリューション営業」に転換していく必要があります。「御用聞き営業」とは、「何かお困りごとはありませんか？」と聞き出すことから始まります。ただし、新規顧客に対してはなかなか課題の核心に触れることはできず、取引までに多くの時間を要することも多くあります。以前から商品を継続的に買ってもらっている信頼関係がある顧客に限られる営業スタイルであるとも言えます。

　もう一方の「ソリューション営業」とは、事前の情報収集と分析で顧客の課題を推測し、事前段階で考えられる最適解の仮説を持ち、効果的なヒアリングで深い信頼関係も構築しつつ、顧客の問題解決を図っていく営業スタイルとなります。また、事前に準備しておくことで深い話からスタートでき、成果も早期に出すことができます。さらに、顧客の期待を超えた対応をすることで顧客満足度を向上させる手法であるとも言えます。

◆ソリューション営業の鉄則とプロセス２　〜営業の鉄則編〜

ソリューション営業７つの鉄則

　筆者の長年の営業経験から、顧客の満足度を向上し、期待値を超えていく「ソリューション営業」を行うためには、以下の７つの鉄則を心掛けることが大切であると考えています。

（１）顧客の顕在ニーズを満たすこと

　営業の役割は、売ることではなく顧客のニーズを満たすことです。ニーズとは、顧客の「これを改善したい」「解決したい」「達成したい」という思いです。また、基本的なニーズとしては、「売上の増加」「収益の増加」「人手不足の解消」「財務体質の改善」「生産性の向上」「新し

い商品・サービスの開発」「後継者の育成」などが挙げられます。

（2）顧客の潜在ニーズを掘り起こすこと

　顧客が欲しいと思っているニーズは、氷山の一角にすぎません。本当のニーズは水面下にあり、その潜在ニーズを探り出せるかどうかが重要なポイントになります。潜在ニーズの掘り起こしは、顧客自身もわかっていない「ありたい姿」を探っていく過程であるともいえます。

（3）顧客にとっての価値を考えること

　商品・サービスの特性＝商品・サービスの価値は顧客が決めることであり、顧客ごとに異なっているということを認識する必要があります。顧客ごとに異なる価値を満たす商品の例としては、共働き世帯向けの夜間用洗濯機、お一人様用の鍋などが考えられます。

（4）安易に値下げせず、価値で満足させること

　商品・サービスの価値をしっかり伝えて、価格以上の価値で満足させていきます。

（5）自社の商品・サービスを愛する、自信を持つこと

　自社の商品・サービスを深く理解し、愛さないことには「顧客のためになる、幸せにできる」という自信は生まれてきません。

（6）Win-Winの関係を構築すること

　ニーズとシーズを組み合わせ、ともにストーリーを持って、課題解決に向かう顧客とはパートナーであるといえます。課題を解決する同じ船に乗っているという関係を構築していくことが大切です。

（7）営業の生産性をアップすること

　営業のプロセスを見える化し、ボトルネックを見出すことが重要です。どこに問題点があるか分かれば、そこに重点を置いた改善策が検討できるようになります。

　上述の「ソリューション営業の鉄則」を心掛け、顧客に愛されるように営業担当者としての資質も高めていけば、既存顧客の新規案件の創出や新規顧客の開拓にも繋がっていくことが期待できます。

◆ソリューション営業の鉄則とプロセス３　〜営業のプロセス編〜

　本稿では、ソリューション営業のプロセスを説明します。特に事前準備とヒアリングが重要であり、以下に各プロセスのポイントを述べていきます。

・プロセス（1）：事前準備（仮説の設定）

　この段階では、仮説を持つことが重要であり、そのために、まずは顧客となる企業に関する情報収集を行います。具体的には、事業内容、IR（投資家向け広報）、ビジネスモデルの情報収集や分析などを実施します。そして、顧客のニーズを想定するとともに顧客のネガティブな状況も想定します。類似企業の事例やデータの収集もしておくとさらに良い準備プロセスになります。

・プロセス（2）：アプローチ

　この段階では、顧客の共感を得やすい軽い話題、気候や趣味、業界のホットな話題や動向な

どから入り、初期面談の目的や内容を合意していきます。そして、取扱商品の概要を説明し、理解を深めていただき、次回のヒアリングをお願いし、了解を得ていくプロセスになります。

・プロセス（3）：ヒアリング

この段階では、仮説を冷静に検証するとともに、要点を押さえることで次の段階に繋げていくことが肝要になります。ポイントは、顧客の現状や抱える課題、困りごと、最終的に期待することなどをまとめることです。自社・競合相手・顧客という「3C分析」の視点で分析・確認もします。顧客の顧客、顧客の競合他社まで拡げた「5C分析」の視点でも確認できれば、さらに深まります。また、「○○の視点からではどうですか」などの展開質問や、「具体的に言いますと」などの深掘り質問（Who、What、When、Where、How to、How muchの4W2H＋Why）を駆使し、潜在的な問題、ニーズ、ゴール、背景、時期、予算および決裁者などを確認していくことも必要なプロセスになります。

・プロセス（4）：プレゼンテーション

ここでは、顕在・潜在ニーズや優先事項を再確認しながら、事例やデータを適切に使って、解決策となる商品やサービスを提案するプロセスになります。

・プロセス（5）：クロージング

この段階では、契約に至るまでに必要な項目をピックアップして整理し、顧客が決断できるようにやさしく後押しをします。決断に至らなかった場合は、次回のステップに向けた行動を依頼をする締めのプロセスとなります。

以上が、ソリューション営業のプロセスの流れとなります。

ソリューション営業を強化していくためには、営業スキルの向上はもちろんのこと、営業プロセスにおいて弱いプロセスの克服を行うこと、優先順位の高いものからPDCAを回していくこと、タイミングとバランスの良い組織運営を定着させていくことが必要になります。個の能力と組織の能力の向上に取り組み、改善活動を続けていくことにより、今後も生き抜き・勝ち続けていく強い企業体になっていくと確信しています。　　　　　　　　　　　　（H．T）

Ⅲ-2．設計・開発戦略

　新しい製品やサービスを実現するには設計・開発が必要になります。

　設計・開発は企業の継続的発展に欠かせない重要な要素で、この節では、製品設計とサービス設計の設計・開発を記述します。

〈設計・開発のポイント〉

1．設計・開発の重要性

2．設計・開発の進め方

3．設計図面作成および管理

〈設計・開発に活用する文書・記録のサンプル〉

①製品の設計・開発規程

②設計進捗管理シート

③設計計画書（製品設計）

④物流サービス企画提案書

⑤図面作成要領

⑥設計図面の種類

⑦設計図面フォーマット

1．設計・開発の重要性

　ここでは、設計の中に開発が含まれ、開発の中に設計要素が発生することがあるので設計・開発として進めます。

　設計にあたり、あらたな技術の採用が必要な場合は開発と呼ばれ、世の中の動きや競合企業の新技術・新製品の動向などから、採用できる技術を発掘する作業が必要になります。開発部門と設計部門が分かれている組織は以下の関係になります。

＊まず、関係部門が集まって開発テーマを検討し、決定する。

＊開発テーマの開発を開発部門に依頼する。

＊開発したものを設計部門に引き継ぎ、製造方法を含めた具体的な製品やサービスを設計する。

＊設計中に開発が必要となる要素が発生すると、開発部門に要素開発を依頼する。

なお、開発や設計に製造技術の開発や改良を含むことがあります。この場合は、製品の要求事項の検討に製造部門も参画させ、製造技術の開発も同時に進める必要があります。

〈製品設計・開発とサービス業の設計・開発の違い〉

産業用製品の場合、製品の設計・開発は、一般に営業部門が受注後、設計・開発部門に引き継ぎ製品の要求事項を満たす設計を行い、製品図面を作成して、製造部門に引き継ぐ役割であることはよく理解されています。また、民生品消費財の場合は、営業部門などが収集した顧客のニーズから設計を行い、試作評価を行った後、製造部門に引き継ぐことになります。いずれにせよ、求められている要求事項が正しく製品に反映されているかが重要になります。

サービス業の設計・開発は、設計図面を引くことがないので設計・開発は発生しないように考えている方が多いと思いますが、新しいサービスを実現するための仕組みを構築することが設計・開発に当たります。例えば物流サービスの場合、顧客から冷凍・冷蔵食品流通サービスの保管および配送サービスを依頼された物件は、それが企業にとって新しい事業であれば、冷凍・冷蔵物流倉庫の建設、入出庫・保管・仕分け・流通加工の業務、および配送ルート・配車車両の選定・必要台数確保などの運用の構築があらたに必要になります。自社では製品設計のように図面はほとんど作成しませんが、このような運用プロセス（仕組み）を構築することが設計・開発に相当します。

新製品の開発を除いて製品設計は原則として受注後に実施しますが、サービス業の設計は、顧客との営業交渉段階で仕様を決めていくことになり、受注する段階で運用の仕様と価格が決定します。したがって、顧客との交渉段階での営業部門の企画力や提案力が最も重要視されます。

「Ⅲ－1．営業戦略」で述べたように、サービス業の場合、設計・開発と言うより「企画提案」や「企画開発」と呼んだほうが馴染みやすいかもしれません。

2．設計・開発の進め方

　設計・開発を行うには設計・開発のプロセスを明確にし、確実に進める必要があります。

　一般的な製品の設計・開発の進め方を参考として添付します。

【製品の 設計・開発プロセスの進め方】

設計・開発のインプット	製品要求事項を明確化し、適切かどうかレビューする。
設計・開発の計画	「設計計画書」：設計・開発の計画作成。
設計・開発のレビュー	適切な段階で、品質・要求事項を確保するためにレビューする。
設計・開発の検証	設計・開発のアウトプットがインプット（要求事項）を満たしているか‥‥設計図等で確認。試作を行う場合もある。
設計・開発からのアウトプット	「組立図・ユニット図・部品図」、「技術資料」などを作成。必要ならば「取扱説明書」などを含めアウトプットする。
設計・開発の妥当性確認	組立製品に基づき、品質検査・試験、または現場確認を行う。「検査試験成績書」等に基づき動作確認。
設計・開発の変更	設計・開発の変更が発生した場合、変更の内容をレビューし、再設計を行い、検証、妥当性確認を実施。

　上記の手順に従って設計・開発の進め方を説明します。

（1）設計・開発へのインプット情報の明確化

　顧客または市場の求める製品およびサービスの設計・開発は、要求される機能、性能、価格など必要なインプット情報を如何に正確に把握できるかがポイントになります。また、製品およびサービスが関連する法令・規制要求事項や特許関連の調査も重要なインプット情報です。

　効率的な設計・開発を行うには、過去の類似する設計・開発情報を参考にしたり、クレームや製造上の問題、不良データなどの情報を織り込むことが必要です。

　インプット情報を整理する中で、実現のためのリスクが発生することがあります。このリスク管理として「設計FMEA（Failure Mode and Effect Analysis）」（設計故

障モードの影響解析）があります。「設計FMEA」は、設計段階において、製品の故障（不具合）モードを含めた設計以降の後工程（顧客まで）で発生する問題（リスク）を予測し、定量的に重みづけをした上で、リスク低減の方策を実施し、信頼性、製造性の高い設計に活用する手法です。ただし、この手法を採用するには難しい面がありますのでここでは簡単なリスク評価のサンプルとして、**「設計進捗管理シート」（別表1）**を添付します。

「設計進捗管理シート」により、製品設計上発生する要求仕様、コスト、機能・性能、購買、製造、引渡などに関する想定される課題を記入し、発生する可能性のある要因を抽出し、事前に検討を行うことにより設計段階で不良発生の低減につなげます。

（2）設計・開発の計画

設計・開発を具体的に進めるに当たって、「設計計画書」や「設計工程表」を作成し、設計計画、進捗管理を行います。設計計画書の事例として、**「設計計画書（製品設計）」（別表2）**、**「物流サービス企画提案書（物流サービス）」（別表3）**を参考として添付します。

（3）設計・開発の管理

設計・開発の進捗管理として、〈**レビュー⇒検証⇒妥当性確認⇒変更**〉の手順で行います。

①設計・開発のレビュー

設計・開発のレビューとは、設計・開発がある程度進んだ段階で、設計・開発担当者だけでなく、営業部門を含め関連する部門の関係者が集合し、設計・開発が意図したとおりに進捗しているか、リスク評価した課題や問題が解決されているかなどを検証することで、デザイン・レビューともいわれます。関係者が集まり後戻りを無くす「文殊の知恵」を出し合うこととともいえます。

②設計・開発の検証およびアウトプット

設計・開発の検証とは、設計・開発のインプット情報、つまり製品およびサービスの要求事項が満たされているかを検証する行為です。

設計・開発の検証結果、要求事項が満たされたものをアウトプットします。製品設計の場合は、製品図面、製造工程仕様書、取扱説明書などになります。必要な場合、基本構成ユニットの試作を行うこともあります。サービス設計の場合は、物流PFD、運用仕様書、サービス仕様書などになります。

③設計・開発の妥当性確認

　設計・開発の妥当性確認は、設計・開発のアウトプットから製作した製品を実際に使用してみて耐久性・安全性が確保され、使用に耐えるものになっているかを検証する行為です。妥当性確認として製品の試運転を行い要求事項が満たされているかを確認することがあります。

　サービス設計では、構築した仕組みを運用した結果、要求された能力が満たされているか、安全性は十分担保されているかなどを確認します。その他、妥当性確認として収益性が確保されているかを含めることが重要です。

④設計・開発の変更

　設計の妥当性確認後、定められた要求事項や所定の仕様が満たされてない場合、設計変更が発生します。この場合、最初に戻って製品およびサービスのインプット情報からレビュー・検証・妥当性確認をやり直す必要が発生する場合があります。

　変更発生の要因として、顧客の要求事項の変更が設計・開発の途中で発生することがあります。後戻りが発生しないように顧客との仕様の確認は重要で、インプット情報の信頼性が求められます。

　これまで述べてきた設計・開発の手順のサンプルとして【設計・開発規程】を添付します。

【製品の設計・開発規程】（サンプル）

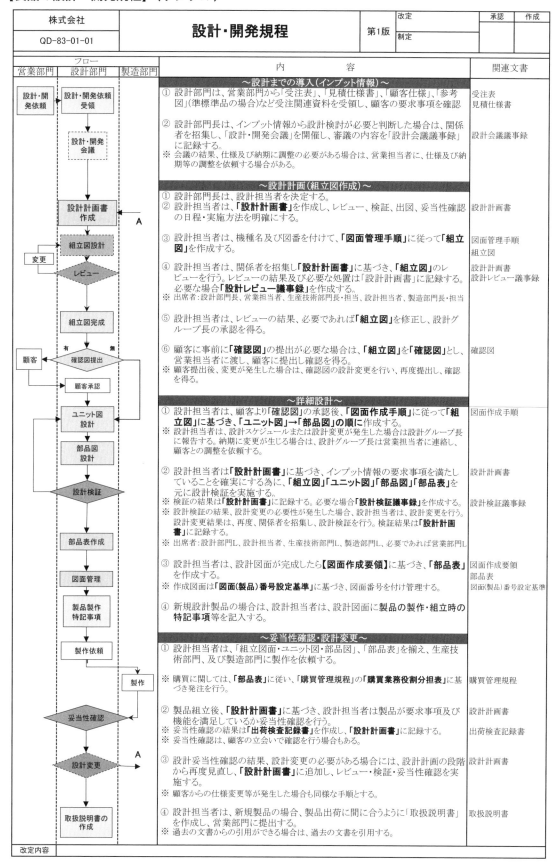

株式会社			設計・開発規程	第1版	改定		承認	作成
QD-83-01-01					制定			

フロー			内　　容	関連文書
営業部門	設計部門	製造部門		

～設計までの導入（インプット情報）～

① 設計部門は、営業部門から「受注表」、「見積仕様書」、「顧客仕様」、「参考図」(準標準品の場合)など受注関連資料を受領し、顧客の要求事項を確認　〔受注表　見積仕様書〕

② 設計部門長は、インプット情報から設計検討が必要と判断した場合は、関係者を招集し、「設計・開発会議」を開催し、審議の内容を「設計会議議事録」に記録する。　〔設計会議議事録〕
※ 会議の結果、仕様及び納期に調整の必要がある場合は、営業担当者に、仕様及び納期等の調整を依頼する場合がある。

～設計計画（組立図作成）～

① 設計部門長は、設計担当者を決定する。

② 設計担当者は、「設計計画書」を作成し、レビュー、検証、出図、妥当性確認の日程・実施方法を明確にする。　〔設計計画書〕

③ 設計担当者は、機種名及び図番を付けて、「**図面管理手順**」に従って「**組立図**」を作成する。　〔図面管理手順　組立図〕

④ 設計担当者は、関係者を招集し「**設計計画書**」に基づき、「**組立図**」のレビューを行う。レビューの結果及び必要な処置は「設計計画書」に記録する。必要な場合「**設計レビュー議事録**」を作成する。　〔設計計画書　設計レビュー議事録〕
※ 出席者：設計部門長、営業担当者、生産技術部門長・担当、設計担当者、製造部門長・担当

⑤ 設計担当者は、レビューの結果、必要であれば「**組立図**」を修正し、設計グループ長の承認を得る。

⑥ 顧客に事前に「**確認図**」の提出が必要な場合は、「**組立図**」を「**確認図**」とし、営業担当者に渡し、顧客に提出し確認を得る。　〔確認図〕
※ 顧客提出後、変更が発生した場合は、確認図の設計変更を行い、再度提出し、確認を得る。

～詳細設計～

① 設計担当者は、顧客より「**確認図**」の承認後、「**図面作成手順**」に従って「**組立図**」に基づき、「**ユニット図**」→「**部品図**」の順に作成する。　〔図面作成手順〕
※ 設計担当者は、設計スケジュールまたは設計変更が発生した場合は設計グループ長に報告する。納期に変更が生じる場合は、設計グループ長は営業担当者に連絡し、顧客との調整を依頼する。

② 設計担当者は「**設計計画書**」に基づき、インプット情報の要求事項を満たしていることを確実にする為に、「**組立図**」「**ユニット図**」「**部品図**」「**部品表**」を元に設計検証を実施する。　〔設計計画書〕
※ 検証の結果は「**設計計画書**」に記録する。必要な場合「**設計検証議事録**」を作成する。　〔設計検証議事録〕
※ 設計検証の結果、設計変更の必要性が発生した場合、設計担当者は、設計変更を行う。設計変更結果は、再度、関係者を招集し、設計検証を行う。検証結果は「**設計計画書**」に記録する。
※ 出席者：設計部門L、設計担当者、生産技術部門L、製造部門L、必要であれば営業部門L

③ 設計担当者は、設計図面が完成したら【図面作成要領】に基づき、「**部品表**」を作成する。　〔図面作成要領　部品表〕
※ 作成図面は「**図面(製品)番号設定基準**」に基づき、図面番号を付け管理する。　〔図面(製品)番号設定基準〕

④ 新規設計製品の場合は、設計担当者は、設計図面に製品の製作・組立時の**特記事項**等を記入する。

～妥当性確認・設計変更～

① 設計担当者は、「組立図面・ユニット図・部品図」、「部品表」を揃え、生産技術部門、及び製造部門に製作を依頼する。
※ 購買に関しては、「**部品表**」に従い、「**購買管理規程**」の「**購買業務役割分担表**」に基づき発注を行う。　〔購買管理規程〕

② 製品組立後、「**設計計画書**」に基づき、設計担当者は製品が要求事項及び機能を満足しているか妥当性確認を行う。　〔設計計画書〕
※ 妥当性確認の結果は「**出荷検査記録書**」を作成し、「**設計計画書**」に記録する。　〔出荷検査記録書〕
※ 妥当性確認は、顧客の立会いで確認を行う場合もある。

③ 設計妥当性確認の結果、設計変更の必要がある場合には、設計計画の段階から再度見直し、「**設計計画書**」に追加し、レビュー・検証・妥当性確認を実施する。　〔設計計画書〕
※ 顧客からの仕様変更等が発生した場合も同様な手順とする。

④ 設計担当者は、新規製品の場合、製品出荷に間に合うように「取扱説明書」を作成し、営業部門に提出する。　〔取扱説明書〕
※ 過去の文書からの引用ができる場合は、過去の文書を引用する。

フロー図内テキスト：
設計・開発依頼　/　設計・開発依頼受領　/　設計・開発会議　/　設計計画書作成　A　/　組立図設計　/　変更　/　レビュー　/　組立図完成　/　確認図提出（有・無）　/　顧客　/　顧客承認　/　ユニット図設計　/　部品図設計　/　設計検証　/　部品表作成　/　図面管理　/　製品製作特記事項　/　製作依頼　/　製作　/　妥当性確認　/　設計変更　A　/　取扱説明書の作成

改定内容

【別表1：設計進捗管理シート】

様式：QF-83-01-01

	承認	作成

設計進捗管理シート

顧客名	
製品番号	
製品名	

作成日：
完了日：

	想定される課題	項目	重要度	具体的実施事項／注意事項 （リスクと機会の抽出）	解決策	実施予定日 （実施完了日）	今回の対策の 有効性評価
1	製品要求仕様	① 製品に関する要求事項 （要求品質、使用環境、稼働時間等）					
		② 顧客の規制及び法的要求事項の有無 （客先仕様・基準の有無）					
		③ その他					
2	製品コスト	① 実施予算書とJOB原価の検証 ・見積と実行原価の相異					
		② ・追加金額の有無 （追加見積提出の可能性）					
3	製品の機能・性能	① 基本構想検討 ・過去の類似した設計実績からの情報 ・技術的困難性・課題の抽出					
		② 製品設計 ・設計のレビュー、検証(設計会議の必要性) ・試作の必要性					
		③ その他					
4	購入品・外部委託品	① 新規調達先の有無 ・仕様、納期の確認					
5	製品製造	① 製造・組立作業ポイント ・製造手順書の必要性					
		② 最終検査／試運転調整 ・検査/試運転要領書の必要性 ・検査・試験機器の必要性					
		③ その他					
6	引渡	① 現地調整・試運転の有無					
		② 取扱説明書の作成					
		③ その他					

【別表2：設計計画書（製品設計）】

株式会社	**設計計画書**		変更日	年　月　日	承認	作成
様式番号：			作成日	20XX年 XX月 XX日		

顧客名	B株式会社	件名	ZZ製品（自動投入・取出装置付き）	
設計・開発の内容	□新製品の設計・開発　□受注した既存製品の設計　□製品シリーズ多様化による製品開発　■既存製品の改善・改良　□製品・部品の標準化・共通化			

①インプット情報	受領及び打合せ資料	■顧客仕様書　　□顧客計画図　　□打合せ議事録　　□その他( )	営業担当
	製品に関する要求事項	★ 10年前に納入したZZ製品の入れ替えと自動投入・取出装置の追加 ・B社から10年前に納入した製品の撤去と自動投入・取出装置付き新製品の納入 ・新旧製品の入れ替えを土日の2日間で行い、自動運転ができるようにすること ・ZZ製品の能力を15%向上のこと	日付
	法令・規制要求事項	顧客の指定する制御仕様規格および電気部品を使用のこと。	部門長
	過去の類似した設計 から得られる情報	以前Y社に納入した手動の投入・取出装置を参考にして自動化すること。	
	当社の必要とする事項を 含めたその他の要求事項	設置期間が2日間なので、自社工場内試運転・調整を綿密に行い、完成品として出荷のこと。	日付
②要求されるアウトプット		■見積書　　□契約書　　■新規得意先登録申請書　　■組立図　　■部品図　　■取扱説明書 □作業手順書・要領　　□その他( )	

③設計・開発の計画・実績	設計のレビュー	計画日	実施日	■ 設計が製品に関する要求事項を満たしているか。	【確認及び必要な課題の対応記録】	設計担当
		XX月XX日	XX月XX日	■ 法令・規制（免許・・資格・環境対応・その他の条件など）を満たしているか。 ■ 製品仕様・能力などから製品実現可能か。課題は解決するか。	□ 必要なし　　■ 必要(添付記録名) ・設計検討会議議事録	
		XX月XX日	XX月XX日	■ 要員及び社内インフラは要求事項を満たすことに十分か。 ■ 購買または必要なアウトソース（外部委託）は確保できているか。 □	・設計レビュー議事録	日付
	設計の検証	計画日	実施日	■ 設計・開発の結果、インプット情報の要求事項を満たしているか。	【確認及び必要な課題の対応記録】	部門長
		XX月XX日	XX月XX日	■ 製品設計の内容は適切で、品質が確保され優位性(他社比較等)はあるか。 ■ 採算性に問題が無く、適切に計画されているか。	□ 必要なし　　■ 必要(添付記録名) ・設計検証記録	
		XX月XX日	XX月XX日	■ 安全対策は確保できているか。 □	・作成図面検証	日付
	出図他	計画日	実施日	■ 組立図	【確認及びその他必要な対応記録】	日付
		XX月XX日	XX月XX日	■ 部品図 ■ 取扱説明書、作業標準	□ 必要なし　　■ 必要(添付記録名) ・左記の図面・仕様書関係	
	設計の妥当性確認	計画日	実施日	■ 安全性・経済性・環境面の配慮は十分満たしているか。	【確認及び必要な課題の対応記録】	
		XX月XX日	XX月XX日	■ 製品が機能し、耐久性などを含めて実現可能か 　　□部品試作、　□組立試運転での確認、　□その他( )	□ 必要なし　　■ 必要(添付記録名) ・試運転要領書	
		月　　日	月　　日	■ 収益性が確保され、リスクに対応できるか。 □	・試運転・調整記録 ・実行予算書	
	設計変更	計画日	実施日	□ インプットの要求事項及びアウトプット結果の変更は発生していないか	【確認及び必要な課題の対応記録】	
		月　　日	月　　日	□ 変更が発生した場合は、変更内容に関して、 　　上記の[設計のレビュー・検証・妥当性確認]を再度実施のこと。 □	□ 必要なし　　□ 必要(添付記録名)	

【別表3：物流サービス企画提案書】

N株式会社 様式番号：	物流サービス企画提案書			変更日　　年　　月　　日 作成日　20XX年 XX月 XX日	承認	作成
顧客名	A株式会社	件名	M製品の配送システム			

物流サービス設計の内容	■ 新規の輸配送の企画提案　　□ 新輸送・配送ルートの新設、変更提案　　■ 新規の庫内サービス(物流加工)の企画提案 □ 個別大型輸送案件の企画提案　　□ その他物流サービス企画（　　　　　　　　　　　　　　　　　　　）	営業担当

① イ ン プ ッ ト 情 報	受領及び打合せ資料	■顧客仕様書　　□顧客計画図　　■打合せ議事録　　□その他(	)	
	物流サービスに関する顧客要求事項、機能及びパフォーマンスに関する要求事項	★物流サービスの要求事項 ・A社の工場から荷物を引き取り、当社の倉庫に保管し、顧客(配送先)の要求納期・数量を納入する。詳細は「顧客仕様書」による。 ・A社独自の荷物の取扱基準の遵守 ・納入時間指定(時間枠内)　・指定伝票による納品		
	法令・規制要求事項	道路交通法の他に、コンプライアンス重視の労務管理(顧客荷主からの要請事項)		日付
	過去の類似した企画提案から得られる情報	・X社配送便にて指定伝票による積込作業を実施した実績 ・当社の配送システムを活用		部門長
	当社の標準・規範等の必要性、基準を満たさなかった場合の起こりえる影響	・フォークリフト作業を含めたドライバーのスキル管理 ・ドライバーのシフト管理		
		□ 顧客の参画の必要性：有、無　　　　　□ 内部資源及び外部資源の必要性：無、有　　(トラック3台増車　　　)		日付

②要求されるアウトプット	□ 事前申請書　　　　　　■ 見積書　　　　　　■ 契約書　　　　　　□ 取引条件報告書　　　□ 取引先マスター □ 物流施設レイアウト図・配置図　　　　■ 物流プロセスフロー図　　　　■ 作業標準・要領　　入荷・保管作業手順書、出庫・出荷作業手順書 ■ 配送計画　　　　　　□ 配送先一覧表　　　■ 配車表　　　　　■ 設備台帳(トラック、物流設備)　　　□協力業者選定 □ 情報システム計画　　　□その他 ：ドライバーの管理計画及びパトロール記録

③ 設 計 ・ 開 発 の 計 画 ・ 実 績	企画提案のレビュー	計画日 XX月XX日 XX月XX日	実施日 XX月XX日 XX月XX日	■ 企画提案が物流サービスに関する要求事項を満たしているか。 ■ 法令・規制(免許・許可・資格・その他の条件など)を満たしているか。 ■ 計画性や事業目的・規模・資金面・エリアなどの経営面から実現可能か。 ■ 要員・インフラなど要求事項を満たせるか。 ■ 車両・設備購入及びアウトソース(外部委託)は確保できるか。 □	【確認及び必要な課題の対応記録】 □ 必要なし　　■ 必要(添付記録名) ・顧客打合せ議事録(XX月XX日) ・物流仕様検討会(XX月XX日、YY日) ・物流サービス提案書(XX月XX日) ・見積書	設計担当 日付
	企画提案の検証	計画日 XX月XX日 月　日	実施日 XX月XX日 月　日	■ 物流サービス設計の結果、インプット情報の要求事項を満たしているか。 ■ 物流サービスの内容は適切で、物流品質が確保され優位性(他社比較等)はあるか。 ■ 採算性及び運用面が無く 適切に計画されているか ■ 要員・インフラは確保できているか。	【確認及び必要な課題の対応記録】 □ 必要なし　　■ 必要(添付記録名) ・物流プロセスフロー図、出荷手順書他 ・配車計画、配送先一覧表、配車表 ・契約書	部門長 日付
	企画提案の妥当性確認	計画日 XX月XX日 月　日	実施日 XX月XX日 月　日	■ 安全性・経済性・環境面の配慮は十分満たしているか。 ■ 物流サービスが機能し、運用上の観点から実現可能か □シミュレーションでの確認、■試走又は庫内作業で確認、□その他(　　) ■ 収益性が確保され、リスクに対応できるか。	【確認及び必要な課題の対応記録】 □ 必要なし　　■ 必要(添付記録名) ・配車表の基づく配車実績 ・運行実績日報	日付
	企画提案の変更	計画日 月　日	実施日 月　日	□ インプットの要求事項及びアウトプット結果の変更は発生していないか □ 変更が発生した場合は、変更内容に関して、 　上記の[設計のレビュー・検証・妥当性確認]を再度実施のこと。	【確認及び必要な課題の対応記録】 □ 必要なし　　□ 必要(添付記録名)	

3．設計図面作成および管理

　製品設計を行う場合、[**製品組立図⇒ユニット図⇒部品図**] と図面作成手順のサンプルとして、**「図面作成要領」** を添付します。

　製品の設計図面は業務の進捗に従って **「設計図面の種類」**（別表4）があり、設計図面のサンプルとして **「設計図面フォーマット」**（別表5）を添付します。

　設計・開発完了後、アウトプットした設計図面は、製品分類毎に製品組立図・ユニット図・部品図として整理し、類似や繰り返し製品が発生した場合、関連図面のトレーサビリティーができるように管理します。

　サービス業の設計・開発から作成した運用手順は、サービス実現の運用に直接活用されます。この場合、運用手順の管理は「文書管理台帳」および「様式・記録一覧表」を活用することになります。

「図面作成要領」（サンプル）

株式会社	図面作成要領	第1版	改定	承認	作成
QD-83-02-01			制定		

業務フロー	業務手順
	1. 目的 　設計図作成の効率化及び繰り返し利用及び標準化を目的として、日常のJOB設計における図面作成手順を定める。
製品仕様確認	**2.図面作成手順** 1) **当該受注製品の仕様確認** ① **「受注表」**に基づき、製品要求仕様を確認する。 ② 標準品、既存製品の流用、設計変更、及び新規設計のいずれかを行うか検討する。 ③ 製品仕様が確定したら、構成ユニットを明確にする。 　【製品組立図　⇒　各ユニット(⇒サブユニット)　⇒　部品】 ※ 上記ユニットの中で、製品の仕様決定に重要な役割を持つユニットで、仕様検討が必要なユニットがある場合は事前に検討し、課題を可能な限り解決しておく。
組立図作成 ユニット図作成	2) **製品組立図及びユニット図面の作成** ① 製品組立図面、ユニット図面の順に作成する。 ② 製品組立図・ユニット図面に、製品を構成する各ユニット(ユニット図面はSubユニット図)、部品の照合を記入する。 ※ 照合は下記のように記入 　※ユニット(または部品)だけの場合　　　　※ユニット(または部品)に締結用ボルト・ナットがつく場合 　　①　ユニット(または部品)の照合　　　①／B1　ユニット(または部品)の照合　ボルト・ナット記号 ③ 上記の照合に基づき、図面の仕様一覧表にユニット名、部品名を記入する。 ※ 仕様一覧表の記入は以下とする。(記入例は、**「設計図面フォーマット」**を参照) 　＊下段から上段へ、1・2・3・・・・の順で、ユニット名・部品名を記入する。 　＊上段から下段へ、B1・B2・B3・・・・の順で、ボルト・ナット類を記入する。 　(必要なボルト・ナット類は部品図には記入しない) ④ 図面作成の枚数を削減する目的で、同様な仕様・形状の製品で幅・長さ等が違う場合は、図面にあらかじめ一覧表を作成しておき、選択できるようにする。 　(例)

(例)

矢印	W1	L1	H1
	700	700	900
→	1000	900	1000
	1500	1000	1200
標準外			

矢印	管径	底辺寸法	発熱寸法
	27.2	250	190
	27.2	350	290
→	27.2	400	350
	27.2	450	390
	27.2	550	500

業務フロー	業務手順
	⑤ 組立図面に製品仕様記入 　組立図面が完成したら「製品仕様」を記入し、明確にする。(記入例は、**「設計図面フォーマット」**を参照)
部品図作成	3) **部品図面の作成** 　上記の手順に準じて部品図面を作成する。
図面番号記入	4) **図面番号記入及び図面管理** ① 図面番号の記入の仕方 ※ **「設計図面フォーマット」**の【①:図面名称】欄に、代理店名／納入先、物件名・製品名・図面名称等を記入する。 ※ JOB番号を**「図面(製品)番号設定基準」**に基づき記入する。 ※ この場合、標準図がある場合は下段に標準図面番号を記入する。 　(標準図は事前に作成し、標準図を使用し、JOB番号を記入することを標準とする。) ② 図面の変更管理 ※ 変更が発生した場合、**「設計図面フォーマット」**の【③:変更履歴】欄に、記号・改訂記事・改定日等を記入する。 ※ **「設計図面フォーマット」**の【①:図面番号】欄に、変更履歴を、a・b・cの順に記入する。
図面管理表 作成 出図	5) **「図面管理表(出図表)」の作成** ① 全ての図面が完成したら**「図面管理表(出図表)」**を作成する。 ※ 大型装置で、納期が必要な製品は、納期がかかるユニット・部品から出図するため**「図面管理表(出図表)」**を追加しながら作成する場合がある。 ② 作成図面に**「図面管理表(出図表)」**を添付して製造Gに出図する。
図面管理	6) **図面管理** 　図面管理は**「図面管理手順」**に従い、製品分類ごとに管理し、繰り返し使用できるように整理し、管理すること。 ※ 「図面管理手順」は、製品の変化に伴い見直しすること。
改定内容	

【別表4：設計図面の種類】

	図面名称	内容	用途	特記事項
1	標準図	**「標準組立図」**として用意し、見積時に提出する	標準製品用に作成された提出図	
2	参考図	引合時、要求に近い図面を参考図として打ち合わせ用に提出するもの。	過去の実績図面活用	設計Gから選定していただく。
3	見積図	顧客の要求仕様に基づき、設計Gで作成した**「見積用(又は提案用)組立図面」**	仕様に合わせて都度作成する図面	顧客打合せにより、変更が発生した場合は再度作成し、提出する場合がある。尚、見積仕様書を添付する場合がある。
4	確認図（組立図）	受注確定時に、製作図作成に着手する前に、顧客に承認を得るための**組立図面**	主として組立図 主に、特殊ヒーターや乾燥機等の大型物件	見積図と同じ仕様の場合は兼用する場合がある。尚、確定仕様書を添付する場合がある。
5	製作図	**[①組立図、②ユニット図、③部品図]**で構成される	社内及び社外製作用図面	①設計着手前に変更がない場合、「組立図」は「確認図」と同一になる。 ②出図する場合は、[図面表]、「部品表」を添付する。
6	納入図	据付工事完了後、顧客に提出する**「完成図面（主に組立図面）」**	完成図面	取扱い説明書等を要求される場合がある。

【別表５：設計図面フォーマット】

株式会社	設計図面フォーマット	第1版	改定		承認	作成
QA-83-02-01			制定			

---

1. 図面レイアウト

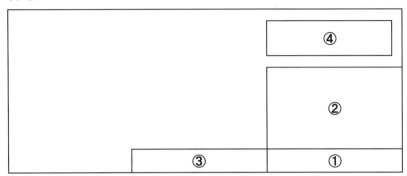

図面レイアウト内の各欄：④（右上）、②（右中央）、③（左下）、①（右下）

2.【①：図面名称・図面番号】、【②：仕様一覧表】の記載方法(例)

B1	六角穴付ボルト	8		M20x60, SW
B2	六角ボルト	4		M16x60, N, W, SW
B3	十字穴付小ネジ	3		M5x15, N, W, SW
B4	1種小ネジ	4		M8, CW, SW
7	B部品			部品図番
6	A部品	4		部品図番
5	Yユニット	2		ユニット図番
4	Xユニット	2		ユニット図番
3	駆動ユニット	1		ユニット図番
2	筐体ユニット	1	SS400	ユニット図番
1	ベースユニット	4	SS400	ユニット図番
ITEM	NAME(名称)	SET(数量)	材質 WEIGT	CODE OR REMARKS(ユニット・部品図番)

※照合(例)

1：部品（またはユニット）の照合

B1：ボルト・ナット記号

引合名／納入先

物件名：○○設備
製品名：ABC製品

図面名称：組立図（例）

SET (数量)	SCALE	(縮尺)
	DATE	作成日

承認	確認	作成	作成

図番(DWG No.)
　　JOB　図面番号　　　　変更

XXX株式会社

図番(CODE)
　　製品標準図面番号　　変更　a

3.【③：変更履歴】の記載）例)

a				
記号 MARKS	改定記事 REVISION	記号の数 COUNT	改訂日 UPDATE	改訂者	備考

4.【④：製品仕様】の記載(例)

	仕様	
1	型式	
2	仕様(能力)	
3	仕様(速度)	
4		
5		
6	電源	

改定内容	

● コラム：中小企業にとってイノベーションとは

　中小企業といえども10年〜20年の間、同じ製品やサービスを続けていたら企業の存続が困難になるのは当たり前です。そうはいっても取引先企業（大企業他）の顧客の変化に伴う要求に応えていくのが精一杯なのが実情であり、特に、最終製品・サービスを提供している中小企業にとって、新製品を生み出すことは至難の業（わざ）といえます。

　しかしこのままでは座して死を待つばかりで、それではどのような対応を取っていけばよいでしょうか。

　中小企業は、顧客や取引先の要求や要望に応えるため毎日一生懸命ものづくりやサービスに携わっています。しかし、長い間やっていると要求や要望が変化します。それに応えるために材料を変えたり、作り方を改善し、サービスに工夫を凝らすなど、様々な努力を行い仕事のやり方を変えてきました。だが、この変化を日常の業務の中にうもれさせていませんか。変化をチャンスと捉えていますか、この気付きがポイントではないでしょうか。ベテラン社員の誰かがやっている、担当者がやっている、に済ませていませんか。

　長い間日常の業務の改善を積み重ねた結果として仕事の仕組みが作られています。

　社内の仕組みを活用して運用した結果、思い通りの成果が上がらない場合は、仕事のやり方を変える、つまり**"仕組みを変える"**ことになります。また、**"新しい仕組みを作る"**ことになります。

　これだけ製品やサービスが多岐にわたり、業務が複雑化した中で、仕事の仕組みが明文化（文書化）され、全員が理解し運用できていますか。仕組みはあるが、数年も前のままでその後の変化に対応していないケースが多く見られます。

　必要ならば仕組みを変え、仕組みを作っていくことになります。この活動の中から知恵がわき、製品・サービスの改善（improvement）が進んでいきます。さらに、この中に"ハッと気づくこと"や"新しい発見"に出会い、その延長線上に新製品、新サービスのアイデアが浮かんできます。新商品や新サービスの革新（innovation）は、日常の変化の積み重ねの中にあり、急に生まれるわけではありません。

　そのためには次のことが重要だと考えます。

①業務の作業手順・標準が作成され、これらを活用し業務プロセスが連携して実施されているか

②実施結果、想定した成果が達成できているか、必要なら仕組みの改善（強化）につなげているか

③蓄積したデータ（記録）の中から特性と傾向を探し、製品・サービスの改善につなげているか

【中小企業のイノベーションとは日常業務の改善の結果（成果）】ともいえます。

　日常の仕事を確実にこなし、結果を評価し、次につなげていく努力が新製品や新サービスを生みます。

　この改善（improvement）のPDCA（計画・実施・評価・改善）のサイクルが回っているかが最も重要で、その成果が革新（innovation）につながります。

【もう一つのイノベーション：オープンイノベーション】の必要性

　社内での取り組みによるイノベーションをクローズドイノベーションといいますが、イノベーションの範囲には自ずと限界が有ります。この場合は、他社、異業種の企業、大学、起業家など多方面での連携に挑戦し、彼らの経験や知識、さらには発想法を自社の経験・知識と組み合わせることでイノベーションを目指す、いわゆる、オープンイノベーションの仕組みを持つことがもう一つ重要です。

（M. M）

● コラム：イノベーションの機会と成長エンジン

　かつてうまれた革新、いわゆるイノベーションが生じた機会を分類すると、7つに分類されると言われています。

【イノベーションの7つの機会】 ※ピーター・ドラッカーより

　1. 予期せぬ事の生起
　2. ギャップの存在
　3. ニーズの存在
　4. 産業構造の変化
　5. 人口構造の変化
　6. 認識の変化
　7. 新しい知識の出現

　近年のイノベーションの機会を見てみると、あらたな家電製品の出現、新興国の台頭による世界の産業構造の変化、インターネット技術によるあらたな産業の誕生と産業構造の変革、コンピューター技術の向上がもたらした自動運転やAI、環境重視による顧客ニーズの変化、シェール石油の開発と世界エネルギー情勢の変化、ドローンによる物流革新、ブロックチェーンによる金融革新。

　日本においては、高齢化による介護事業の拡大、東日本大震災がもたらした原子力行政や災害対策行政の変化、少子化による労働人口の減少とGDPの減少、さらには、賃金の上昇、物

流業界の人手不足など、大きな変化があります。

　このように、近年は、イノベーションの機会に満ちあふれています。どこかで、開発や変革が必要になっています

　中小企業の成長に開発は不可欠です。このような機会をとらえた開発ができるかどうかで、その成長が決まると言っても過言ではありません。成長エンジンを作動させておくための、３つの具体的方針を念頭に、７つの機会をとらえた開発に挑戦し続けることが重要です。

【成長エンジンを作動させておくための、３つの具体的方針】　※クリステンセンより

　１．早く始める

　２．小さな規模で始める

　３．早期の成功を要求する

(S.O)

Ⅲ-3．購買戦略

　製品やサービスを提供するに当たって、すべての要素や材料・部品などを自社でまかなうことは困難で、外部から調達する必要があります。したがって、適切な購入品の選定や業務委託先の確保が、製品およびサービスの優劣、売上を左右する要素になります。この節では、この活動を「購買」と表現します。

　購入先や外部委託先とは、長年の信頼関係により取引が継続されていますが、最近は経済環境の厳しさや後継者不足などにより事業継続が困難となり、廃業となる企業も増加しており、将来にわたっての購買戦略を考えておく必要があります。

〈購買戦略のポイント〉

１．購買先の選定と評価

２．購買業務の管理

３．発注業務

４．購買品の検証および不良発生時の対応

〈購買戦略に活用する文書・記録のサンプル〉

①購買管理規程

②購買先評価表

③購買先リスト＆継続評価表

１．購買先の選定と評価

（1）新規購買先の開拓

新規購買先が必要になる場合として、

①新製品または新サービスの開発、または改良に伴う新規購買先の発生

②新規事業を行うに当たっての新規外部委託先の発生

③品質や価格に関する現状の購入先・委託先の見直し

④既存購買先の廃業などによる新規購買先の発生

などが考えられます。

（2）新規購買先の選定

新規購買先を選定するには、①経営体制，②品質，③納期，④価格、⑤担当者などの項目を十分調査し、比較検討が必要です（サンプルとして**「新規購買先評価表」**（**別表１**）を参照ください）。

新製品や新サービスの開発や購買先の廃業などにより新規購買先が必要になりますが、この場合、

＊設計変更により、汎用品が使用できる部品にならないか

＊重要部品ならば、自社製作に切り替えられないか

＊委託していたサービスを自社でできないか

など、自社で取り込むことができないか、社内での検討も必要です。

新規購買先を決定するに当たっては、「社内稟議規定」に基づき経営層の承認が必要になります。また重要な部品や取引の場合、「品質保証契約」や「機密保持協定書」などを取り決める必要があります。

（3）新規購買先の登録

購買先は、一般に「購買先リスト」として登録し管理されていますが、**「購買先リスト＆継続評価表」**（**別表２**）を使用し、購入品と委託品および業務委託ごとに仕分けして登録することを推奨します。

（4）購買先の継続評価

購買先は選定して登録すれば終わりではなく、経営の安定性、品質レベル、納期対

応力、価格などの継続的な評価を行う必要があります。**「購買先リスト＆継続評価表」（別表２）** を活用して定期評価を行います。

「購買先リスト＆継続評価表」の評価項目（購入品は４項目、委託品は７項目）で評価し、総合評価を行い、継続の有無を決定します。この評価表には、不適合が発生した場合、件数を記入し、改善の必要性があればコメントを記入するなど購買先の管理にも活用します。同一種類の購買品に複数の購買先がある場合、相互に比較することにより、購買先への改善要求など行います。

　最後に、類似の購買先の総合評価を行い、以下の点を考慮し購買先の適正な選定につなげます。

---

①現状の購買先で（品質・納期・価格など）は十分か

②事業継続性（後継者の有無など）に問題がないか

③製品およびサービスの変化に伴い、パートナーとしての相互信頼関係ができているか

④新しい製品およびサービスに対応するために不足している購買先はないか

　特に、加工などを業務委託した場合、委託先のやり方で品質が決定されて要求通りのものが納入されないと、製品やサービスの品質や納期に影響を与えます。

　したがって、事前に委託先の業務プロセス、品質保証体制、設備管理、教育・訓練体制などの確認が必要です。そのために定期的に加工委託先を訪問し、取り交わした状態が継続しているかを確認するとともに、お互いの理解と信頼を深める必要があります（この活動を監査として実施する場合があります）。

　※購買先の改善に関しては、「Ⅳ－２．データ分析から改善活動」の「(3) 購買先のデータによる改善」で述べます。

２．購買業務の管理

（１）購買業務の責任と権限

　製造業を例にとった場合、購入品と外部委託品・委託業務に分けると以下のような役割になります。

①購入品

	購入品	発注依頼部門	発注部門	受入検査部門	保管・在庫部門
1	素材・材料	製造部	購買部	製造部	製造部
2	電気・電子部品	製造部	購買部	製造部	製造部
3	その他購入品・消耗品	各部門	購買部	購買部	購買部
4	治具・工具	製造部	購買部	製造部	製造部
5	生産設備	製造部	購買部	技術部	製造部
6	検査・測定機器	品質管理部	購買部	品質管理部	品質管理部

②委託品および業務委託

	委託品および委託業務	発注依頼部門	発注部門	受入検査部門
1	加工委託部品（機械関係）	設計部	購買部	品質管理部
2	加工委託部品（制御関係）	設計部	購買部	品質管理部
3	OEM製品	営業部	購買部	品質管理部
4	プレス・板金加工	製造部	購買部	製造部
5	めっき・塗装	製造部	購買部	製造部
6	組立外注	製造部	購買部	品質管理部
7	派遣会社（派遣社員）	製造部	業務部	製造部
8	輸配送業務	営業部	業務部	

※外部委託品は、基本的に長期在庫はしないことで考えています。

（2）購買業務の明確化

　購買機能として［**発注依頼→発注→受入検査**］があり、この3つの機能の連携が取れているかが納期と品質に関わってきます。上表に責任と権限の事例を記載しましたが、発注部門がなく発注依頼部門毎に個々に発注する企業もあります。発注部門としての購買部は設置していなくても、既存部門の中に発注権限を持たせ一括管理を行うことをお勧めします。

　この理由は、組織として適正な取引先の選定、納期および発注価格の決定など、取引の透明性が重要だからです。また、受入検査部門は品質保証として重要な役割があり、購入品の保管及び在庫管理については管理部門を決定し、適正在庫を維持する必要があります（在庫管理に関しては、「**Ⅲ-5．在庫管理**」で述べます）。

３．発注業務

（１）発注先の選定

　発注部門は、発注依頼部門より「発注依頼書」を受領し発注先を決定する場合、継続取引を行っているもの以外は原則として、数社に見積を依頼し、「見積書」を受領して比較検討の上で購買先・価格を決定します。詳細な仕様が求められるものであれば「見積依頼書」を作成して見積依頼し、価格を含めて仕様を確認する必要があります。

（２）発注手順の確立

　発注先が決定したら**「発注書」**を作成し、購買手順に従って発注します。納期・仕様などが厳密なものは「発注書」に確実に記載しておきます。特に、機能や仕様が詳細なものは発注仕様書や設計図面などを添付して発注します。また、発注金額の上限を決めておき、それ以上になる場合は、社内稟議規定に基づき、経営層の承認により発注を行うなど透明性のある仕組みを作っておくことが必要です。

４．購買品の検証および不良発生時の対応

（１）受入検査

　受入検査には、購買品によって以下の方法があります
　　①納品書に基づき品名・数量検査（この検査を受入確認としている組織もあります）
　　②外観検査（目視によるサンプリング検査、または全数検査）
　　③寸法検査（測定機器によるサンプリング検査、または全数検査）
　　④性能検査（計測装置などによるサンプリング検査、または全数検査）
　このような検査がありますので、検査基準・方法を事前に購買先と決定しておく必要があります。
　また、③、④の検査は、購買先の検査試験データを受領して確認することにより代替することもあります。検査データの信頼性を上げるため、当社の「検査成績書」を配付し、それに基づき検査データを記録したものを受領することもあります。このように検査基準を取り決め、校正された検査・検査試験機器を使用し、検査の力量がある検査者が行っているかの確認が必須です。

（2）不良発生時の処置

①受入検査で不良が発生した場合、また使用時に不良を発見した場合、購買先に改善を指示することになります。

　このような場合の対応を「品質保証協定書」で取り決めておくことが重要で、「改善指示書」などの改善依頼のフォーマットを準備しておくことが必要です。

②再発防止策の徹底

　再発防止策として是正処置があり、購買先と不適合の発生時の対応および再発防止の手順を取り決めておくことが必要です。不適合の対策は、**「Ⅳ-1．不適合および是正処置」**を参照願います。

③購買先監査

　重大な不適合や品質問題が発生した場合は、購買先の状況に大きな変化が発生している可能性があるので、訪問して調査をする必要があります。これを購買先監査として実施する場合もあります。

　要求したパフォーマンスを達成するために改善計画を作成して製品およびサービスの品質改善に一体となって取り組み、パートナーとしての信頼関係を構築することが重要です。

　これまで述べてきた購買管理の手順を文書化した**「購買管理規程」**のサンプルを添付します。

株式会社	購買管理規程(1/2)		改定	承認	作成
QD-84-01-01		第1版	制定		

フロー		手順	関連文書・記録
発注部門	経営者・管理責任者		

1. 購買業務の役割分担を以下に定める。

【購入品役割分担表】

	購買品	発注依頼部門	発注部門	受入検査部門	保管部門
1	素材・材料	製造部	購買部	製造部	製造部
2	電気・電子部品	製造部	〃	〃	〃
3	その他購入品・消耗品	各部門	〃	〃	購買部
4	治具・工具	製造部	〃	〃	製造部
5	生産設備	製造部	〃	品質管理部	品質管理部
6	検査・測定機器	品質管理部	〃	〃	品質管理部

【加工委託役割分担表】

	加工委託	発注依頼部門	発注部門	受入検査部門	保管部門
1	加工部品(XX関係)	設計部	購買部	品質管理部	製造部
2	加工部品(YY関係)	設計部	〃	〃	〃
3	加工部品(制御関係)	設計部	〃	〃	〃
4	OEM製品	営業部	〃	〃	〃
5	組立外注	製造部	〃	製造部	製造G
6	めっき・塗装	製造部	〃	〃	
7	組立外注	製造部	〃	品質管理G	
8	派遣会社(派遣社員)	製造部	〃	製造部	
9	輸配送業務	営業部	業務部		

2 購買先の新規評価

1) 製品品質に影響を及ぼす購買品(購入品、加工委託品)に対する新規の購買先が必要になった場合、当該購買先の評価を行う。

※ ただし、緊急で発注せざるを得ない場合には、発注部門と管理責任者と協議の上発注を決定し、当該製品の受入検査を強化する。
以後も取引を継続する場合、新規購買先評価を後日改めて実施する。

2) 発注部門は**「購買先評価表(新規)」**にて購買先を評価する。ただし、次の事項に該当する場合には、MS委員会で評価を行い、社長の承認を得る。

購買先評価表(新規)

  a. 当社がQMSを発行する以前から取引が有る購買先で、既に取引先口座が開設されている購買先。

  b. カタログ等で発注を行っても確実な品質が確保できる製品を納入できる購買先。

  c. 顧客の要求事項として購買先が指定されている場合。

3) 社長は、「購買先評価表(新規)」の評価内容を確認し、評価の結果が認定基準を満たしている場合には、管理責任者に**「購買先リスト&継続評価表」**への登録を指示する。

購買先リスト&継続評価表

3 購買先の継続評価

1) 継続購買先の評価は、購買グループが年に1回(原則として期末)、**「購買先リスト&継続評価表」**に基づき定期評価を行う。但し、下表に該当する場合は、随時評価を行う。

購入先リスト&継続評価表

①	同一不適合が3回以上繰返し発生した購買先
②	重大な不適合が発生し、管理責任者が対策が必要と判断した購買先
③	発注部門長が評価が必要と判断した購買先

2) 改善の必要性があると評価した場合は、購買先に改善要請を行う。

4 加工委託先のプロセス管理

1) 管理責任者は、加工委託先の中で、特に品質に重要な影響を及ぼすと判断した加工委託先は、「検査成績書」を受領し、品質状況を判断する。

検査成績書

2) 加工委託先の受入検査の結果等により、作業プロセスの評価が必要と判断された場合は、委託先を訪問し、委託先の品質保証能力、作業プロセスや設備・作業環境などを確認し、**「購買先監査報告書」**にて評価を行う。

購買先監査報告書

フロー図（左列）:
- 新規購買先の発生
- 購買先評価
- 購買先認定
- 購買先登録
- 購買先再評価（NO／OK）
- 表(2)の状況発生
- 改善要請
- 重要委託先
- 改善（有）
- 改善要請

改定内容	

株式会社		購買管理規程(2/2)		改定	承認	作成
QD-84-01-01			第1版	制定		

フロー			手　順	関連文書・記録
発注依頼グループ	購買グループ	購買先		

1.見積依頼をする場合

			1) 見積依頼者は、「**見積依頼メモ**」を作成し、見積内容を明確にして購買Gに見積依頼をする。	見積依頼メモ

見積依頼 ／ 見積依頼メモ

※ メモ内容：品名・仕様・型番・数量etc
※ 図面、資料等 がある場合は添付のこと。　　　　　　　　　　　（図面・資料）

見積依頼書作成 ／ 見積依頼書図面等　　Fax

2) 購買Gは、依頼メモに基づきPCに入力し、「**見積依頼書**」を作成し、「**購買先リスト＆継続評価表**」の中から、必要な場合2社以上の購買先にFaxにて見積を依頼する。　　見積依頼書
※ 図面・資料がある場合は一緒にFaxすること。　　　　　　　（図面・資料）
※ 納期だけ知りたい時、又は緊急で価格を知りたい時は、電話にて確認し、見積依頼メモに記録する。

見積書受領 ◀ 見積回答

3) 購買先から「**見積書**」を受領し、内容を確認する。　　見積書
※ 価格、要求内容を確認し、購買先を決定する。必要な場合、見積依頼部門と購買先を確認する。

見積結果入力

4) 購買Gは、「見積書」のデータを**購買管理ソフト**に入力する。　　図面・資料
※ 見積書の特記事項(価格・納期の条件、図面・資料等)は、「**見積補足ファイル**」に添付する。

見積結果報告 ／ 見積依頼メモ

5) 購買Gは、見積回答内容を「**見積依頼メモ**」に記入し、見積依頼者に配布する。　　見積依頼メモ

発注検討

6) 見積依頼者は、「**見積依頼メモ**」を受領したら、購買システムの見積依頼データの内容を確認する。
※ 見積内容は、今後の発注データとする。

2. 発注手順

1) 発注条件

1	在庫部品が、適正在庫量を下回った時。(購買G、製造G)
2	生産スケジュールに基づき、発注が必要になった時。(製造G)
3	特殊品や緊急で発注が必要になった時。(営業G)

※生産設備・治工具は、製造Gとなっているが、経営者に稟議をあげ、承認後発注依頼とする。

発注依頼 ／ 発注依頼

2) 発注依頼者は、発注先を「**購買先リスト＆継続評価表**」に登録されている購買先から選定し、発注内容・希望納期を明確にし「**発注依頼書**」を作成し、購買Gに発注依頼を行う。　　購買先リスト＆継続評価表／発注依頼書

発注伝票作成 ／ 発注伝票

3) 購買G担当者は、「**発注依頼書**」の内容を確認し、問題がなければ「**発注書**」を作成する。　　発注書
※ 仕様や数量等に不明な点があったら、発注依頼者に確認のこと。
※ 希望納期欄が空欄の場合は、通常納期で処理する。その際、希望納期欄に通常納期の日付を記入する。
※ 図面等の資料がある場合は添付する。

発注伝票確認

4) 購買G担当者は、「**発注依頼書**」と出力した「**発注書**」と見比べて、相違がないか確認する。

発注書Fax ／ 製作

5) 確認後、「**発注書**」を購買先にFaxする。　　発注書
※ 図面等の資料がある場合は一緒にFaxする。

3. 購買品の検証

1) 購買品の受入検査
受入検査部門は、購入品の受入時に、「**発注書**」に基づき、品名、表示及び数量の確認を行ない、納品書にサイン又は捺印する。

受入検査

2) 加工委託品の検証
上記の受入検査の他に、委託品に応じて以下の監査を行う。
① 加工部品などは、図面に基づき、寸法・数量等をチェックし、合否判定を行う。
② 加工委託先より添付された「検査記録」のデータを確認し、検査合格を確認する。
③ 重要度・加工委託先の品質レベルに応じて、必要と判断した場合、全数または数点のサンプルにて検査を行い、内容を検証する。

不合格の場合

④ 不合格の場合は、加工委託先に連絡して再処理を要請し、必要ならば作業内容、検査内容の改善を要請する。

改善要請 ／ 改善対応

※ 不適合及び是正処置は「**不適合・是正処置規程**」に基づき行う　　不適合・是正処置規程

改訂内容	

【別表１：新規購買先評価表】

様式：QF-84-01-01

購買先評価表

		評価実施日	承認	作成
		2020年　10月15日		

企業名	AAA株式会社	代表者名	XX　XXX
本社所在地	東京都港区XXX	資本金	1,000万円
関連事業所		設立年月日	1985年6月
TEL＆FAX	TEL：　　　　　FAX：	従業員数	25名
発注品目	板金加工	ホームページ	
主要取引先	XX工業株式会社、YY精密工業株式会社他	E-mail	
主要生産品目	板金加工、治具製作	担当窓口	営業部　YY氏
ISO認証の有無	□ ISO9001　　□ ISO14001　　□ その他（　　　）		■ 無し

項目別に【1：不j十分　2：可　3：良】で評価し、数字記入

項　目	No.	調　査　内　容	委託先 新規評価	購入先 新規評価
経営	1	経営安定度	2	
	2	品質、コスト、納期に対する意識は高いか	3	
品質	3	作られている製品の出来栄えは満足か	2	
	4	不良品の発生度合いは少ないか	2	
納期	5	納期は適切であるか	3	
	6	納期対応への協力度は高いか	3	
価格	7	価格は目標に対して満足か	3	
	8	価格削減への協力要請の対応余力は高いか	2	
担当者	9	必要な力量を持った要員が業務を行っているか	2	
	10	問合せ等の対応は十分か	3	
総合評価点			25	0

合格（取引可）	18〜30点（14〜21点）		総合判定	■合格　　□要改善　　□不合格
要改善再評価	12〜17点（9〜13点）			
不合格（取引不可）	10点以下（8点以下）			

1. 委託先の概要・特徴：
　　　　S社からの紹介で訪問し、工場の設備、作業状況を確認した。
　　　　工場内は材料等の整理・整頓は十分で、社員の対応も適切だった。
　　　　経営者の品質、納期に取り組む姿勢を感じることができ取引可能と考える。

2. 今後の要望・改善事項について：
　　　　品質：　バリのない板金加工品の納入のこと

　　　　納期：

　　　　価格：　特殊品に関しては今後価格の設定が必要

　　　　その他：

【別表２：購買先リスト＆継続評価表】

様式：QF-84-02-01

___年度 購買先リスト＆継続評価表（ ／ ）

改訂日：
作成日：

* 評価点（非常に良い:3 良い:2 不足:1）
* ①外部委託先：全ての項目を評価 ②購入先：※の枠のみ評価
【総合評価＝①委託先：12点以上は継続。②購入先：7点以上は継続】

No	会社名／住所	TEL/FAX	部門(担当者)	主要取引品目	評価部門G	ISO認証の有無	認定日	更新日	能力 経営安定性	能力 人員・技術レベル	能力 生産能力	能力 納期対応力(※)	能力 製品出来映えのレベル(※)	品質・価格・サービス 品質レベル(※)	品質・価格・サービス 価格対応力(※)	評価総合点	総合評価	不適合件数	評価結果 今後の課題 改善要望事項
1	株式会社XX商店 埼玉県XX市			鉄板	購買G	無	2003/1/23	2020/9/1	2	2	2	2		2	2	8	継続		
2	株式会社XX商会 東京都江戸川区			SUS製品	購買G	無	2015/5/7	2020/9/1	2	2	2	2		2	2	8	継続		
3	XXX株式会社 埼玉県XX市			SUS316Lパイプ等	購買G	有	2015/3/17	2020/9/1	2	2	3	3		3	2	11	継続		
4	株式会社XX 東京都XX区			チタン・SUS製品	購買G	無	2015/12/1	2020/9/1	2	2	2	2		2	2	8	継続		
5	株式会社YY 埼玉県XX市			SUSパイプ	購買G	有	2006/8/1	2020/9/1	2	2	2	2		2	2	8	継続		
6	有限会社VV電機商会 東京都XX区			電材	購買G	無	2012/1/25	2020/9/1	3	2	2	2		2	2	10	継続		
7	AA産業株式会社 埼玉県XX市			樹脂製品・電線	購買G	有	2008/11/11	2020/9/1	2	2	2	2		2	2	8	継続		
8	株式会社BB 東京都XX区			電線	購買G	無	2008/3/21	2020/9/1	2	2	2	2		2	2	8	継続		
9	CC株式会社 千葉県XX市			樹脂製品	購買G	無	2004/3/4	2020/9/1	2	2	2	2		2	2	8	継続		
10	株式会社ZZ電機 東京都XX区			制御機器・電子部品	設計G	有	2012/5/15	2020/9/1	2	2	3	2	3	3	2	15	継続		
11	MM電機株式会社 東京都XX区			制御機器・電子部品	設計G	無	2013/4/16	2020/9/1	2	2	2	2	2	2	2	14	継続		
12	NN株式会社 東京都XX区			制御機器	設計G	有	2014/4/1	2020/9/1	2	2	3	2	3	2	2	14	継続		
13	EE製作所 東京都XX区			板金加工	製造G	無	2014/5/12	2020/9/1	2	3	3	2	3	3	2	14	継続		
14	GG精機株式会社 千葉県XX市			板金加工	製造G	無	2014/5/27	2020/9/1	1	2	2	2	1	3	2	12	継続	2	当面は継続するが、経営者が高齢で事業継続、品質に課題あり。
15	（有）XX創業 千葉県XX市			機械加工	製造G	無	2015/4/30	2020/9/1	2	2	2	2	2	3	2	15	継続	1	
16	株式会社DD 千葉県XX市			機械加工	製造G	有	2017/8/22	2020/9/1	2	3	3	2	3	3	2	17	継続		
17	SS鐵工㈱ 神奈川県XX市			機械加工	製造G	有	2001/10/1	2020/9/1	2	3	3	3	3	3	2	18	継続		
18	TT機械㈱ 群馬県XX市			冶具製作	製造G	無	2013/10/9	2020/9/1	2	2	3	2	2	3	2	15	継続		
19	XX塗装工業株式会社 千葉県XX市			テフロンコーティング加工	製造G	無	2013/10/26	2020/9/1	2	2	2	2	2	3	2	14	継続		
20	有限会社KK製作所 東京都XX区			塗装	製造G	無	2012/11/1	2020/9/1	2	2	2	2	2	2	2	14	継続		

部門長　担当者

● コラム：受入検査基準の明確化

　ある企業にプレス品が納入されたので受入検査を確認しましたところ、まずバリ取りを行い、その後で外観や寸法の受入検査を行っていました。プレス品の納入が多いときは受入に手間がかかるということでした。

　バリのないプレス品を発注しているのではないのですかとお聞きしたら、長年のお付き合いでバリ取りはしかたがないから続けているとのことです。そこで、受入処理を迅速にして品質を確保するために、バリのないプレス品を受入条件として加工先に依頼したら如何ですかとお願いしました。

　できるかなと心配したのですが、依頼した結果、徐々にバリのないプレス品が納入されるようになったとのことです。

　プレス外注先は、今まで何のクレームもなかったので、今まで通りのプレス品でいいものと思って納入していたそうです。

　我が国では相手先を信頼し、長い取引関係が続いていることが多くあります。しかし、グローバル化で競争が厳しくなった現在では、品質や納入条件を取り決めることは必須です。

　取引条件を明確にして信頼関係を維持することが重要で、曖昧な取引関係は、購買先を駄目にする一役をかっているかもしれません。

（M. M）

Ⅲ-4．製造およびサービスの実現戦略

　企業は製品やサービスを受注し、必要ならば設計・開発（サービス業の場合は企画・提案）を行い、必要な材料などを購入し、製造プロセスやサービスを構築してマーケット（顧客）に提供します。

　顧客の要望を満たす製品やサービスを提供するには、製造またはサービスの実現プロセスを如何に効率よく運用し、かつ最適に改善し続けるかが企業の継続発展につながります。

　この節では、製造業の製造プロセスと、サービス業の代表として物流業の物流プロセスの構築と運用について述べます。

〈製造およびサービス業（物流）の構築と運用のポイント〉

1．製造プロセスの構築と運用

2．物流プロセスの構築と運用

〈製造およびサービスの実務戦略で活用する文書・記録〉

①製造業

　・製造業の仕組みの文書体系

　・製造PFD

　・作業手順書

　・PFDによる改善一覧表（製造業事例）

②物流業（サービス業）

　・物流業の仕組みの文書体系

　・物流業PFD

　・作業要領書例（点呼要領書）

　・PFDによる改善一覧表（物流業事例）

1．製造プロセスの構築と運用

「2019年版ものづくり白書」では、我が国製造業を取り巻く経営環境変化を踏まえた〈第四次産業革命下における我が国製造業の競争力強化につながる方策〉として、以下の戦略をメッセージとして提起しています。

〈ものづくり白書2019が提言する4つの方策〉

1．世界シェアや現場データを活かした新しいビジネスモデルの展開
- 現場の良質なデータを蓄積し、共有化
- 自社製品の世界シェアを活かしたサービスの提供
- 世界の社会的課題をはじめとする新たな顧客ニーズの対応

2．重要部素材の強みを活かした世界市場の開拓・拡大
- 日本の製造業の部素材での強みや、高い技術力・品質力を背景に、自社製品の事実上の「標準規格」化
- 海外企業を含む完成品メーカーへも積極的に提案

3．スキル人材が活躍できる場・組織の構築
- ものづくりとAI・IoTを組み合わせることのできるスキル人材が活躍できる環境の有無がデジタル化の成否を分ける
- 若手の積極登用や評価システムの見直し、横断的部門の新設などの場作り・組織改革の実施

4．技能のデジタル化・徹底的な省力化の実施
- 熟練技術者が現場に残っているうちに、将来を見据えた対策を行うことが急務
- 深刻な人手不足を追い風に変え、AI、IoT、ロボットの活用による現場の徹底的な省力化を推進

「2020年ものづくり白書」では、2019年から2020年にかけて、米中貿易摩擦に代表される保護主義的な動きの台頭、地政学的リスクの高まり、急激な気候変動や自然災害、非連続な技術革新、そして何よりも2020年1月以降の新型コロナウイルス感染症の感染拡大などにより、我が国の製造業を取り巻く環境が、かつてない規模と速度で急変しつつあり、かつ極めて厳しいものとなっていること、この環境変化の「不確実性」こそが、我が国の製造業にとって大きな課題となっていることを指摘しています。

そこで、この不確実性の時代において我が国の製造業が採るべき戦略について、以下のとおり提起しています。

─不確実性の時代における製造業の企業変革力─

①企業変革力（ダイナミック・ケイパビリティ）強化

　環境や状況が予測困難なほど激しく変化するなかでは、企業には、その変化に対応するために自己を変革していく能力が最も重要なものとなる。そのような能力を、「企業変革力（ダイナミック・ケイパビリティ）」という。不確実性の時代における我が国の製造業の戦略は、この「企業変革力」の強化にある。

②企業変革力を強化するデジタルトランスフォーメーション推進

　IoTやAIといったデジタル技術は、生産性の向上や安定稼働、品質の確保など、製造業に様々な恩恵を与え、企業変革力を高める上での強力な武器である。

　脅威や機会をいち早く感知するのに有効なリアルタイム・データの収集やAIの活用、機会を逃さず捕捉するための変種変量生産やサービタイゼーション、組織や企業文化を柔軟なものへと変容させるデジタルトランスフォーメーションは、企業変革力を飛躍的に増幅させるものである。

③設計力強化

　環境や状況の急激な変化に迅速に対応するには、製品の設計・開発のリードタイムを可能な限り短縮することが必要となる。また、製品の品質・コストの8割は設計段階で決まり、工程が進むにしたがって、仕様変更の柔軟性は低下する。それゆえ、迅速で柔軟な対応を可能にするには、設計力を高めることが重要である。

④人材強化

　我が国製造業のデジタル化を進める場合にボトルネックとなるのはやはり、人材の質的不足である。製造業のデジタル化に必要な人材の能力として、システム思考と数理の能力を特定している。

　さらに、デジタル化に必要な人材の確保と育成の方策について、労働政策の観点からは、デジタル技術革新に対応できる労働者の確保・育成を行い、個々人の労働生産性をより高めることが重要である。

　ものづくり白書が一貫して訴えているのは、かってない環境変化を乗り越えるために我が国の製造業に求められる企業変革力、Connected Industriesを推進するあらゆる業務のデジタル化の推進と、デジタル化に対応した人材強化で、バリューチェーン全体を見据えたビジネスモデルの変革です。

　我が国においても生産拠点の国内回帰の動きが見られ、経済産業省が2018年12月

に実施した調査によると、海外生産を行っている企業のうち、12.5％の企業が過去1年間で国内に生産拠点を戻しており、我が国の製造業を取り巻く状況は変化しつつあります。

また、デジタル技術の革新を背景とした環境の変化に対応すべく、我が国でもSociety5.0の実現に向け、産業が目指す将来の姿として、2017 年3月に"Connected Industries"というコンセプトを世界に向けて発信し、様々なものがつながることで、新たな付加価値創出と社会課題の解決を目指す産業の在り方を打ち出しています。

このような「ものづくり白書」の提言を踏まえ、経営環境が変化するなかで我が国の中小製造業は以下の課題に取り組む必要があります。

---

①グローバル＆デジタル経済化における製造力の強化
②保有する技能を技術化・体系化し、仕組みの強化による技術伝承と生産性の向上
③現場データをデジタルデータ化し、現場力及び品質向上につながる人材強化

このような課題を踏まえて、製造業の仕組みの強化について考えていきます。

（1）製造プロセスの構築

製造業のプロセスは、主に以下のプロセスで構成されます。
〈原材料入庫⇒製造（部品加工→各構成ユニット組立→製品組立）⇒検査⇒保管⇒梱包⇒出荷〉

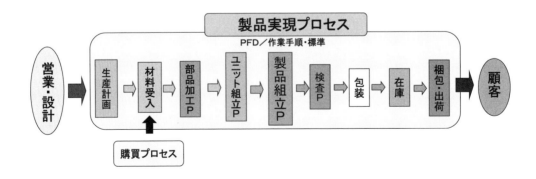

　上記の製造プロセスを維持していくには製造プロセスを「見える化」し、改善の取り組みにつながる仕組みの強化が必要です。この仕組みを文書化したものとして「製造プロセスフロー（PFD）」「作業手順書」「作業要領・技術標準」などがあります。

　これらの仕組みをいかに活用し、下記の活動につなげていけるかがポイントになります。

---

①要求される製品・部品が効率的に製造できている
②技術・技能の伝承および作業者の力量向上が図れている
③生産性が向上し、環境対応につなげている
④個々の製造プロセスの課題を抽出し、改善につなげている

（2）製造PFD（プロセスフローダイヤグラム）の作成

　製品の品質を高めて効率的な生産を行うには、製造プロセスを俯瞰した製造プロセスフローダイヤグラム（製造PFD）を作成します。製造PFDは、製造工程の順序と作業内容、作業者の役割を明確にし、製品の原材料・部品の受入から、製造して出荷するまでの製造プロセスを、場所・製造機械・関連作業文書を含めた管理項目と管理方法を5W1Hで作成した「製品実現の品質保証プログラム」です。

---

①工程が細分化され、ライン構成、人員配置ができる…仕事のやり方が一定し、作業者のバラツキをなくす
②場所の使い方が上手にできる…積込・移動・荷卸、保管が整理・整頓されている
③生産計画とリンクしてQCD達成に向けて活動…生産計画に基づいた進度管理ができる
④現場リーダーが作業改善をする時の手掛かり／ポイントのデータとなる
⑤標準時間算定の基礎資料となる…改善すべき工程、作業を明確にし、コスト削減につなげる

（3）作業手順・標準の作成

　作業手順・標準は、PFDだけでは表現できない各工程における具体的な作業内容・条件や技術標準を記述したものです。デジカメ写真、図などを活用するとわかりやすく表現でき、以下の目的で作成します。

---

①仕事のノウハウを明確にした形で残す。
②作業の習熟を早くする・・・新規作業者／配置転換（多能工化）の教育資料
③安全・安心な作業により労働災害防止につなげる。

　尚、製造管理のポイント（管理すべき製造条件）として以下のような条件があります。

---

①治工具の取り付け状態、交換頻度
②製造条件：加工速度、作業時間、精度、温度、濃度など
③検査方式：管理項目に対して全数、抜き取り、初物など
④品質特性：外観、精度、膜圧など
⑤検査・試験機器：限度見本、マイクロメーター、ノギス、電力計、膜厚計など
⑥異常時の処理

※参考として、「製造業の仕組みの文書体系」（別紙1-1）および「製造PFD」（別紙1-2）、「作業手順書」（別紙1-3）のサンプルを添付します。

※別紙1-1：「製造業の仕組みの文書体系」

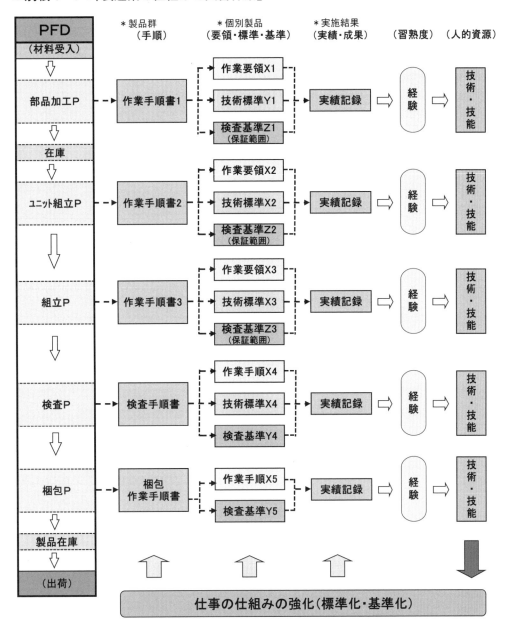

製造PFD

AAA株式会社　QD-85-01-01

作成：　　改訂：

承認／作成

工程フロー	工程	場所（内外）	機械・作業工具・測定機器	作業・加工条件（方法）	品質基準	監視測定	間隔	測定者	記録	処理方法（異常処理）	関連文書（作業手順・標準）
材料・部品受入 受入検査	1 受入検査 ① 購入品・市販品 ② 外注品	受入エリア 受入エリア	目視 メジャー ノギス	・発注書に基づき品名、数量等を確認し、納品書に押印。 ・発注書に基づいて数量、および外観を確認する（キズ、凹み、バリ、溶接）。 ・検査成績書が添付されているものは合格印を確認する。 ・板金、機械加工品等の中で、寸法確認が必要なものは、図面により、抜取り検査を取る。	品名、数量 （キズ、凹み、バリ、溶接） 寸法	照合 照合 測定	－ 抜き取り	受入検査者 受入検査者	発注書・納品書 発注書・納品書 検査成績書	入荷品と納品書に相違があった場合、購入先に返品。再発注に記入し、業務リーダーに報告する。	受入検査手順書
入庫・保管	2 入庫及び材料・部品品保管	部品倉庫	棚、台車、フォークリフト	・入庫の前に、ラックスは包装し、部品保護を行い、「現品票」を添付する。また、板金、機械加工品に関しては台車又はフォークリフトで所定の場所へ搬送する。 ・「入庫管理システム」に品名、品番、数量、棚番を記入。 ・「在庫管理システム」に記入後、生産計画書を作成。	必要な在庫量が確保されていること	外観 格納場所 適正在庫量	全数	受入担当者	現品票 入庫票 在庫管理表	所定の格納場所に保管してあるか、月次の棚卸で確認。	在庫管理基準
生産計画	3 生産計画	事務所	在庫管理システム 生産管理システム	・製品納期、製造リードタイムに基づき生産計画書を発行。	納期順守	進捗管理		製造責任者	生産計画指示書	納期が順守できない場合は、営業部門に連絡し顧客との調整依頼。	
製造準備	4 製造準備（段取り）	組立エリア	ドライバー、モンキー、パイプレンチ、スパナ等	・上記に基づき製造指示書発行。 ・作業場所に必要な工具をセットする。	使用可能な状態確認			製造作業者	修理届	工具不具合を発見した場合、工具の修理を依頼し、修理品を提出する。	
部品・素材供給	5 部品・素材供給	部品倉庫 加工エリア	台車・カゴ	・部品・素材を供給する場合は、所定の倉庫より取り出し、「出庫表」に記入し加工エリアに供給する。	必要な数量			製造担当者	出庫表		
Aユニット組立	6 ユニット加工工程 ① Aユニット	加工エリア	A機械 ドライバー 圧着 レンチ等	・「Aユニット組立要領」に基づき、組立を行う。 ・結線に間違いがなく、キズがつかないこと。	通電・動作確認 タイマー機能確認	通電 抵抗値	全数	製造担当者	検査成績書1	基盤不良が発生した場合、購買先に連絡する。通電及び代替品を要求する。社内選別品を発行し、購買部門に報告する。	Aユニット組立要領 作業手順書
Bユニット組立	② Bユニット	加工エリア	スパナ・モンキー エア漏れ検知機 水槽他	・「Bユニット組立要領」に基づき、取付けを行う。	漏れ検査	エア漏れ	全数	製造担当者	検査成績書1	ラインフィルターにより漏れが発生した場合、上記し同様に対応する。	Bユニット組立要領 作業手順書
Cユニット組立	③ Cユニット	加工エリア	モンキー シールテープ スパナ・モンキー	・必要な部品を確実に取り付けること。 ・「Cユニット組立要領」に基づき、組立を行う。フレーム同士を角度調整治具に合わせて溶接後、組立。	取付け角度 （約90度）	目視確認	全数	製造担当者	検査成績書1	キズが付った場合には、リーダーに報告して指示を仰ぐ。	Cユニット組立要領 溶接要領
ユニット保管	7 ユニット品保管	部品倉庫	台車	・組立したユニット品を仕掛品として保管する場合は、部品倉庫に保管する。	必要な在庫量が確保されていること	適正在庫リスト		製造担当者	適正在庫チェック表		
本体組立 ベース組立	8 本体組立 ① ベース組立	組立エリア	ドライバー、スパナ・圧着、レンチ等	・部品倉庫より必要な部品を取出しベース組立要領」に基づき、ベース組立てを行う。	締め忘れ検査	ドライバーニール、再度確認	抜取	組立担当者	検査成績書2	締め忘れが発生した場合、再組立をして、再検査を行う。	ベース組立要領
駆動部組立	② 駆動部組立	組立エリア	モンキー他	・部品倉庫より必要なユニット・部品を取り出し駆動部組立要領」に基づき、駆動部組立てを行う。	取付け忘れ検査 スピーカー・機能確認 通電、動作確認	取付け確認 スピーカー音 モーター動作確認	作業時	組立担当者	検査成績書2	駆動力が弱い場合は、チェーンの緩みを確認する。	駆動部組立要領
制御部組立	③ 制御部組立	組立エリア		・部品倉庫より必要なユニット・部品を取り出し制御部組立要領」に基づき、制御部を組み立てる。	組み・たわみがないこと	目視確認	作業時	組立担当者	検査成績書2		制御部組立要領
総組立	④ 総組立	組立エリア		・全てのユニット・部品が取り付けられているか要領に基づき、組立。	組み・たわみがないこと	目視確認	全数	組立担当者	検査成績書2		本体組立要領
試運転・調整	9 試運転・調整	組立エリア		・「試運転、調整要領」に基づき、試運転を行う。 ・安全性、メンテナンス性を確認する。	機能確認 （騒音・振動）	目視確認	全数	検査担当者	検査成績書2	不具合が発生した場合、再組立をし、再検査を行う。	試運転、調整要領
梱包	10 梱包	出荷場	PPバンド掛け機	・納品書、説明書、オーダーシート、付属品添付検査成績書に出荷承認印を押す。 ・「梱包作業要領」に基づき、梱包を行う。	破損しないように梱包されていること 付属品の種類数量	目視確認	全数	出荷担当者	検査成績書		梱包作業手順書
出荷	11 出荷	出荷場						出荷担当者	検査成績書		

改訂内容

※**別紙1-3：「作業手順書」**

作業手順書			駆動ユニット組立作業手順書			第1版	作成日		承認	作成
文書番号							改訂日			
NO	作業手順	（写真）	項目	設備・工具等	作業内容		主なポイント		安全対策・異常処理方法	

NO	作業手順	（写真）	項目	設備・工具等	作業内容	主なポイント	安全対策・異常処理方法
1	駆動部品加工	駆動部品	モーター・部品準備 モーター部加工作業	倉庫・部品棚	倉庫・部品棚よりモーター関連部品を必要数取り出す		
				穴あけ用治具・ボール盤 ポンチ・M4タップ	①取付ベースにコンデンサ取付穴を開ける （M4のタップ穴を2箇所）		
					②熱収縮チューブをカットしコンデンサに熱して巻きつける	コンデンサより大きくならないこと	
				ストリッパー・圧着工具	③各配線にチューブ・端子を取付ける	配線の色を確認すること	
					④取付ベースを本体に取り付ける	M6を追加すること	
				ウォーターポンププライヤー	⑤コンデンサを取付ベースに取付ける コンデンサ端子部にシリコンを塗る	コンデンサ端子の向きに注意すること （モーター回転に当たらないよう）	
				モンキレンチ パイプレンチ	⑥モーター側の各配管を取付ける。 エルボは注意して取付けること	各配管の取付寸法に注意すること	
2	スイッチ組付	スイッチ部品	部品準備 端子板にスイッチ類組付作業	倉庫・部品棚	倉庫・部品棚より使用部品を必要数取り出す		
				スパナ	①スイッチ取付。上がONになるように取付けること 一緒にON・OFF表示板を取付ける		
					②サーマルブレーカー取付 一緒に防水カバーを取付ける	アンペア数に注意	
				ドライバー	③インレット取付。上にアース端子がくるように		
				ドライバー	④トグルスイッチ・サーマルブレーカー・インレットに配線する	配線の位置・長さに注意	
					⑤リセット及び清掃のお願いシールを貼る		
3	駆動ユニット組立	駆動ユニット	本体組立て作業	ドライバー	①ベースにキャスターを取付ける（4箇所）		
				ドライバー	②ベースにモーターを取付ける ベースの切欠き中央部に配管がくるように取付ける		
				治具	③モーター取付け後、治具を使用して配管との 羽目合いを確認する	スムーズにカプラ同士が接続できること	ポンプ取付け位置を調整
				ドライバー	④前工程で作成したスイッチをベースに取付ける		
					⑤カバーを仮付けし防油プレートを取付ける		
				ボール盤・M4タップ	⑥防油プレートのシリコンが乾いたら位置を確認し 配管ブラケット用のM4タップ穴をあける		
				スパナ・メガネレンチ ドライバー	⑦カバーに取っ手を取付ける		
					⑧カバーをベースに取付ける		
				モンキレンチ パイプレンチ	⑨オスメスエルボと配管ブラケットを取付け、その後 カプラプラグを取付ける 水漏れ厳禁シールを貼る		
4	検査		作動検査 外観検査		①電源コードを繋ぎ正常に作動するかを確認する		
					②バリ・キズ・汚れ等が無いことを確認する		
	改訂内容						

（4）製造PFDを活用した改善活動

　日常業務のなかで、あるプロセスの所定の作業時間がオーバーしたり、品質にバラツキがあったり、効率が悪いなと思い当たることがあります。しかし、忙しい作業のなかで改善テーマを掲げ、改善活動を行うのは難しいというのが実情です。

　ここではPFDを活用して課題を発見し、改善活動につなげる手順を紹介します。

①「PFDによる改善一覧表」の作成

　PFDを活用して、PFDの右側に「**PFDによる改善一覧表**」の欄を追加します。

　改善一覧表の記入欄は、**4M（または5M＋E）**の項目になり、改善の要素を記載します（4Mに関しては、「Ⅳ－1．不適合および是正処置」で述べます）。

②「PFDによる改善一覧表」に改善課題の記入

　仕事中に品質のバラツキや仕事効率が悪いなどの不安要素を発見したら、「PFDによる改善一覧表」の「4M（または5M）」欄に忘れないように記入します。

　このなかには、作業の手順のなかに隠れている「不安全状態」や「不安全行動」など、労働災害の防止につながる活動も含めます。これらはKY（危険予知）活動になります。

　参考事例として、「**PFDによる改善一覧表（製造業事例）**」（別表1-4）を添付し

ます。

③「PFDによる改善一覧表」を部門会議や改善会議に提出

　この改善一覧表に基づき関係者で協議し、どの課題を重点改善にするか優先度をつけ、改善計画を作成します。なお、「（製造）PFDによる改善一覧表」は、「Ⅳ-2.データ分析から改善活動」の「(4) 製品の品質データからの改善…発生する軽微な不良対策」にも活用できます。

　このように製造PFDを作成して製造プロセスを可視化することで、工程の無駄に気づくことができ、どの工程をどう改善すればよいかが一目瞭然となり、品質及び生産性向上につながります。

※ＰＦＤから改善の要素を見つける

各プロセス（工程）における課題・改善点の抽出
①作業手順・運用の見直しの必要性 　…必要な作業手順・標準は判りやすくできているか。 　…現場の運用にムダはないか。
②材料・部品の品質上の改善点 　…納入素材や部品の品質や納期に問題は無いか。 　…各工程に必要な部品が準備され、確実な製造が行われているか。
③検査・試験・測定の改善点 　…必要な検査が適切なポイントで、確実にできているか。 　…不良の原因を明確にし、再発防止策が確実にとられているか。
④設備・治工具等の改善点 　…設備点検は、常に設備を最適な状態に保つことにつながっているか。 　…必要な治工具は、準備され活用されているか。
⑤作業者の力量向上策 　…必要な力量を保有し、不良を出さないという認識も持って作業をしているか。 　…作業状況を作業者間で共有し、改善のためのコミュニケーションがとられているか。
⑦標準時間を算出し基礎資料とする。 　…改善すべき工程、作業を明確にし、作業時間の短縮につなげているか。

別表１－４：「PFD による改善一覧表」（製造業事例）

（製造）PFD による改善一覧表

AAA株式会社 　QD-85-02-01　　　　　　　　　作成：　　改定：　　　　　　　承認／作成

工程フロー	工程	場所（内外）	測定機器（機械・作業工具）	作業・加工条件（方法）	関連文書（作業手順・標準）	記録	作業手順の見直しの必要性	検査・試験・測定の改善点	製造上の課題、改善点	設備・治具等の改善点	作業の力量向上策	特記事項
材料・部品購入／受入検査	1 受入検査 ①購入品・市販品 ②外注品	受入エリア／受入エリア	目視／メジャー・ノギス	・発注書に基づき数量を確認し納品書に押印。発注書に基づいて数量、および外観を確認する。・検査成績書が添付されているものは合格印を確認。・板金、機械加工品等の中で、寸法確認が必要なものは、図面により、抜取で確認する。	受入検査手順書	発注書、納品書、発注書、納品書、検査成績書	・納入品の受入時間間が長く手間取り、受入検査の効率化を図り、受入検査の効率化を図る上で改善の余地がある。		・納入品は納期遅延が多く、改善および購買面の検討が必要。			
入庫・保管	2 入庫及び材料・部品保管	部品倉庫	棚・台車・フォークリフト／在庫管理システム	・入庫の前に、ラップスは包装し、部品保護を行い、部品棚単位に棚入れする。また、板金・鈑金加工品に関しては台車またはフォークリフトで所定の場所へ搬送する。部品棚の所定の場所に入庫する。「入庫票」に日付、ID、品名、数量、棚番を記入。「入庫管理システム」に上記情報を記入する。	在庫管理基準	現品票、入庫票、在庫管理表	・購入品の保管が棚単位になっており、棚に部品名を表示する余地がある。			・治具の保管ができていない。5Sの徹底が必要。		
生産計画	3 生産計画	事務所	生産管理システム	・製品納期、製造ロット数に基づき生産計画を作成。上記に基づき製造指示書を発行。		生産計画表、製造指示書						
製造準備	4 製造準備（段取り）	組立エリア	ドライバー・モンキー・スパナ・スパナ等	・製造場所に必要な工具をセットする。		修備届						
部品・素材供給	5 部品・素材供給	部品倉庫・加工エリア	台車・カゴ	・部品・素材を供給する場合は、所定の倉庫より取出し、「出庫表」に記入し組立エリアに供給する。		出庫表						
Aユニット組立	6 ユニット加工工程 ①Aユニット	加工エリア	A機械・ドライバー・圧着・テスター・エア測定機等	・「Aユニット組立要領」に基づき、組立を行う。結線に間違いがないか、キズがつかないこと。	Aユニット組立要領	検査成績書1	・結線のやり方が統一されておらず、不具合発生する場合がある。		・組立後の工程内検査に時間がかかり、検査方法に改善の余地がある。		・圧着作業で不良が発生する場合がある。	
Bユニット組立	②Bユニット	加工エリア	B機械・水供給・ドライバー・スパナ・モーター等	・「B1ユニット組立要領」に基づき、組立を行う。「B1ユニット」の組立を行う。必要な部品を規定数に取り付けていること。	Bユニット組立要領・作業手順書	検査成績書1						
Cユニット組立	③Cユニット	加工エリア	C機械・溶接機・スパナ・モーター等	・「C1ユニット組立要領」に基づき、組立を行う。「C1ユニット組立要領」に基づき、組立後、フレーム・周辺を再度調整治具に合わせて溶接後、組立。	Cユニット組立要領・溶接要領	検査成績書1				・新しい機械に更新されたが、取扱説明書および設備点検表が未作成。	・溶接できる作業者が2名なので加工時間間がかかる。	
ユニット品保管	7 ユニット品保管	部品倉庫	台車	・組立したユニットは完成品として保管する物件は、部品倉庫に保管する。		滞留在庫チェック表	・ユニット品の在庫管理ができていないものがある。					
本体組立	8 本体組立 ①ベース組立	組立エリア	ドライバー・圧着・モンキー・スパナ等	・部品倉庫より必要な部品を取出し「ベース組立要領」に基づき、組立てを行う。	ベース組立要領	検査成績書2	・本体組立に必要なユニット品がそろっていない場合がある。					
ベース組立	②駆動部組立	組立エリア	モニター	・部品倉庫より必要なユニット・部品を取出し「駆動部組立要領」に基づき、駆動部を組み立てる。	駆動部組立要領	検査成績書2						
駆動部組立	③制御部組立	組立エリア	モニター・シーケンサー	・部品倉庫より必要なユニット・部品を取出し「制御部組立要領」に基づき、制御部を組み立てる。全てのユニット・部品が取り付けられているか	制御部組立要領	検査成績書2	・本体組立に時間がかかり過ぎており、改善の余地がある。	・制御部組立後の検査漏れが発生することがある。				
制御部組立	④総組立	組立エリア		・「試運転・調整要領」に基づき、試運転を行う。安全カバー・メンテナンス性を確認する。	本体組立要領	検査成績書2						
総組立	9 試運転	出荷場	PP・カゴ・掛け棚	・試運転・調整要領に基づき、試運転をする。	試運転・調整要領	検査成績書	・試運転・調整要領に基づき、現場で発生した不具合項目が追加されていない。					
試運転・調整	10 梱包	出荷場		・「梱包作業手順書」に基づき、梱包する。	梱包作業手順書							
梱包／出荷	11 出荷	出荷場		・納品書、説明書、オーダーシート、付属品添付検査成績書に出荷承認印を押す。		検査成績書						

２．物流プロセスの構築と運用

　製造業で生産した製品は、サービス業である**「物流業」**と**「流通業」**を経由して顧客に届けられます。流通業はライフライン（生活に必須な「生命線」）として重要なサービス業です。これを支える物流業は社会インフラ（生活の基盤を支える公共機関的な役割）として大きな役割を担っています。特に、物流を支えるトラック輸送は、国内の貨物輸送量の約9割を担っており、日本経済・国民生活を支える重要な社会インフラとなっています。

　ただし、現在の物流業は、インターネット、携帯などで注文するEC（電子商取引）市場の拡大、宅配を含めた配送機会の増大に対して以下の課題を抱えています。

---

①ドライバーの高齢化と若年層の担い手が手薄で、輸送量の増加に見合うドライバー不足
②物流機能の高度化に対応するため大型都市圏の入口に大型物流施設を建設し、機械化、ICT（情報通信技術）を活用し、定時・定量納入などの精緻なサービスの要求
③物流の高度化に伴い運営費の増大、燃料費や人件費の高騰などによる物流コストの上昇

この反面、顧客（社会）が期待する物流業として、

---

①高齢化社会や福祉施設の拡大による個人宅配など生活環境の変化により、高付加価値な物流ニーズの高まり
②公道を利用して事業を行っているので、安心・安全な運転による輸送品質向上

が求められており、このような点を踏まえて物流プロセスの運用を考えていきます。

（1）物流プロセスの構成

物流業は主に以下のプロセスで構成されます。

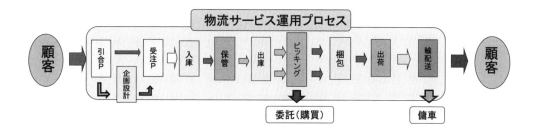

（2）物流PFDの作成

製造プロセスと同様に、上記のプロセスを明確にし、効率よく運営し、物流品質を保証するために物流PFDを作成します。

物流PFDは、商品の受注・受入・入庫・保管・出庫・仕分・包装・出荷するまでの物流プロセスを、場所・設備・関連作業文書を含めた管理項目と管理方法のプロセス全てを5W1Hで作成したフロー図です。

物流PFDは、個々のプロセスの作業手順を明確にし、物流システムを一体となって運用するための仕組みを構築します。

※参考として、「**物流業の仕組みの文書体系**」（別紙2-1）および「**（物流センター）PFD**」（別紙2-2）、「**（輸配送）PFD**」（別紙2-3）のサンプルを添付します。

（3）作業手順・要領の作成

PFDだけでは表現できない各プロセスにおける具体的な作業内容を記述した作業手順・要領です。

参考として、「**点呼要領書**」（別紙2-4）のサンプルを添付します。

※物流センタープロセス

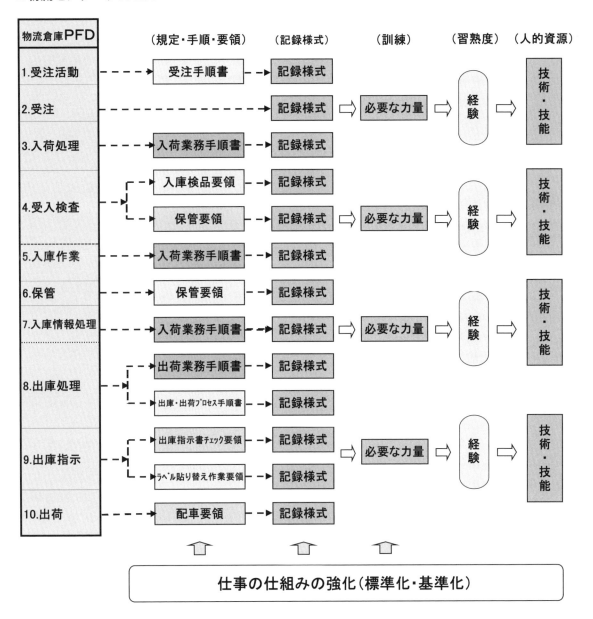

※運送プロセス

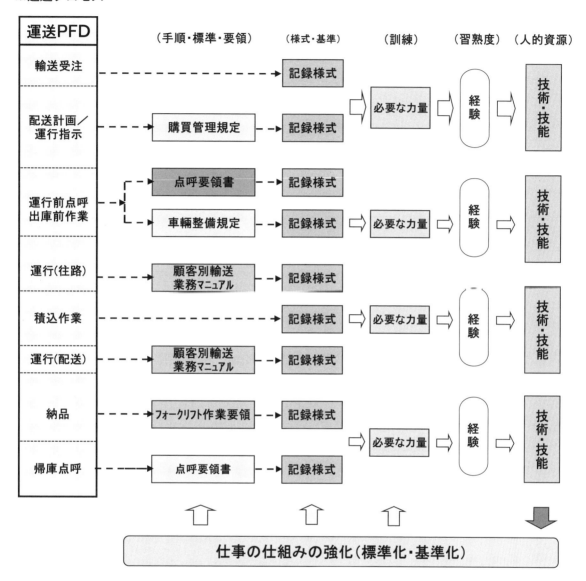

※別紙2-2:「物流業PFD」

| XXX株式会社
QD-85-01-01 | （物流センター）PFD | | | 第1版 | 改定
制定 | 承認 | 作成 |

プロセス	荷主	物流センター 業務課	倉庫課	運輸課	業務手順	関連手順・要領	様式・記録
1.入荷処理	入荷依頼	入荷予定表 入荷受付 (納品書／入荷検品表)	入庫予定ケース ドライバーより納品書受領		① 業務課は荷主より「**入荷予定表**」を受領する。 ※ 受注手段:FAX、メール、荷主専用端末 ※ 品名、個数、入荷日を確認する。 ② 「入庫予定表」のコピーを「入庫予定ケース」に入れ、倉庫課に配布。 ※ 入荷後、保管せずに即出荷される場合は、出荷数を記入する。 ③ 業務課は、ドライバーより「**納品書**」、「**送り状**」を受け取り、「**納品書**」に受付押印・返却し、「**入荷検品表**」を添えて、降ろす場所を指示。 ④ 倉庫課は、ドライバーより「**納品書**」と「**入荷検品表**」を受け取り、内容を確認し、荷降ろしを行う。	入荷業務手順書	入荷予定表 [顧客文書] 入荷予定ケース 納品書、送り状 入荷検品表
2.受入検査	荷主報告	異常連絡書作成 異常内容インプット	A 受入検査 納品書との相違 納品書訂正		① 倉庫課は、「**入荷検品要領**」に従い、入荷検品を行う。 ※ 入荷した商品名・荷姿・入目・ロット番号・数量を検品表に記入。 ※ 受入検査で納品書と商品に相違がある場合 　a. 納品書と商品の内容に相違がある場合は、納品書を訂正し、業務課に報告する。 　b. 倉庫課長は、異常と判断した場合、デジカメで写真を撮り、業務課に提出。 　c. 業務課は、顧客に相違内容を報告し、「**貨物異常連絡書**」を作成し、指示を仰ぐ。原則として、訂正納品書に基づき倉庫管理システムにインプットする。	入荷検品要領	納品書 貨物異常連絡書
3.入庫作業			A 合格確認 入庫		① 倉庫課は、異常が無ければ納品書に「合」の押印し、業務課に提出。 ※ 「**入荷検品表**」の「合格品」に印をつけ押印し、保管する倉庫番号を「納品書」に記入。 ② 倉庫課は入荷検品終了後、「納品書」に基づき、選定された所定の倉庫に入庫作業を行う。 ※ 事前に「入庫予定表」を業務課より受領の場合は、倉庫の保管スペースを確保のこと。	入荷業務手順書	入荷検品表 納品書 入庫予定表
4.保管			保管 棚札		③ 「**保管要領**」に従い、入庫する。 ※ 庫内に於いては、各列ごとに「**棚札**」を作成し、保管貨物が明瞭に判断出来る様にする。 ※ 棚札には、品名、ロット、在庫数を明記する。	保管要領	保管要領 棚札
5.入庫情報処理	入出庫一覧	インプット 入庫指図書発行 入出庫一覧表			① 業務課担当者は、受入処置が終了した「納品書」の内容を倉庫管理システムにインプットし、「**入庫指図書**」を発行する。 ※ 新規商品で商品コードがない、または異常受入の場合は、「**入荷業務手順書**」に基づき処理。 ② 「入庫指図書」と「納品書」を相違が無いかチェックし、「入荷検品表」に結果を記録。 ③ 業務課担当者は、「入庫指図書」に納品書・送り状(路線便の場合)及び「入荷検品表」をホッチキスで留め、「入庫指図書綴り」に纏める。 ※ 指定された荷主は、指定様式で「入出庫一覧表」を作成し、FAX又はメールにて報告する。	入荷業務手順書	納品書 入庫指図書 新規商品コード作成依頼書 入荷検品表 入庫指図書 入庫指図書綴り 入出庫一覧表
6.出庫処理	出荷依頼 出荷依頼書の変更	出荷依頼書 在庫引当(無/有) 出荷依頼書の変更依頼 出庫指図書発行 チェック 運送便仕分 送り状 配車計画			① 業務課は荷主より「**出荷依頼書**」を受領する。 ※ 受注手段:FAX、メール、荷主専用端末 ※ 品名、個数、出荷日を確認する。 ③ 「**在庫表**」をアウトプット、在庫の有無を確認し、在庫・ロットの引当てを行う。 ※ 倉庫管理システムから、最新の「**在庫表**」をアウトプット、値を確認。 ※ 必要な在庫量、該当ロットが無い場合(出荷止めを含む)は、顧客に連絡し、オーダーの変更を依頼する。 　a) FAX及びメールで受領の場合、顧客に変更内容を確認し、「オーダー表」を変更し、顧客に返信。 ④ 業務荷主担当者は、倉庫管理システムの端末で受入力を行い、「**出庫指図書**」を発行する。 ※ アウトプットした「**出庫指図書**」の内容が相違ないか「**出荷依頼書**」と確認。 ※ 確認項目:オーダーNo・出荷日・納入日・品名・容量・数量・備考 ⑤ 自社便配送か路線便配送にするか仕分けする。 ⑥ 路線便配送の場合は、「**送り状**」を作成する。 ※ 送り状は、運送業者別にまとめ、所定のケースに入れる。 ⑦ 業務課担当者は、「**出庫指図書**」を業務課長に提出。 ⑧ 配車計画は、「**配車入力要領**」による。	出庫業務手順書 配車入力要領	出荷依頼書 [顧客文書] 在庫表 出庫指図書 オーダー表 送り状 出庫指図書
7.出庫指示	出庫指示 荷主報告	対策処理	出庫指図書 出庫作業 在庫確認(NO) 積込場所 出荷指図書		① 業務課担当者は、「**出庫指図書**」を添付し、倉庫課に出庫作業を依頼する。 ② 倉庫課は、業務課に設置された「出庫指図書ケース」から担当の「出庫指図書」を受け取る。 ※ 倉庫課は、荷主、商品を確認し、各担当者に「出庫指図書」を配布。 ③ 担当者は「出庫指図書」に基づき出庫作業を行う。 　a)「**出庫指図書チェック要領**」に基づき、「出庫指図書」の[品名、ロット、入目、荷姿、個数]を確認。 　b) 出庫作業終了後、「出庫指図書」の在庫と現品の在庫の相違が無いことを確認。 　c) 数量に相違がある場合は、業務課担当者に連絡する。 　d) 業務課は、在庫相違の原因[入荷処理ミス・誤出荷・紛失]を明確にする。 　e) 必要な場合、荷主に連絡し、荷主の指示に従い処置する。 ④ 方面別(自社便・路線便)に指定されている積み込み場所に移動する。 ⑥ 倉庫課は、「**出庫指図書**」と荷揃えされた商品を確認し、出庫指図書に押印。 ※ 相違が有る場合は、出庫担当者に確認し、間違っていた場合は修正処置を行う。 ⑦ 「出庫指図書」は、自社便と各路線便に仕分けし、各々の所定の場所に保管。	出庫指図書チェック要領	出庫指図書 出庫指図書チェック要領 出庫指図書
8.出荷・配送				配車計画 積み込み 出荷	① 運輸課は、「出荷指示書」を受領し、「**配車要領**」に基づき「**配車計画**」を作成する。 ※ 「納品書」と倉庫課から受領した「出庫指図書」をペアにして、方面別のドライバーに配布する。 ② 積込担当者は、「**出庫指図書**」に基づき、各路線便ごとのトラックに積みを行う。 ※ ドライバーは「**積込確認書**」で商品を確認する。 ③ ドライバーは、「納品書」と「送り状」を受領し、配送先に運送する。	配車要領	出庫指図書 積込確認書 納品書、送り状
改定内容							

（輸配送）PFD

XXX株式会社　QD-85-02-01　第1版

	作成	確認
改定		
制定		

工程	業務手順	関連手順書	主な記録様式類
1 輸送受注	① 運行管理者（配車担当者）は、荷主から「輸送依頼書」等により注文を受領する。 ※ 輸送内容（納期、数量等）を確認する。 ② 受注内容を「輸送受注台帳」に記入する。		輸送依頼書（顧客文書）（メール及び電話） 輸送受注台帳
2 配送計画／運行指示	① 配車担当者は、配車システムにて配車計画を行い、「配車表」を作成する。 ② 運行管理者は、作成した「配車表」に基づいて各車両に割当てた運行明細である「配送指示書」を作成する。 ③ 協力会社に運送を委託する場合は、「購買管理規定」に基づき「輸送指図書」により、配送依頼を行う。	購買管理規程	配車表 配車表
3 運行前点呼／出庫前作業	① 配車担当者は「点呼要領」に基づき、業務員点呼を行い「点呼記録簿」に業務員の健康状態を記録するとともに、アルコールチェックを行う。 ② ドライバーは、業務員の配送指示事項、体調管理状況等、車両の日常点検を行い「日常点検表」に記録及び装備備品指示を行う。 ③ 配車担当者は、車両整備完了報告を行う。	点呼要領 車両整備規程	購買管理規程 輸送指図書 点呼記録簿 日常点検表
4 運行（往路）	① ドライバーは、配車担当から渡された「配送指図書」に従い、装備品を確認し運行を開始する。 ② 「安全運転要領」に基づき、運行する。 ③ 運行中、車両異常、故障、交通事故に遭遇した場合には、「不適合・是正処置規程」に従い、速やかに運行管理者に報告し、指示を受ける。	安全運転要領	
5 積込作業	① ドライバーは、積込先にて「積込明細書」を受領し、荷物の品名、数量を照合しながら、荷物の損傷に留意して、積み込み作業を行う。 ② 商品の破損などを発見した場合は、速やかに荷主に報告し、指示を仰ぐ。 ③ ドライバーから積み込みした荷物の内容を確認する。 ※ フォークリフトで積み込みが必要な場合は、「フォークリフト作業要領」に従い、伝票を確認して安全に注意して積み込みを行う。	フォークリフト作業要領	積込明細書
6 運行（配送）	① 荷物を積んだドライバーは、「安全運転要領」に基づき運行する。 ② 運行中、荷物の損傷、車両異常、故障、交通事故その他の事象に遭遇した場合には、「不適合・是正処置規程」に従い、配送担当者は運行途中でMCA無線や電話にて中間点呼を行う。	安全運転要領	送り状・納品書
7 納品（荷卸）	① 荷物地に到着後、配送先担当者に報告し、受注された内容に従い荷卸しを行う。 ② 「送り状・納品書」を確認し、指定された場所に荷卸しを行う。 ③ フォークリフトで荷卸しが必要な場合は、「フォークリフト作業要領」に従い荷卸を行う。 ④ 荷物に異常があった場合は、配送担当者に報告し、修正された内容で納品する。 ⑤ ドライバーは荷卸し終了後、「受領書」に必ず受領印をもらい。 ⑥ ドライバーは、配送運送管理者へ報告し、安全運転に十分注意して帰庫する。	不適合・是正処置規程 フォークリフト作業要領	事故記録簿
8 運行（復路）	① ドライバーは、往路運送時の手順通りに運行する。 ※ 復路運送中に緊急の案件があった場合には、配車担当者に連絡する。	安全運転要領	配送指示書 送り状・納品書 受領書 運行管理表 点呼記録簿
9 帰庫点呼	① 帰庫後、「点呼要領」に基づき、「運転日報」、「日常点検表」を提出し、終業点呼を受ける。 ② 配車担当者は「運転日報」、「日常点検簿」等の内容の妥当性の確認を実施し、確認印を押す。 ※ 配車担当者は、点呼時に気づいたことなどをメモ記録として共有する。 ※ 車両の不具合が発生した場合は、整備管理者等に報告し、指示を仰ぐものとする。	点呼要領 安全運転要領	運転日報、日常点検表 点呼記録簿

プロセスフロー（運輸部：運行管理者／自社便、協力会社、積込先／納品先）

- 荷主（顧客）：輸送依頼 → 処置指示 → 荷主確認
- 運行管理者：輸送依頼受領 → 配車表作成 → 配送指図書／業務員点呼／車両日常点検／運行開始 → 運行指示 → 往路運行 → 異常連絡 → 発送伝票受領／商品破損／積込作業 → 往路運行 → 中間点呼／荷卸し → 異常報告 → 受領受領 → 帰庫運行 → 納庫確認／帰庫点呼／運転完了
- 協力会社：輸送指図書
- 積込先／納品先：積み込み／積込明細書、検品／納品

XXX株式会社	点呼要領書		改定		承認	作成
QR-85-01-01		第1版	制定			

フロー		内容	関連文書・記録
運行管理者(代務者)	乗務員		

フロー 運行管理者(代務者)	フロー 乗務員	内容	関連文書・記録
運行前点呼	乗務員点呼	**【運行前点呼】** 1 運行管理者(代務者)は**「運送業務規定」**に基づき、運行前(乗務前)点呼を行い「**点呼記録簿**」に乗務員の健康状態を記録する。	運行業務規定 点呼記録簿
		※ 運行前点検事項 ①自分の号車・車番・氏名をはっきり言う。 　なお予備車乗務の場合はその旨を報告する。 ②「車両整備規定」に基づき、「**乗務前点検表**」による運行前点検の異常の有無を報告する。 ③自分の健康状態を報告する。 ④免許証・車検証・携帯電話・運行記録カードの所持を報告する。 ⑤指示事項等の確認をする。	車両日常点検要領 乗務前点検表
	安全確認	2 乗務者は、安全運転を徹底するため、点呼時に提示されている**「本日の安全目標」**を唱和し、**「行動方針」**を確認する。	本日の安全目標 行動方針
		※ 運行上の諸事情(長距離運行等)により面談点呼が不可能な場合 ①運行管理者(代務者)が乗務員から電話で確認し、「**点呼記録簿**」に記録する。 ②乗務員は、当日の運行開始前に行い現在位置を報告する。 ③運行管理者(代務者) 中間点呼を実施する。(荷卸し・積込み完了時等)	
	アルコールチェック	3 乗務員は、点呼時にアルコールチェッカーより、アルコールチェックを行い、判定結果の記録を「**点呼記録簿**」に記録する。 ※ 泊まりの場合は、アルコールチェッカーを携帯させ、乗務前にチェックし、運行管理者に電話で報告する。	点呼記録簿
点呼確認		4 運行管理者(代務者)は上記の内容を確認し、「**点呼記録簿**」に押印する。	
運行指示書 (納品書又は引取り書)	受領	5 乗務員は、運行管理者(代務者)より「**運行指示書**」を受け取る。 ※ 配送先、荷物の取り違い等、誤配が発生しないよう十分確認すること。 ①乗務員は、納品書又は引取り書の伝票を確認し、納品先・品名・数量を確認し、納品先を読み上げて、点呼者は読み上げた納品先と「**運行指示書**」と一致しているかを確認する。 ※同一社名で事業所が複数ある場合は特に注意し、必ず事業所を確認すること。 ②乗務員は、経路(積み置きの場合)をチェックし、「**運行指示書**」に記入しサインをする。 ③運行管理者(代務者)は作業内容と経路に間違いがないことを確認し、「**運行指示書**」に捺印する。	運行指示書 納品書、引取書、個別配車表、納品先チェックリスト等
確認、捺印	確認	6 乗務員は、全ての確認終了後、「**運転指示書**」や納品書等を車番別携行バッグに入れる。	
運行指示		7 運行管理者(代務者)は、すべての確認が終了したら運行指示を行う。	
	出庫再確認	8 乗務員は、車庫より出庫前に再度「**運行指示書**」と伝票をチェックし、納入場所又は引取り場所を確認する。	運行指示書
	帰庫報告	**【終業点呼】** 1 帰庫した場合、乗務員は事務所にて終業点呼を行い、「**点呼記録簿**」に記録する。 ①自分の号車・車番・氏名をはっきり言う。 　なお予備車乗務の場合はその旨を報告する。 ②運行指示書の変更等の報告事項があれば報告する。 ③翌日の配車などの指示事項を確認する。 ④アルコールチェッカーにてアルコール反応を確認する。 ⑤乗務員は、「**点呼記録簿**」に提出時間を記入する。	点呼記録簿
	アルコールチェック		
	ヒヤリハット	2 乗務員は、運行中に「**ヒヤリハット**」する状況があった場合は、「**点呼記録簿**」に記入し、運行管理者に場所・時間等を報告する。	点呼記録簿
	運転実績日報等提出	3 乗務員は、「**運行実績日報**」、「**作業指示書**」(または「**タコグラフ**」)、「**受領書**」、「**ETC利用明細**」等をまとめて、所定の場所に提出する。	運行実績日報 作業指示書 タコグラフ
帰庫確認		4 運行管理者(代務者)は上記の内容を確認し、「**点呼記録簿**」に押印する。	点呼記録簿
		※ 面談点呼の例外 (運行上の諸事情(長距離運行等)により面談点呼が不可能な場合、電話による点呼) ① 乗務員は、運行前点呼(乗務前点呼)として、当日の運行前に現在位置を報告する。 ② 中間点呼を実施する。(荷卸し・積込み完了時等) ③ 終業点呼として、乗務者は当日の運行終了後に現在位置を報告する。 ④ アルコールチェッカーにてアルコール反応を確認し、その検出数値を報告する。	
改定内容			

（4）物流PFDを活用した改善活動

　製造業と同様に、日常業務のなかで物流品質にバラツキがあり、効率が悪いと思い当たることがあったら、PFDを活用して課題を発見し、改善活動を行います。

①PFDに「活動欄」追加

　物流PFDに、業務手順に基づき、どのような活動を行っているか記入する**「活動」**欄を追加します。物流業の場合は作業者によって実施されていることが多いので、この欄には具体的な活動のほか、環境面を含めた内容も記入します。

②PFDに「改善課題」欄追加

　「活動」欄の右側に「改善課題」欄を追加し、仕事中に品質のバラツキや仕事効率が悪いなどの不安要素を発見したら、改善課題を記入します。このなかには、作業の手順のなかに隠れている「不安全状態」や「不安全行動」など、労働災害の防止につながる活動も含めてください。これらはKY（危険予知）活動になります。

　　※参考事例として、活動や改善課題を追加した**「（輸配送）PFDによる改善一覧表」（別表2-5）**を添付します。

③「PFDによる改善一覧表」を部門会議や改善会議に提出

　この改善一覧表に基づいて改善課題を関係者で協議し、優先順位を決め、改善計画を作成します。なお、**「（輸配送）PFDによる改善一覧表」**は、**「Ⅳ-2．データ分析から改善活動」**の**「(5) 物流サービスの不適合データからの改善」**にも活用できます。

　このように物流PFDの作成によって物流プロセスを可視化することで、作業プロセスの無駄に気づき、どのプロセスを改善すればよいかが一目瞭然となり、品質及び生産性の向上につながります。

※別表２-５：「PFDによる改善一覧表」（物流業事例）

XXX株式会社　QD-85-02-01

（輸配送）PFDによる改善一覧表

作成／確認／改定／制定

工程	荷主（顧客）／運行管理者／自社便／協力会社／積込先・納品先	業務手順	関連手順書	主な記録様式類	活動	改善課題
1 輸送受注	輸送依頼／運行受注台帳／配送依頼書作成	①運行管理者（配送担当）は、荷主から「輸送依頼書」等により注文を受領する。※輸送内容（納期、数量等）を確認する。②受注内容を「輸送受注台帳」に記入する。		輸送依頼書・顧客文書（メール及び電話）、輸送受注台帳	荷主から「輸送依頼書」の受領、輸送受注台帳への記入	電子化の推進
2 配送計画／運行指示	配送指図書／配車指図書	①運行管理者は、配車を行い、「配車表」を作成する。②運行管理者は、作成した「配車表」に基づき、各車両に割り当てる「配送指示書」を作成する。③協力業者に配送を委託する場合は、「購買管理規程」により、配車依頼を行う。	購買管理規程	配車表、配送指示書	「配車表」を作成、「配送指示書」による配送の使用	配車の最適化、業務効率の向上
3 運行前点呼／出庫前作業	乗務員点呼／運転日常点検開始／運行開始／運行指示	①配送担当者は、「点呼要領」に基づき「点呼記録簿」に乗務員の健康状態、車両状況等を記録するとともに、アルコールチェックなどを行う。②配車担当者は、業務連絡事項・体調管理状況・車両状況等を確認し、運行指示を行う。③配車担当者は、「車両整備規程」に基づき、車両の日常点検を行い、「日常点検表」に記録する。④配車担当者は、車両整備完了で報告をもって、運行指示及び装備品点検を行う。	点呼要領	点呼記録簿、日常点検表	点呼時記録簿への記入、アルコールチェックの使用、日常点検の使用、車両点検が発生した場合は外部へ修理依頼を行い、運行指示、車両整備備時の潤滑油の劣化検査及び廃棄、劣化検査（フロン漏れ）、定期点検の使用	点呼時の注意事項の喚起、安全運転の推進、日常点検の強化による車両の不具合早期発見、簡易・定期点検のチェック、エコ運転・アイドリングストップの推進、エコ運転による排気ガスの抑制、安全運転・事故防止、法規の順守
4 運行（往路）	往路運行／異常発生（有・無）／荷受確認	①ドライバーは、配車担当者から渡された「配送指示書」に従い、装備品点検を行い運行を開始する。②「安全運転要領」に基づき、積込場所まで運行する。③配車担当者は、異常が発生した場合には、「不適合・是正処置管理規程」に従い運行担当者に報告及び指示を受ける。	安全運転要領		運行による軽油の使用、運行による排気ガスの抑制、運行による騒音・振動の発生、交通事故、車両故障の発生	丁寧な商品の取り扱い、積込みルールの順守、点呼の順守、フォークリフトによる事故防止
5 積込作業	発送伝票受領／積込／商品点検／積込み作業／異常発生（有・無）	①ドライバーは、積込場所にて「積込明細書」を受領し、荷物の品名、数量を照合しながら、荷物の損傷に留意して積み込み作業を行う。②商品の破損等を発見した場合は、速やかに荷主に報告し、指示を仰ぐ。③運行中、荷物の破損や故障、車両異常や故障、交通事故及びその他の事故に遭遇した場合は、伝票を積み込みに注意して積み込みを行う。※フォークリフトにより積み込みが必要な場合は、「フォークリフト作業要領」に基づき安全に注意して積み込みを行う。	フォークリフト作業要領	積込明細書	積み込み時の商品破損などの不良品の発生	
6 運行（配送）	住路運行／異常発生（有・無）／中間点呼	①ドライバーは、配送地に到着後、「配送指示書」に基づき、即地事を行う。②定期ルートで配送しているドライバーについては、配送担当者は速行中のMCA無線や電話にて中間点呼を行う。	安全運転要領／不適合・是正処置規程	事故記録簿	運行による軽油の使用、運行による排気ガスの発生、運行による騒音・振動の発生、交通事故・車両故障の発生	丁寧な商品の取り扱い、積込みルールの順守、点呼の順守、フォークリフトによる事故防止
7 納品（荷卸）	安積確認受領／異常発生（有・無）／検品／納品／処置指示	①ドライバーは、配送地に到着した場合は、配送担当者に中間点呼を行う。②「送り状・納品書」に従い、指定された「配送指示書」に基づき、納品場所に荷卸しする。③荷物の外観上、荷物の破損等が内容に異常の有無を判断する。④貨物に異常があった場合は、配送先に報告し、修正されれば「送り状・納品書」を受領する。その後、顧客指示に従い荷卸しを終了する。「配送指示書」に確認チェックを行い、荷受担当者に検品してもらい、安全運転に十分注意して帰庫する。⑤ドライバーは荷卸し終了後、運行を終了する。⑥ドライバーは作業完了を「乗務員」に必ず報告する。	フォークリフト作業要領	配送指示書、送り状・納品書	配送場所到着時、中間点呼時のMCA無線・電話の発生、荷卸し時、荷物の破損による不良商品の発生、フォークリフト使用による排気油の使用、エコンフォークリフトによる排気ガスの発生、フォークリフトによる荷卸し時の事故防止	顧客マニュアルルールの順守、丁寧な商品の取り扱い、構内注意事項の確認、商品の落下・破損防止
8 運行（複路）	帰庫運行	①ドライバーは、「安全運転要領」に基づき、即地先に連絡する。②復路走行中に異常の案件があった場合には、配車担当者に連絡する。	安全運転要領	送り状・納品書、受領書、運行管理表、点呼記録簿	運行による軽油の使用、運行による排気ガスの発生、運行による騒音・振動の発生、交通事故、車両故障の発生	エコ運転・アイドリングストップの推進、エコ運転による排気ガスの抑制、法規の順守、安全運転・事故防止
9 帰庫点呼	帰庫点呼／運送完了	①帰社後、「点呼要領」に基づき「日常点検」を担当し、終業点検を行う。②配送担当者は「業務日報」「点呼記録簿」に基づき、当日の配送実績の確認を行う。③配車担当者は、点呼時「点呼記録簿」にメモを残し、乗務員ミーティングへの活用を図る。※車両の不具合は、整備管理者に報告し、指示を仰ぐ。	点呼要領	運行日報、日常点検表、点呼記録簿	運行による軽油の使用、点呼時「点呼記録簿」、「チェックシート等」の提出、点呼時経過から乗務員ミーティングへの活用、車両不具合の報告、劣化したバッテリーの廃棄	エコ運転・アイドリングストップの推進、エコ運転による排気ガスの抑制、法規の順守、安全運転・事故防止、車両整備の充実

（5）物流業の変化と期待

①物流業界の1990年以降の変化

　1990年に制定された物流2法による規制緩和が物流業界に大きな影響を与えました。

　物流2法の内容：1990年12月1日に貨物輸送の規制緩和の一環

● 「貨物自動車運送取扱事業法」（自ら運送手段を持つ事業に関わる法律）

　・貨物自動車運送事業は、従来免許制でしたが、許可制に変更

　・路線トラックと区域トラック事業の免許区別を廃止

　・運賃は、従来の認可制から事前届出制に変更

　・過労運転の防止、過積載の禁止等の安全規制について制定

● 「貨物自動車運送事業法」（自ら運送手段を持たず、依頼を受けて輸送を依頼・手配する事業に関わる法律）

　・運送取次事業は登録制、利用運送は許可制

　・運賃は事前届出制

　物流2法の制定のポイントは、免許制から許可制への変更という規制の簡素化で、競争の促進で企業規模を拡大させる狙いがあったのですが、貨物自動車運送事業者数は20年で4万社から6.3万社に急増し、増加の約8割が保有車両数10両以下の零細事業者となり、大手・零細事業の二極化が進んでいます。

　規制緩和後、価格競争が激化し、運賃・料金が低下する一方、環境対策などで車両価格や燃料費が上昇し、事業利益率が減少しています。その結果、人件費にシワ寄せがいき、ドライバーの賃金が低く抑えられ、積込み・荷卸しをドライバーが行うなどの労働強化などにより長時間労働が常態化しています。

　職業としてのドライバーの魅力が薄れ、若手の確保もままならず高齢化が進み、深刻で慢性的な人手不足となっています。

　物流2法の成立から30年近く経過し、規制緩和により市場が活性化し、多様なサービスが生まれ、物流に対する社会の要望が増大していますが、適正運賃化、働き方改革等による労働環境を改善しなければ、慢性的な人手不足は解消されないでしょう。

②物流業界を取り巻く環境の変化…EC（電子商取引）市場の拡大

　物流業界は、大手製造業の物流子会社と、地方や地域に定着した地場の物流会社の2通りに大きく分けられます。どちらも荷主（または親企業）の事業を補完する機能として、流通の間をつなぐ役割を担ってきました。

　しかし、インターネットによる情報技術の発展により消費行動が変化し、21世紀に入ってからはEC市場が発展し、2018年の消費者向けEC市場規模は約18兆円と、

10年前のおよそ10倍に拡大しています。人口減少により全体の貨物輸送量は減少していますが、消費者ニーズの高度化・多様化に伴ってEC市場が拡大し、貨物の小口化・多頻度化が進んでいます。

2017年10月、ヤマト運輸はドライバーの人手不足を理由に7年ぶりに基本運賃を引き上げ、荷物の取扱数を制限する総量規制を行いました。それでも便利な通販の市場は伸びて輸送量は減らず、18年度の宅配便荷物数は43億701万個と、前年度を1.3%上回りました。ドライバー不足を解消するため、ネット通販大手が個人の運送事業者に配送を委託する事業を始めました。仕事の合間にスマホに次々と表示される依頼をチェックし、軽自動車で都内の荷物を運ぶ「ギグワーカー」です。人手不足の救世主となったギグワーカーですが、仕事が常にあるとは限らないなど課題があります。「宅配クライシス」から2年が過ぎた今、運送会社や荷主は人手不足の解決策に知恵を絞っています。

従来、海外の企業と比べると、日本企業は物流に対する意識が低く、子会社の運送会社や外注運送会社に委託するだけでした。現在、物流業は製造と流通の効率化を支える重要な社会インフラとなっており、物流をロジスティクスとして捉え、物流施設の自動化投資による効率化、効率的な配車システムの導入、生産性を高める業務改善を進めるなど、トータルシステムとしてとらえていく必要があります。

③物流の効率化において物流施設に求められている役割や機能

コンビニができたばかりの頃は、メーカーから商品を直接配送していたため、店舗に納入トラックが輻輳しましたが、現在は10台以下になっています。これは物流施設に商品を集約した共同配送により、輸送効率化を図った成果です。物流施設は「輸送」をのぞき、商品の「保管」「荷役」「流通加工」「包装」および「情報システム」の5つの役割を担っています。その他に製品の組立てや商品の品質管理などの工場の機能を補完する物流施設もあります。

物流施設は、入出庫、保管、仕分け、ピッキング、出荷の作業を人がやっており、注文された商品を翌日配送するための仕事に多くの人が従事し、これらの機能を持った物流施設が拠点ごとに建設されています。特に最近の物流施設は大型化し、作業を省人化・省力化するための高機能なマテハン装置、ピッキング作業の自動化や商品を棚ごと搬送するロボット、高速仕分け装置や高度な自動倉庫などが導入されているものもあります。更に、自動化とともに物流品質向上（ミス防止）が要求されています。

④今後の物流業界

これまで製造業では多くの人を必要とした作業は機械に置き換えることで省力化・省人化が進み、技術革新により自動化・無人化されてきましたが、物流業界も商品の

入荷・保管・ピッキング・出荷などの自動化された物流センター、自動配車システム、幹線輸送の無人運転などが進んでいくと想定されます。しかし、高度な物流システムが構築されても、個配など人に依存せざるを得ない業務が多く残り、安心・安全で意欲を持って働くには職場環境の改善が望まれます。このためには働き方改革法案に伴い勤務時間の適正化や休日の確保、勤務時間の柔軟な運用など、働き手確保のための改善が必要になっています。

　現在、物流業界は社会インフラとして重要な役割を担っており、生産と流通を結ぶだけの役割から、サプライチェーンの中核を占める役割として、最適な物流システムを提案できる企業への成長が求められています。

　このためには、長年運用してきた仕組みを更に強化し、時代の変化に対応できる社会インフラとしてのマネジメント力が要求されています。また、地震や風水害などが発生した場合の緊急・救援物資輸送を行うライフラインとして社会的に重要な役割を持っており、物流に対する社会の認識の深まりと物流業界の更なる発展が期待されています。

〈物流とロジスティクスの違い〉

「物流」という言葉は、Physical Distributionの訳である「物的流通」の省略形が定着したもので、物流の主な機能として、輸送・保管・荷役・包装・流通加工の「物流5大機能」と物流情報処理があります。

　物流は生産物を移動・保管する業務の流れを指し、一般的に「調達物流」「販売物流」「社内物流」「返品物流」などがあります。特に近年は、デジタル経済化という構造変化のなかでIoTやAIを活用したネットワーク情報技術を活用し、効率的な付加価値の高い物流が求められています。

　一方、ロジスティクスは、もともと軍隊用語の兵站（へいたん）から派生して経営に用いられるようになった言葉で、単なる物流という意味に加えて戦略性を帯びた意味合いを持ちます。発生地点から消費地点までの効率的・発展的な「もの」の流れと保管、サービス、および関連する情報をコントロールすることで、物流において生産地から消費地までの全体最適化を目指す経営手法です。

　ロジスティクスは、「物流」と同義語的に扱われることも多いですが、ロジスティクスは、物本来の機能を発揮させるための戦略的支援に着目しているのに対し、物流は、物の移動や滞留に着目しているとも言えます。

● コラム：「標準化」とは

　不良やクレームなどの発生事例・対策を蓄積して発生原因を分析し、仕組みを改善することで製品およびサービスの品質を向上させます。この繰り返される改善の結果が業務標準となっています。

○標準化するには、

①標準化は、製品・サービスをばらつきがなく一定レベル以上にする仕組みの構築で、人によってやり方が異なると原因追及が難しく、改善が進みません。

②「標準化」するには、「運用規程」、「PFD（プロセス フロー ダイヤグラム）」、「作業手順・標準・要領」等の基準文書の作成（「Ⅰ-3．組織文書の作成」を参照ください）。

○標準化のメリット

①「標準化」によって、製品仕様や作業プロセスを統一またはシンプル化し、製品やサービスの品質や生産性が向上します。

②作業の中で押さえるべきポイントが明確になり、バラツキが少なくなり品質が向上します。

③互換性のある製品やサービスを作ることができ、個人の判断によるバラツキが少なくなり管理水準が向上します。

（M. M）

Ⅲ-5．在庫管理

　事業活動中に発生する材料・部品や製品の品切れをなくし、過剰在庫を防いで在庫の適正化を図ることは、企業の生産性を高めて収益改善につながります。

　この節では、材料や部品の適切な管理、納期管理、原価低減、運転資金の節減を図るために、在庫管理の需要性について述べます。

〈在庫管理のポイント〉

１．在庫とは

２．在庫管理の必要性

３．在庫管理の方法

４．在庫削減方法

５．ABC分析による在庫管理と発注方法

〈在庫管理に活用する文書と記録様式のサンプル〉

①在庫管理要領

②棚札（部品在庫表）

③部品在庫一覧表

１．在庫とは

　在庫は独立したものではなく、販売と生産を結ぶ架け橋であり、製販一体となった活動が必要です。

生産（供給）　　在庫　　販売（需要）

　在庫は、品切れによる販売機会損失防止や安定した操業のために必要なバッファー

機能の役割を持ち、保管するモノの在庫は適切に管理する必要があります。

製品およびサービスを構築するなかで以下のような在庫が発生します。

　　①資材在庫：素材・部品

　　②仕掛品在庫：ユニット品、サブ組立品

　　③製品在庫：製品、梱包資材

　　④販売在庫（商品在庫）

※工場内在庫の例

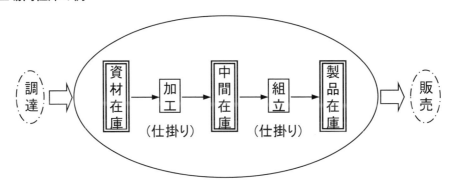

※在庫管理の不備による3つの課題

　　①過剰在庫：売れるかもしれないと必要以上に持っている在庫

　　②不動在庫：既に売れ行きが止まっている売れない在庫

　　③欠品：在庫がなく受注に対応できない状態

２．在庫管理の必要性

　多品種少量化、短納期化、製品ライフサイクルの短縮化、コストダウンの要請など、企業を取り巻く競争環境が激変しています。企業が激しい競争に打ち勝って成長していくためには、組織の体質改善を図って生産性を高めるなど、徹底的なコストダウンが要求されています。在庫はお金と同じであり、生産やサービスのプロセスのなかで発生するムダをなくすなど、在庫の適正化が求められます。

①在庫が多いことによるロスなどの発生

1	職場の仕掛り在庫が作業を妨害	在庫が多いと通路へのはみ出し、探す手間が増え作業性が悪くなり、職場環境の劣化。また、在庫品の劣化が発生する可能性がある。

2	死蔵品の発生と廃棄ロス	仕掛品・製品の在庫を多く持つと、設計変更等による不用品の発生、市場変化に伴い陳腐化による不良在庫の発生。
3	改善活動を阻害	在庫のバッファー機能により作業管理が甘くなり、作業プロセスの悪さ加減が顕在化しなくなり、改善活動を阻害。
4	物流作業によるロス	保管のために余分の手間や施設が必要になり、倉庫の建設・維持、入出庫作業、棚卸しなどの管理費用が増加。
5	運転資金のロス	在庫は、資金の一部が棚卸資産に変化したもので、経理上は「お金がモノに変わったもの」であり、企業財務体質の悪化の要因になる。

②在庫管理の種類

　企業全体の経営効率を重視する総量管理と、欠品・過剰在庫を防止する単品管理の二つがあります。

1	総量管理	在庫金額や在庫回転率（または在庫滞留日数）を視点に、会社全体としてどの位の在庫金額が適正なのかを重視。（売上と関連づけて適正在庫目標の設定）
2	単品管理	欠品を防ぐための個々の部品の安全在庫量、過剰在庫を防止するための発注方式や納入リードタイムなどにより管理。

３．在庫管理の方法

（1）現品管理

　在庫の精度を上げるには、現品管理がうまくできる仕組みづくりによる「物と情報の一致」が必要です。

①ロケーション管理

　保管場所にロケーション番号をつけて品目表示を取り付け、設定した品目を定めた場所に定めた量だけ在庫する仕組みを作り、誰でもわかり、探すムダをなくす管理

を行います。

※整理・整頓の徹底・・・どこに何が、何個あるか、一目ですぐわかる2Sの徹底。

②棚札（部品在庫表）

品名・部品番号・番地・入出庫日・入出庫数量・在庫数量などを記載した**「棚札」（別表1）**を、現品に一対一で付け、入庫・出庫の都度記入することで最新の数量を正確に把握します。

③標準荷姿とSPN（標準収納数）の設定

専用ケースを採用し、標準収納数を設定することにより、数量確認作業の効率化と在庫量の正確な把握が容易になります。専用ケースによる保管荷姿の統一（ユニットロード化）は、入出庫作業の効率化と保管が容易になります。

④5S（整理、整頓、清掃、清潔、躾）の徹底

在庫管理・現品管理は全員参加の5Sからです。ものに対する見方が養われ、コストダウン活動のベースになります（5Sについては、「Ⅱ－3. 組織運営に関する環境対応」に記載）。

（2）保管方法

①先入れ先出しの徹底

先入れ先出しを徹底することにより、陳腐化、劣化を防止します。

②ABC管理（在庫の重点管理）

重点管理ともいわれ、層別管理を行うことにより、在庫金額の多いものの重点管理を行い、在庫精度を高め、少ない管理工数で大きな在庫削減効果を出す方法です（ABC分析は後述参考）。

（3）在庫把握の手順

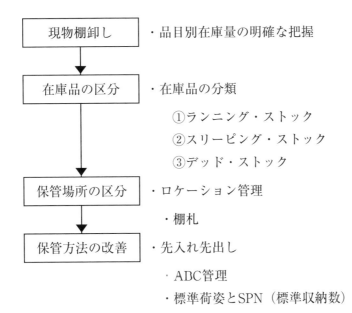

現物棚卸し	・品目別在庫量の明確な把握
在庫品の区分	・在庫品の分類 ①ランニング・ストック ②スリーピング・ストック ③デッド・ストック
保管場所の区分	・ロケーション管理 ・棚札
保管方法の改善	・先入れ先出し ・ABC管理 ・標準荷姿とSPN（標準収納数）

（4）棚卸（在庫量の把握）

　現物棚卸は、現品が在庫データや帳簿と一致しているかを確認する作業で、棚卸には3つの方法があり、日程・範囲などの手順を決めて実施し、不良品や長期滞留品を発見・処分も行います。

一斉棚卸	全在庫品に対して、ある時点（月末や期末時）を決めて一斉に実地棚卸しを行う方法。操業を止めて行い、正確な在庫高を把握することができます。
循環棚卸	在庫品や場所を区切って、順次循環して実地棚卸しをする方法。効率的な棚卸しができ、差異チェックと修正が速くできるメリットがあり、入出庫頻度の高い業種に適し、部品の重要度に応じて、循環サイクルを決定します。
常時棚卸	棚卸しを日常業務の一環として行うもので、出荷頻度が高く、出荷業務を停止できない業種で採用されている方法。コンピュータで出庫指示を行う場合は、理論在庫数をリストアップし、実在庫を照合して差異を処理します。

※棚卸差異の原因分析と対策

　棚卸後は、実地棚卸数と在庫台帳とに差異が発生したら、迅速に差異の原因究明を徹底し、再発防止対策を行います。

　棚卸差異が発生する原因としては、

　①入出庫時のカウントミスや記帳ミス

　②現品の紛失

　③在庫台帳・棚札・入出庫伝票の記帳ミスや無断出庫

　④棚卸時の検品ミスや記録ミス

　などが想定されますが、これらの原因を追及するとともに、これらを引き起こした管理面からの再発防止対策が重要です。

（5）在庫部品の管理

　どのような部品がどれだけ在庫しているかを管理するため**「部品在庫一覧表」（別表2）**を作成します。

　この一覧表には、入出庫量・在庫量・在庫金額だけでなく基準在庫量・リードタイム・購買先を記入しておき、適正在庫量の把握や購買管理にも活用します。

4．在庫削減方法

（1）在庫削減をするには

　①製販一体化：情報を共有化し、販売活動と連動した供給体制の確立

　②材料・部品の発注から納入までの期間（リードタイム）の短縮

　③「必要な物を必要な時期に必要な量だけ作る」（JIT生産）を取り入れた仕組み
　　づくり

　④在庫データに基づく在庫管理の実施
　　の取り組みが必要です。

（2）各種在庫の在庫削減方法

	削減方法
資材在庫	1．発注・納入方式の見直し 　①納入ロットの小口化・多頻度化 　②発注と納期指示の分離（分割納入方式） 2．ABC管理システムの採用（重点品目の重点管理による削減） 　①ABC区分に基づいた発注管理 　　（A：定期発注方式、B：定量発注方式、C：ダブルビン方式） 　②ABC区分ごとの保管方法の採用 　　（保管例…A：平棚、B：回転棚、C：固定棚） 3．納入リードタイムの短縮（発注事務処理期間の短縮） 4．先入れ先出しの徹底（陳腐化、劣化対策） 5．実地棚卸しによる流動区分…不要在庫の処分 　（ランニングストック、スリーピングストック、デッドストック） 6．設計の標準化による材料や部品の共通化…在庫点数の削減
中間在庫 （仕掛在庫）	中間在庫は、前後の各工程のつなぎの役目を持ち、（前工程）の作り だめをなくし、（後工程）へのJIT供給することで在庫圧縮とリード タイムを短縮する 1．中間在庫を制御することにより工程内滞留在庫の圧縮 2．保管場所の設定（整理・整頓）と管理徹底 3．設備保全による機械故障・事故の削減
商品在庫	1．発注データに基づき商品在庫の管理…製販一体化 2．不要品処分手順ルール化（廃棄、他に流用、売却、その他）

（3）在庫圧縮効果

①資金が有効に活用できるため、資金繰りが容易になる。

②在庫管理費用が低減できるため収益性が向上する。

③プロセス（工程）間の問題点が浮き彫りになり、管理、改善活動が強力に推進できる。

④ものの流れが清流化し、中間（仕掛）在庫が減少することにより、リードタイムの短縮ができる。

※これまで述べてきた在庫管理のサンプルとして、**別紙：「在庫管理要領」**を添付します。

※別紙：「在庫管理要領」

AAA株式会社	在庫管理要領	第1版	改定	承認	作成
QR-85-31-01			制定		

製品分類	**1　部品リストの作成** 1) 製品分類 ※ 製品を機能・機構・用途等のカテゴリー毎に分類し、製品番号を設定(製品の標準化) 【分類例】 　①A製品シリーズ 　②B製品シリーズ 　③C製品シリーズ 　④OEM製品　・・・　AA試験器、BB分離器　等 　⑤ODM商品 　⑥その他設備
製品毎の 部品リスト作成	2) 製品を構成する「部品リスト」の作成 ※ 製品毎にを構成する材料・部品の洗い出し ※ 製品毎に構成する材料、部品リストを作成
全部品リスト集計 **部品分類** **部品番号設定** **全「部品リスト」作成**	3)「全部品リスト」の作成 ① 上記の「部品リスト」から、使用する全ての材料・部品リストの作成 ② 材料・部品を種類毎の分類 ※ 例・・・鋼材、電線、軸受、電動機、電気部品、ボルト・ナット等 ③ 材料・部品毎に部品番号をつける ※ 例・・・鋼材：SS、電線：DS、軸受：BB、電気部品：EL　等 　　　　この作業の過程で、共通部品化を図り、部品点数の削減につなげる。 ④ 部品番号をつけた「部品リスト」の完成
ABC分析 **発注方法の決定**	**2　部品のABC分析** ① 上記の部品リストから①で決定した部品をABCに分類する。 (下表) ※ 品目数、数量は目安の数値。 ② ABC分析により、部品毎のリードタイム・消費量から発注方式、発注量、最小在庫量を決定する。

2　部品のABC分析の表：

ランク	特徴	品目数	数量	発注方式
Aランク部品	少品種大量品	5%	80%	定期発注(発注期間を決定し、必要量発注)
Bランク部品	中品種中量品	15%	15%	定量発注(安全在庫以下になったら必要量発注)
Cランク部品	少品種大量品	80%	50%	都度発注方式

現状の保管状態 **スリーピング・デッドストックの処理**	**3　現状の部品保管状態の調査** ① 現状の保管スペース・保管棚の配置調査 ② 上記保管スペース・保管棚の在庫品のリストアップ 　＊ ランニングストック、スリーピングストック、デッドストックに分類 　＊ デッド(死蔵品)は1カ所に集め、廃棄処分を検討。 　＊ スリーピング(不急品・メンテ部品等)は、整理し識別をして保管
保管棚・保管 スペース整備 **ランク毎の保管場 所・方法の決定**	**4　保管棚・保管スペースの整備** ① 保管スペース・保管棚から下記の条件を踏まえて、最適な保管棚・スペースの決定 ② 保管棚・スペースの棚番号の決定(棚にバケット・段ボール単位で保管する場合は枝番をつける) 　　　＊例：棚配置場所-棚番号-段-列-枝番 ③ 部品・仕掛品・製品の保管棚・スペースの決定 ＊ Aランク部品は、製品の組立作業に近い場所に保管を原則とする。 ＊ Cランクのダブルビン方式のものは、リードタイムを考慮して2ビンを設け、1ビンがなくなったら発注又はサブ組立を行う。(最小在庫になるよう考慮のこと)
在庫管理 **部品在庫一覧表 による管理**	**5　在庫管理** 保管した材料・部品(または収納したバケット・段ボール)には、「棚札」を添付する。 ① 部品・資材が入荷した場合、受入検査を行い、合格したものを所定の決められた棚に保管し、「棚札」に入庫日・入庫量・現在在庫数を記入する。 ② 出庫する場合は、必要量を棚(またはバケット・段ボール)から取り出し、出庫日・出庫量及び残在庫数を「棚札」に記入する。 ③ 入出庫を行った「棚札」を1日の作業終了後に集め、「**部品在庫一覧表**」を更新する。
棚卸し	**6　棚卸し** ① 棚卸の方法を決定する。(期末の一斉棚卸、循環棚卸、常時棚卸) 　＊部品ランクに応じて決定する場合がある。 ② 棚卸の結果、在庫品の残数とコンピュータ内の「部品在庫データ」の在庫数を照合し、相異が無いか確認する。
変更内容	

※別表1：「棚札（部品在庫表）」

【 棚 札 】

棚番号	A01-001-X	作成日	20XX/ XX/ XX
部品番号	NS-1000X-022		
部品名称	XXXXXXXXXX		

日付	入庫数	出庫数	現在数量	記入者
20xx/xx/01	500		500	M氏
20xx/xx/02		150	350	N氏
20xx/xx/03		250	100	N氏
20xx/xx/05	400		500	M氏
20xx/xx/06		200	300	S氏

※別表2：「部品在庫一覧表」

	棚番	部品番号	部品名	入庫量	出庫量	在庫量	在庫金額	基準在庫量	発注ロット数	リードタイム	購買先
1											
2											
3											
4											
5											
6											
7											
8											
9											
10											
11											
12											
13											
14											
15											
16											
17											
18											
19											
20											

5．ABC分析による在庫管理と発注方法

①ABC分析による層別管理

　ABC分析は重点管理ともいわれ、管理する対象が多すぎる場合、層別管理を行うことにより、最小の労力で最大の効果を出そうとするものです。横軸に品目（価値の大きい順）に並べ、縦軸に累計数（金額、数量）をとり、累計分布曲線（パレート図）を作成します。

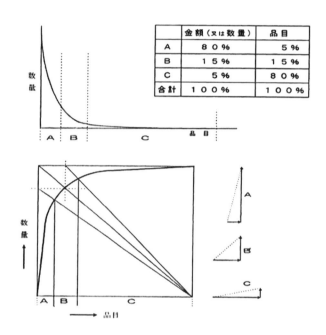

	金額（又は数量）	品目
A	80％	5％
B	15％	15％
C	5％	80％
合計	100％	100％

　ABCランクに層別し、グループ毎の重点管理を行うことによる効果
　　①Aランク品の在庫量の削減（回転率の向上）
　　②計画的な管理
　　③諸費用の削減（管理費用や発注費用）
　　④原価意識の徹底

②ABC分析による効果的な発注方式

ABC分析による運用形態例

ABC分析	在庫量	発注方式
Aランク（少品種多量）	80%	定期発注
Bランク（中品種中量）	15%	定量発注
Cランク（多品種少量）	5%	都度発注

1）定期発注方式

　主に大物で金額の高い重要部品に対して、多少の手間をかけても入念に管理することで在庫量を減らすことを狙いとした方式。

　＊発注サイクル期間の決定、需要変化に対して発注量の算出、最大在庫量と安全在庫量の決定

2）定量発注方式

　使用量が安定していて、納期の長くない品目に適用され、合理的な経済的発注量で発注し、事務処理が簡単な反面、形式的になり、在庫量が増加しやすい（安全在庫量の設定、発注点の算出）。

3）都度発注方式

　金額の低い品目は、記帳によらない現品本位の簡易管理による発注。

　＊例：ダブルビン方式（ツールボックス方式）

Ⅲ-6. 据付・引渡およびアフターサービス

　製造業では、製品や設備を据付し、調整した後に引き渡すことがあります。また、納入後、製品故障時の現地修理や改造工事などを依頼される場合があります。

　これらの活動を強化し、製品や設備を安心・安全に使用できることは、製品・設備の信頼性を高め、繰り返し発注による継続的な受注につながります。

　この節では、据付・改造時の手順とアフターサービスについて述べます。

〈据付・引渡およびアフターサービスの実施ポイント〉

1．据付・引渡

2．製品保証

3．アフターサービス

4．その他付帯事項

〈活用する文書と記録様式〉

①据付・改造工事要領

②現地工事計画書

③完成検査記録

1．据付・引渡

　製品を現地据付や改造工事をする場合は以下の手順が必要になります。

①「現地工事計画書」の作成

　・工事体制作り…工事責任者、工事従事者の決定

　・工事方法、工事スケジュールの作成

　・工事完成検査、引渡方法の決定

②「現地工事計画書」に基づき、顧客との工事内容の打合せ、決定

③「現地工事計画書」に基づき工事実施

④工事完成検査に基づき引渡

　このように据付工事をうまく進めるには、社内に工事体制を準備しておく必要があります。中小企業には工事部門がなく、必要なときは製造担当者が据付や改造などの現地工事に出かけることになり、十分な対応ができないことが発生します。工事部門は工事ができる人（工事担当者）を決定し、工事要領などを作成して労働災害防止を含めた教育・訓練を事前に実施し、養成しておくことが重要です。

　また、工事を外部業者に発注する場合は、当社の工事要領に基づいて着工前事前の打合せを確実に実施し、適切な業者に委託する必要があります。

　工事期間中は「工事日報」を作成し、工事完了後は「工事完了証明願」などを提出し、顧客の引渡承認を得ることは必須です。

　上記の手順のサンプルとして、**別紙：「据付・改造工事要領」**を添付します。

　使用する記録様式のサンプルとして、**別表１：「現地工事計画書」**と**別表２：「完成検査記録」**を添付します。なお、「完成検査記録」には工事評価の「顧客満足度評価」欄を追加し、顧客の評価を記入して今後の改善のデータにすることをお勧めします。

２．製品保証

（１）製品保証

　製品納入時に**「取扱説明書」**や製品図面などを提出します。取扱説明書には、製品の取扱い方法の説明、納入後の製品保証に関する内容・期間の取り決めを記入します。

　製品保証は、「通常の方法で使用した製品が保証期間内に故障した場合に、製品を無償で修理または交換する」もので、保証期間内に製品の使用上・構造上の不具合が発生した場合の保証を言います。ただし、保証期間と製品の耐用年数とは異なり、保証期間を過ぎたからといって、その製品の使用に問題が発生するということではありません。

　よく保証期間1年間とありますが、これは1年間で製品の使用上・製造上の不具合が発生した場合は無償修理を保証しますという意味です。このように、原則お客様が製品を受領された日、あるいは据付が完了した日から例えば1年間とする製品の無償保証期間、お客様が部品を受領された日から例えば6ヶ月とする修理用部品の無償保証期間をいいます。

　また、保証期間内の無償修理には、製品保証書を添えて工場へ戻す製品保証、認証したサービスマンが据付した製品に付随し、顧客訪問修理を行うサービス保証があります。お客様自身、または認証していないサービスマンによって据付けられた製品に

は付随しないとすることが一般的です。

さらに、無償保証期間内であっても、有償となる保証適用除外事項を設定しておくことも必要です。例えば下記のような場合を除外対象とします。

1．使用条件・使用環境の変更による故障
2．乱暴な取扱い、誤った使用により生じた故障
3．据付後の移動または輸送によって生じた故障
4．分解または改造による故障
5．落雷、火災、地震などの天災地変による故障
6．消耗品および保証期間の限定されている部品

さらに、製品の故障やご使用によって生じた直接・間接の損害については、故意または重大な過失がある場合を除いて、一切の責任を負いかねますなどの免責事項も設定しておくことも必要です。

以上のような点を十分考慮して「取扱説明書」を作成する必要があります。

3．アフターサービス

アフターサービスは、納入した商品の修理・メンテナンスについて、納入先が購入者に一定期間提供するサービスで、定期的あるいは臨時に点検・修理などのサービスを行うことです。

（1）メンテナンス

メンテナンスは、納入後、システムや製品の正常な状態を保つために整備・維持・保守・保全などを行うことで、欠陥を早期に発見したり寿命を延ばす活動になります。

保守とは、保守点検を意味し、システム、製品が異常を来すことなく正常に稼働・機能し続けていることを確認する取り組みです。

保全とは、システム、製品が安全に稼働・機能していることを保つ取り組みのことです。

メンテナンスをする場合は、顧客と事前に「メンテナンス契約書」を取り交わし、条件・費用を決定します。

メンテナンス体制の確保、契約書の事前準備などは、据付・引渡と同様に重要です。

（2）具体的なアフターサービスの取り組み

①製品の据付…製品のメカニズムを熟知したサービスエンジニアなどが、適切な据

付作業と各機能の動作・精度の確認を行うことで、製品を適切な状態でお渡しするサービスの取り組み。

②操作の説明…製品の据付・試運転終了後、製品の操作方法や各機能の説明を行い、製品の使用に関するお客様の不安や疑問を解消するサービスの取り組み。

③製品への後付けや改造作業…既に納入した製品に希望の機能などを追加するサービスの取り組み。

④点検・問い合わせ対応…定期点検を実施したり、お客様のお問い合わせに24時間365日対応するなどのサービスの取り組み。

これら安心・安全につながる活動は、企業・製品の信頼性を高め、継続的な受注に繋がり、企業に対する信用・信頼性向上と売上向上に結び付いていきます。

4．その他付帯事項

（1）PL（製造物責任）法

日本の製造物賠償責任の訴訟件数は、年間数十件程度ですが、米国においては、年間数万件となっており、莫大なPL賠償額が認められるケースもあります。

製造物とは、原材料に人の手を加えることによって新たな物品をつくる製造や、原材料の本質は保持されつつ、新たな属性ないし価値を付加する加工が該当します。未加工の農水畜産物は、製造物には該当しません（加熱、味付け等は加工で該当、単なる切断、冷凍、乾燥等は加工にあたらないことから非該当となります）。

製造物の欠陥とは、下記の3つに分類されます。

①設計上の欠陥

②製造上の欠陥

③指示・警告上の欠陥

被害者は欠陥の存在と、欠陥と損害の因果関係を証明する必要があり、③指示・警告上の欠陥が最も多い訴訟となっていますので、使用上の適切な指示・警告表示に留意する必要があります。具体的には、①正しい使い方の写真、絵を載せること、②製品の目的、正常使用を書くこと、③NG行為など警告は具体的に書くこと、などの対応策が必要です。

PL法の対象となる「製造業者等」には、①実際に製造物を製造または加工した業者や日本に輸入した業者のほか、②製造物やその包装、取扱説明書などに製造業者として表示した者、③製造・加工・輸入・販売の形態から製造物に実質的な製造業者と

認められる表示をした者が該当します。

　販売者である場合は、それを明示するとともに、製造物の包装や製造物自体に実際の製造者を製造業者と明示する対応策も考えられます。

（2）瑕疵担保責任から契約不適合責任へ（民法改正　2020年4月施行）

　今回の民法改正により、特定物、不特定物を問わず、瑕疵担保責任を契約不適合責任として、契約（債務不履行）責任に一元化することとなりました。主な変更点は、不適合についての善意無過失は不要、契約の履行時までに生じたものであれば契約不適合責任を負うこと、買主の追完請求権の追加、代金減額請求権の変更となっています。

※買主の追完請求権
「引き渡された目的物が種類、品質又は数量に関して契約の内容に適合しないものであるときは、買主は、売主に対し、目的物の修補、代替物の引渡し又は不足分の引渡しによる履行の追完を請求することができる。ただし、売主は、買主に不相当な負担を課するものでないときは、買主が請求した方法と異なる方法による履行の追完をすることができる」となっています。

　契約書においても、目的条項を設け、具体的に目的を特定しておくこと、また、目的物の「種類」「品質」「数量」についても、可能な限り具体的に特定しておくことが望ましいといえます。

※買主の代金減額請求権
　改正後民法においては、権利の一部移転不能や数量不足の場合に限らず、契約不適合が認められ、かつ、買主が相当の期間を定めて履行の追完の催告をし、その期間内に履行の追完がないときには、買主の売主に対する代金減額請求権が発生するものとされています。この代金減額請求権は、履行の追完が不能である場合や、債務不履行に基づく損害賠償について免責事由がある場合であっても行使できる点に意義があります。

（3）リコール制度について（国土交通省）

　リコール制度とは、設計・製造過程に問題があったために、安全環境基準に適合していない（または、適合しなくなるおそれがある）自動車について、自動車メーカーが独自の判断により、国土交通大臣に事前に届出を行い、対象車を回収し、無償で修理を行い、事故トラブルを未然に防止する制度です。

　リコール届出と異なり、道路運送車両の保安基準に規定はされていませんが、不具

合が発生した場合に安全の確保および環境の保全上看過できない状態であって、かつ、その原因が設計または製作過程にあると認められるときに、自動車メーカーなどが、必要な改善措置を行うことを"改善対策"といいます。また、リコール届出や改善対策届出に該当しないような不具合で、商品性・品質の改善措置を行うことを"サービスキャンペーン"ともいいます。

※別紙：「据付・改造工事要領」

株式会社	据付・改造工事要領	第1版	改定	承認	作成
QR-85-42-01			制定		

フロー		手　順	関　連
据付担当者	顧客		

フロー		手　順	関　連
据付担当者	顧客	**1.目的** 　　本要領書は、社外にて当社製品の据付、改造工事、及びメンテナンスを行う場合に適用する。 **2.工事責任者、工事グループの選定** 　　工事部門長は、工事の内容を考慮し、工事責任者・担当者を任命する。 ※ 工事部門がない場合は、製造部門長は、社内業務の状況を考慮して工事メンバーを選定する。但し、工事メンバーは、据付ける装置または改造工事の内容を理解しており、工事の経験がある者から選定する。 **3.工事の準備** 　　工事責任者は事前に以下のことを確認する。 1) 現地レイアウト、搬入経路、搬入方法の確認 ① 受注関連資料、設計図面等により工事内容の確認 ② 顧客担当者と現地工事日程等の打合せ実施 ③ 必要ならば現地調査を実施 2) 現地工事計画の作成 ① 工事責任者は、上記の内容に基づき**「現地工事計画書」**を作成し、部門長の承認を得る。必要な場合は、顧客に提出する。 ② 顧客に提出し、承認を得る。 ※ 但し、据付・改造工事に関して、工事期間が一週間以内で、繰り返し実施している工事の場合は、**「現地工事計画書」**を省略できる。 3) 必要工具・作業員人数・搬入手順などの確認と手配 　　工事を外部委託する場合は、工事業者と「現地工事計画書」に基づき工事内容を確認し、工事金額を決定し依頼する。 **4.据付／改造工事の実施** 1) 工事責任者は、工事開始前にミーティングを行い、工事担当メンバーと工事内容の確認を行う。 2) 据付工事は次のような手順で行う。 ① 製品・装置本体の現地搬入 ② 製品・装置本体の据付け工事　（工事の進捗は「工事日報」の提出） ③ 付属装置の取り付け ④ 電気配線工事 ⑤ 据付完了確認、必要であれば試運転調整 ⑥ 顧客の立会のもとに、動作確認及び試運転による性能確認 ⑦ 試運転記録の作成 ⑧ 顧客の検収を確認、及び工事完了証明願受領 ⑨ 不適合が発生した場合の処置 ※ 工事責任者は工事期間中の安全確保につとめること。 3) 顧客要求により工事内容が変更または追加工事が発生した場合、顧客と調整し、追加費用等の発生がある場合は、速やかに部門長に報告する。 ※ 改造工事及びメンテナンスについては、工事毎に内容が異なるが要領は同じである。 **5.完成検査及び引き渡し** 1) 工事責任者は工事終了後顧客立ち会いのもと動作確認及び試運転を行い、**「完成検査記録」**を作成し、顧客の検収を得る。但し、部品交換及び機能に関係のない改造工事は除く。 ※ 顧客の都合等で、試運転調整が後日になり工事完了ができない場合は、工事責任者は顧客と試運転調整などの日程調整を行う。 ＊ 試運転調整運転完了後、工事責任者は**「完成検査記録」**を作成し、顧客の検収を得る。 　　但し、調整運転を顧客側のみで行い、当社が立ち会わない場合もある。 2) 工事責任者は、顧客に操作手順・取り扱いについて説明を行い、**「取扱説明書」**などの関連資料を提出する。 3) 工事責任者は工事完了後、顧客に**「工事完了証明願」**（「仮納品書」）を提出し、受領印をいただく。その際、顧客の検収を確認する。 **6.不適合発生時の処理** 1) 工事中またはその後の試運転において不適合が発見された場合、工事責任者は顧客に報告し、社内関連部門へ連絡する。 2) 報告を受けた社内関連部門は**「不適合・是正処置報告書」**を発行し、MS管理責任者に報告し、不適合処置を実施する。必要な場合、是正処置を行う。	現地工事計画書 完成検査記録 取扱説明書 工事完了証明願 不適合・是正処置報告書

フロー（据付担当者側）:
- 工事責任者 工事グループ 選定
- 工事準備
- 現地工事計画 → 現地工事計画書
- 工事実施
- 完成検査 → 完成検査記録
- 工事完成 — OK → / NO → 再調整
- 工事完了 ← 工事完了証明願（顧客）

| 改定内容 | |

※別表１：「現地工事計画書」

様式番号：QF-85-XX-01

_____ 御中

作成日 _____

現地工事計画書

責任者	担当

1	工事名称		
2	契約先		
3	現場名		
4	設備名または製品名		
5	工事期間		
6	工事体制	工事責任者	
		工事作業者	
			※「工事組織図」による。
7	工事工程	搬入日	
		搬入方法	
		搬入製品部品置場	
		一次側工事電源供給場所	
		工事着手ミーティング	着手ミーティング予定日：　年　月　日
			※貴社の責任者との打合せ願います。
		工事方法	※別途提出「工事スケジュール」に基づき実施
			※特記事項：
		工事報告	「工事日報」提出
		工事検査	検査方法
			試運転・調整
		工事完成検査	検査方法：「工事完了報告書」提出
			※貴社の管理者の確認をお願いします。
		工事完了	工事完了証明願
			工事現場の清掃・機材の持ち帰り
0	特記事項	※詳細は、当社の「工事要領」によります。	
備考			

※別表２：「完成検査記録」

（様式番号：QF-75-0X ）

作成日：_____

完成検査記録

責任者	担当

1	仕事番号	
2	契約先	
3	現場名	
4	設備名又は製品名	
5	日時	
6	検査者	

下記項目について、顧客要求と合致しているかどうかを検査する。

検 査 項 目	判 定	備 考
1．外観検査		
① 表面処理(塗装色・処理方法・傷等)	□ 合　□ 否	
② 機器配置(寸法等)	□ 合　□ 否	
③ 機器の取り付け状態(損傷・固定等)	□ 合　□ 否	
④ 銘板(I／O銘板・PL銘板等)	□ 合　□ 否	
2 機能・性能検査		
① 作業性・操作性(操作盤・非常停止釦位置等)	□ 合　□ 否	
② 動作確認(通常処理・異常処理・停電処理等)	□ 合　□ 否	
③ 各種安全装置の作動確認	□ 合　□ 否	
④ 騒音・異音・振動・発熱	□ 合　□ 否	
⑤ 能力(機器能力・システム能力)	□ 合　□ 否	
⑥ その他	□ 合　□ 否	
3．保守性検査	□ 合　□ 否	
4．安全性検査(安全カバー・安全柵・ES位置等)	□ 合　□ 否	
5．その他		
① 顧客への引渡品の準備(鍵、付属品、特殊ツール等)	□ 合　□ 否	
② 提出図書(取扱説明書、完成図、試験成績書等)	□ 合　□ 否	
③ 清掃	□ 合　□ 否	
6．顧客満足度評価		
a　当社の製品の評価	満足 ・ 普通 ・ 悪い ・ その他(　)	
	コメント：	
b　工事の評価	満足 ・ 普通 ・ 悪い ・ その他(　)	
	コメント：	
c　その他の要望		

Ⅲ-7．製品およびサービスの品質管理

　企業が提供する製品およびサービスは、安心・安全に使用するために品質を保証する必要があります。この節では、顧客の要求事項や市場に適合した製品およびサービスを提供するための品質管理について記述します。

〈製品およびサービスの品質管理のポイント〉

１．製品およびサービスの品質

２．製品およびサービスの品質管理…狭義の品質管理

３．企業活動の品質保証…広義の品質管理

４．検査・試験

〈製品およびサービスの品質管理に活用する文書・記録のサンプル〉

①検査・試験規程

②検査・試験機器管理手順書

③検査・試験機器管理台帳

１．製品およびサービスの品質

　最近、製品およびサービスの不具合や企業の品質保証について問題が発生し、企業の存続そのものが問われる状況が発生しています。次から次に多くの製品およびサービスが市場に提供されており、その品質を保証することは企業の存続や発展にとって最も重要な活動となっています。

　JIS規格 Z 8101 では、**品質は「品物又はサービスが、使用目的を満たしているかどうかを決定するための評価の対象となる固有の性質・性能の全体を言う」**と定義されています。

（1）要求される製品およびサービス品質

　製品およびサービスは、ライフサイクルの視点を考慮して、以下の品質が要求されています。

①製造およびサービス構築段階における品質

　製品およびサービスを作り込む段階では、【企画および設計段階における品質⇒購入品・委託品の品質⇒製造およびサービス構築時の品質⇒検査における品質⇒使用品質】を考慮する必要があります。

②使用段階における品質

③使用後の品質

（2）品質管理の定義

　JIS規格 Z 8101 では、**品質管理**は「**買手の要求に合った品質の品物又はサービスを経済的に作り出すための手段の体系、品質管理を略してQC（Quality Control）と言うことがある**」とされています。

　品質管理には、広義・狭義の品質管理があります。

　＊広義の品質管理：品質マネジメント（Quality Management）として知られ、JISでは「品質要求事項を満たすことに焦点を合わせた品質マネジメントの一部」と定義しています。

　＊狭義の品質管理：コントロールとしての品質管理（Quality Control）のことを指し、JISでは「品質保証行為の一部をなすもので、部品やシステムが決められた要求を満たしていることを、前もって確認するための行為」と定義しています。

　我が国の製造業では、経営者と従業員が一体となってTQC（Total Quality Control：総合的品質管理）に取り組み、QCサークルなどの小集団活動を通して改善活動を行い、大きな成果を上げてきました。その後、TQCは戦略・企画・設計・技術・製造・販売・サービスなど、経営のすべての部門において品質に取り組むTQM（Total Quality Management）へと発展してきました。

　品質の定義は、製品およびサービスの持つ固有の品質から社会的な品質へと拡大され、これらの品質を最も効率的に実現することが品質管理の目的です。

海外では、英国や米国、ドイツなどの国家規格を統合して、世界的に共通する品質管理・品質保証の国際規格にしようとする機運が高まり、ISO（International Organization for Standardization：国際標準化機構）によって、1987年に国際規格としてISO9000シリーズが発行されました。その後、2000年、2015年とISO9000シリーズは改定され、企業の継続的改善を意図したマネジメントシステム規格になり、製造・サービス中心の「品質保証」だけでなく、使用者の立場に立った「顧客満足」の実現を含めた経営のツールとして活用されています。

　ISOにおける品質管理の定義は、**"品質要求事項が満たされるという確信を与えることに焦点を合わせた品質マネジメントの一部"**で品質要求事項を満たすための活動となっています。

　ここでは狭義の品質管理を「品質管理」、広義の品質管理を「品質保証」と定義して進めます。

2．製品およびサービスの品質管理…狭義の品質管理

（1）品質管理部門（検査・試験部門）の役割

　企業は顧客の要求事項や市場に適合しない製品やサービスを誤って提供しないために、製品およびサービスをアウトプットする前に、検査や試験によって品質を保証します。

　一般に品質管理の機能はプロセスの最終工程に位置づけられており、検査部門（グループ）が担っています。検査部門の役割は、製品およびサービスの品質が確保されていることを確認する以下の活動になります。

> ①第一の目的は、製品およびサービスが必要な工程で検査が確実に実施されていることを確認し、要求通りの製品およびサービスの品質が作り込まれているかを最終検査し、外部（市場・顧客）に不良を流出しないこと。
> ②最終検査で発見した不良を「社内不良発生一覧表」などに整理し、製造およびサービス部門に的確にフィードバックし、「品質Q・コストC・納期D・安全S・環境E」を考慮したプロセスの改善（品質は工程で作り込む）に寄与すること。

（2）品質管理部門（検査・試験部門）の活動

　品質管理の最も重要な役割は、検査結果を的確にフィードバックして製品やサービスの品質向上に寄与することで、これは製造またはサービス構築部門との信頼関係が構築できているかにかかわっています。

　どの企業も検査・試験部門（グループ）はパート従事者が多くて定着率が悪く、検査員の人手不足や力量向上に悩んでいるのが実情です。不良データを整理・分析して現場にフィードバックすることで製品およびサービスの品質を支え、組織に貢献しているという認識を持つことができれば、社員・派遣社員・パートに関わらず、責任を持って仕事に取り組む意欲が高まります。そのような企業文化を創っていくのが経営層の役目のひとつです（正規か非正規かの雇用形態に関係なく、同一労働・同一賃金に繋がります）。

3．企業活動の品質保証…広義の品質管理

（1）品質保証部門の役割

　企業活動の品質を保証するために行う活動で、以下の活動が含まれます。
①製品およびサービスの企画段階から設計、購買、生産、出荷、販売後までの企業活動全般の品質保証を確認する部門です。品質保証の方が品質管理より範囲が広くなり、品質管理は品質保証の一部といえます。
②外部（顧客・市場）からクレームや不良が発生した場合、社内で関係部門と調整して不良対策を行い、顧客に報告して組織の品質保証をする役割を持ちます。

（2）品質保証部門の活動

　顧客や市場からのクレームはまず営業部門が対応する場合が多く、外注委託品や業務委託は購買部門が対応をしますが、クレームの原因は設計や製造部門も関連していることが多く、品質保証部門はこれらの部門と連携して原因を分析し、企業としての対応策を決定します。全社に関連する品質を取り扱うので、すべての業務に精通した力量のある人が必要ですが、このようなベテラン社員を確保するのは難しいのが実情です。

　したがって、過去に発生した不良のデータを蓄積し、製品・プロセス・発生現象ごとのデータ分析を行い、この実績を活かして対策を立てることになります。このデータの蓄積が将来AI（人工知能）を活用した分析に繋がります。

（※データ分析については、「Ⅳ-2．データ分析から改善活動」で述べます）

　製品およびサービスの社内不良を検出する検査・試験部門（グループ）は、ほとんどの組織で対応部署とその役割が明確になっていますが、中小企業などの品質保証部門がない組織では、クレームや不良の内容によって関連する部門が個々に対応しています。発生原因が複数の部門にまたがる場合、部門の持ち回りで対応しますが、この課程でクレームの原因を間違えたり、多くのロスが発生したり、根本的な原因究明になっていないという事例も見受けられます。

　品質保証部門がない組織でも、部門（部署）として設置できなくても、上記の機能を持つ責任部署（責任者）の設置を是非検討していただきたいと思います。

４．検査・試験

（１）検査・試験の実施

　製品およびサービスの品質保証をするために組織内で以下の検査・試験を行います。
①受入検査：購入した素材や部品や外部委託した業務の受入時に行う検査
②工程内検査：生産やサービス構築のなかで、プロセスごとに実施する検査
③最終検査（または完成品検査）：製品およびサービスの要求事項を満たしているかを検査する検査
④出荷検査：出荷時に行う納品書・製品仕様書の確認および梱包状態などの検査
　したがって、検査記録として、「受入検査記録」「工程内検査記録」「試験・検査成績書」「完成検査記録」「出荷検査記録」などを作成し、製品およびサービスが要求事項を満たしていることを確認します。
　※サンプルとして、製造業の**「検査・試験規程」**を添付します。

（２）検査・試験機器の管理

　製品およびサービスが顧客や市場の要求に適合しているかを検証するために、検査・試験機器を使用します。
　測定結果の妥当性の信頼を与えることが不可欠な場合には、国際計量標準または国家計量標準に照らして校正もしくは検証を行った検査・試験機器を使用する必要があります。そのような標準が存在しない場合には、校正または検証に用いた基準で証明する必要があります。検査・試験結果を保証するために、これらの検査・試験機器は校正または検証に用いた記録を保管します。
　検査・試験機器が校正外れや意図した目的に適していないことが判明した場合、そ

れまでに測定した結果の妥当性を確認し、必要に応じて適切な処置をとることになります（ISO9001では、監視および測定機器の管理について厳しく規定しています）。

　したがって、検査・試験機器の管理手順を明確にし、管理・校正方法および使用する人の力量（または資格）を定めておく必要があります。

　※検査・試験機器管理手順のサンプルとして、**「検査・試験機器管理手順書」**および **「検査・試験機器管理台帳」**（別表1）を添付します。

※別紙：「検査・試験規程」サンプル

AAA株式会社	検査・試験規程	改定		確認	作成
QD-86-01-01		第1版	制定		

検査の種類	内容	担当	承認	記録
受入検査1	<目的・概要> 購買先より受け入れた製品部材、消耗品、機構及び電気部品、または顧客所有物等について明らかなミスがないか確認する検査。			
	<手順> 1) 担当者は注文内容と受入現品の仕様、量等が相違ないことを確認して受領する。 2)「**注文書**」の控え、又は「**納品書**」に受入確認の記録として押印またはサインをし、部門長に引き渡す。 3) 受入現品は指定の置場に保管する。	購買部門担当者	購買部門長	注文書 納品書
<不適合品処置>	購入先等に連絡し、返品、交換等を行い、当該製品の処置が完了するまで保管する。			
受入検査2	<目的・概要> ・加工委託先より受け入れた加工部品、板金部品、及び二次加工部品等について当社が実施する検査。 ・当社が要請した検査内容を確実に実施しているか、検査記録等を受領しデータを確認する検査。（当社にて全数または抜き取りで検査を行う場合もある）			
	<手順> 1) 加工部品、板金部品などは、図面番号に基づき、寸法・数量等をチェックし、合否判定を行い、「**部品表**」の記録欄に記入し当該記録を保管する。 2) 二次加工部品(メッキ・塗装等)は、傷・塗りムラ・汚れ等を目視でチェックし、合否判定を行い、「**部品表**」の記録欄に記入し当該記録を保管する。 3) 加工委託先より添付された「**検査記録**」のデータを確認し、検査合格を確認した上で当該記録を保管する。 4) 重要度・加工委託先の品質レベルに応じて、必要と判断した場合、全数または数点のサンプルにて検査を行い、加工委託先検査の内容を検証する。 5) 不合格の場合は、加工委託先に連絡して再処理を要請し、必要ならば作業内容、検査内容の改善を要請する。	製造部門担当者	製造部門長	部品表 購買先の検査記録
<不適合品処置>	・加工委託先に連絡し、返品、修正、再加工等を指示する。 ・不適合処理は、「不適合・是正処理報告書」にて行う。			不適合・是正処置報告書
工程内検査 (組立検査)	<目的・概要> 要求品質が維持されていることを確認にするために、作業標準または各検査記録様式に指示された検査特性について、製造工程中に行う検査。			
	<手順> 1) [寸法、外観検査] 作業者が製品の外観及び形状・寸法を確認し、明らかな不適合や工程抜け等がないこと確認する。 2) [性能検査(最終検査)] 規定された検査特性について検査機器を使用して測定する最終検査、及び各工程での検査が確実に行われ、完了していることを確認する。	製造部門担当者	製造部門長 製造部リーダー	
	★ 検査は、「**組立チェックシート(工程内検査記録)**」に指示された内容で行い、検査結果を記録し、当該記録を保管する。	製造部門担当者		組立チェックシート (工程内検査記録)
<不適合品処置>	・異常が認められた場合には、製造部門長に報告して判断を仰ぐ。 ・不適合処理は、「不適合・是正処理報告書」にて行う。			不適合・是正処置報告書
完成検査 (試運転・調整)	<目的・概要> 装置及び製品が、所定の機能・能力を満足していることを出荷前に工場内で行う試運転・調整で確認する検査。(この検査は、設計・開発の妥当性確認と兼用することもある)			
	<手順> 装置及び製品毎に作成された「**検査試験要領書**」、「**検査試験成績書**」に基づき、所定の性能を確認し、[検査試験成績書]に記録し、当該記録を保管する。	製造部門担当者	製造部門長 技術開発部門長	検査試験成績書
<不適合品処置>	・異常が認められた場合には、製造部門長または技術開発部門長に報告して判断を仰ぐ。 ・不適合処理は、「不適合・是正処理報告書」にて行う。			不適合・是正処置報告書
出荷検査 (出荷確認)	<目的・概要> 出荷時の構成ロット、現品と納品書の相違、外観品質の確認などを行う検査			
	<手順> 1)「**納品書**」に従って出荷品を用意し、製品と現品票の相違、数量等を確認し、「**出荷記録台帳**」に記録する。 2) 修理品は所定の修理が完了していることを確認し、「**修理台帳**」に記録し出荷する。	業務部門担当者	業務部門長	納品書 出荷記録台帳 修理台帳
<不適合品処置>	・不適合品が発生した場合、業務部門長に報告して判断を仰ぐ。			
据付検査	<目的・概要> 指定する場所に据付・引き渡しが契約条件になっている場合、据付後、必要な場合は外観・性能確認等を行い、設備及び製品の引渡時に行う検査。			
	<手順> 引き渡し検査は、「**据付・改造工事要領**」に基づき行い、検査結果を「**完成検査記録**」に記録する。必要な場合、顧客の完了印を受領する。	工事部門担当者	工事部門長	据付・改造工事要領 完成検査記録
<不適合品処置>	・不適合が発生した場合、工事部門長及び製造部門長に報告して判断を仰ぐ。			
改定内容				

※**別紙：「検査・試験機器管理手順書」サンプル**

AAA 株式会社	検査・試験機器管理手順書	第 版	改定	承認	作成
QMS-75-01			制定		

フロー			内容	関連
品質管理部	使用部門	外部業者		

			内容	関連

〈**検査・試験機器管理の目的**〉
　納入する製品が、顧客要求事項を満たし、顧客を満足させる製品であることを確実にするために、必要な検査・試験機器を適切な状態に維持・管理することを目的とする。

1.検査・試験機器の登録
① 品質管理部は、新規に購入した検査機器を「**検査・試験機器管理台帳**」に登録する。
※ 付属の取扱説明書等は、使用部門のリーダーが保管する。

（関連：検査・試験機器管理台帳）

2.検査・試験機器の点検計画
① 品質管理部は、使用頻度及び品質上の重要度を考慮して、「**検査・試験機器管理台帳**」に、日常点検の有無、定期点検（校正点検）計画などを定め、管理部門または担当者を明確にしておく。
※ 国際又は国家計量標準に照らして校正若しくは検証が必要な検査機器は、校正の有効期限を定め、法定点検（業者校正点検）を行う。このような標準が存在しない場合は、校正又は検証に用いた基準を記録する。
② 管理する検査・試験機器と校正方法・頻度は次ページに記述する。

（関連：検査・試験機器管理台帳）

3.検査・試験機器の管理及び点検
① 検査・試験機器には、「校正実施日」と「次回校正日」を記載したラベルを貼付し、識別管理する。
※ 但し、pH電極や温度計などラベルが貼付できないものは、「検査・試験機器管理台帳」により識別する。
② 使用部門においては、必要な精度が維持されるよう慎重に取扱い、劣化しないような適切な環境に保管する。
※ ZZZ計器は屋内で使用し、ほこり、雨、直射日光などより隔離、遮断されていること。誤操作に注意して取り扱い、自然環境として、温度10-30℃、相対湿度20-80%の範囲内に維持すること。
③ 検査・試験機器は使用前に日常点検を行い、「**測定器点検記録表**」に記録し、故障などがないことを確認してから使用する。
【日常点検方法】
※ XXX測定装置は、「XXX測定装置操作要領」に基づき点検を行い、A標準ゲージを使い誤差が正常範囲内か確認する。測定値が範囲外の場合は、b標準ゲージを使い再測定する。
※ pHメーターは、「pHメーター操作・点検要領」に基づき点検のこと。
④ 日常点検の結果、または機器使用中に異常があった場合には、直ちに使用を中止し、部品交換等を行い、校正する。
※ 外部の修理が必要な場合は、外部業者に修理及び点検を依頼する。

（関連：測定器点検記録表 ／ XXX測定装置操作要領 ／ pHメーター操作・点検要領）

4.検査・試験機器の校正
① 「**検査・試験機器管理台帳**」の計画に従って、校正点検を品質管理部または使用部門の担当者が行い、校正実施月日を「検査・試験機器管理台帳」に記録する。
② 社内で校正した機器は、「**検査・試験機器校正点検表**」に校正結果を記録する。
※ 校正点検の結果、異常があった場合には、直ちに使用を中止し、部品交換等を行い、再校正する。
※ 外部の修理が必要な場合は、外部業者に修理及び点検を依頼する。
③ 外部業者に校正点検を依頼する場合は、品質管理部が発注し、校正結果の「校正点検報告書」（業者発行）を受領し、確認後、保管する。
④ 検査機器に校正外れが認められた場合には、過去の検査データ及び試験結果の妥当性を評価し、製品への処置を総合判断する。
※ 校正のために輸送などする場合には厳重な梱包を行い、損傷しないよう配慮すること。
⑤ 処置結果は、「**検査・試験機器校正異常報告書**」に記録する。業者に処置を依頼した場合には業者の点検報告書を含めて点検記録とする。
⑥ 品質管理部は、点検実績データ及び校正結果から、今後の点検頻度、点検項目などを検討し、必要ならば記録様式を改定する等の処置を行う。
※ 使用中止となったら廃棄処分とし、「検査・試験機器管理台帳」から抹消する。

（関連：検査・試験機器管理台帳 ／ 検査・試験機器校正点検表 ／ 校正点検報告書（業者発行）／ 検査・試験機器校正異常報告書）

改訂内容	

183

※別表1：「検査・試験機器管理台帳」

	検査・試験機器管理台帳				第1版	改定日		承認	作成	／
QF-71-21-01						作成日				頁

管理No.	検査・試験器機名	型式	測定範囲	製造メーカー	製造又は購入年月日	取扱説明書有無	計画/実績	1	2	3	4	5	6	7	8	9	10	11	12	外部校正の有無
001	マイクロメータ	M210-25	0~25mm	ミツトヨ			計画			○										○
							実績													
002	マイクロメータ	M45	0~25mm	ミツトヨ			計画			○										○
							実績													
003	デジタルマイクロメータ	－－－	0~25mm	ミツトヨ			計画			○										○
							実績													
004	デジタルノギス	－－－	0~300mm	ミツトヨ			計画			○										○
							実績													
005	歯厚マイクロメータ	－－－	25~50mm	ミツトヨ			計画			○										○
							実績													
006	ハイトゲージ	－－－	0~300mm	ミツトヨ			計画			○										○
							実績													
007	ハイトゲージ	－－－	0~300mm	ミツトヨ			計画			○										○
							実績													
008	三次元座標測定機	M600A-01C	X:600mm Y:400mm Z:300mm	東京精密	1981.7.20	○	計画						○							○
							実績													
009	精密万能投影機	PJ500	φ500（×10、×20、×50)	ミツトヨ	2002.9.30	○	計画			○										○
							実績													
010	トルクドライバー	N12LTDK	20~120cN·m	KANON	2006.4		計画						○							○
							実績													
011	トルクレンチ	DB-3N	0.5~30N·m	東日製作所			計画						○							○
							実績													
012	トルクゲージ	2.4BTG	0.3~2.4kgf·cm	東日製作所			計画						○							○
							実績													
013	プロトラクター	－－－	最小目盛り 5'	丸井計器			計画			○						○				○
							実績													
014	角度ゲージ	－－－	0~180°	新潟精機			計画			○										○
							実績													
015	デジタルダイヤルゲージ	U30-J	0~30mm	SONY	2007.4.20		計画			○										○
							実績													
016	デジタルダイヤルゲージ	1DF-130	0~20mm	ミツトヨ			計画			○										○
							実績													
017	デジタルダイヤルゲージ	D-100	0~50mm	ミツトヨ			計画			○										○
							実績													
018	校正用分銅	－－－	2.5kg	秋山衝材			計画									○				○
							実績													
019	騒音計	NL-20	28~130dB	28~130dB	2005.7	○	計画									○				
							実績													
020	振動計	VM-1220E	30~90dB 50~110dB	IMV(株)		○	計画									○				
							実績													

年度 定期校正（計画：○ 実績：●）

Ⅳ． パフォーマンス評価と改善活動

この章では製品やサービスの提供後のパフォーマンス評価と改善活動について解説します。

製品やサービス実現プロセス段階や提供した後には不良やクレームが発生します。そのデータを更に分析し、改善活動に繋げることができるかが企業力になります。

更に、実施状況を社内で実施する内部監査で確認し、改善課題を抽出できるかが必須です。これらの結果を受けて、経営者より事業活動の半期や年度の評価を行い、次半期、次年度の目標設定、活動に繋げることができるか、PDCAサイクルが回っているかがマネジメントになります。

Ⅳ-1．不適合および是正処置（クレームおよび不良対策）

Ⅳ-2．データ分析から改善活動

Ⅳ-3．パフォーマンス評価（内部監査とマネジメントレビュー）

Ⅳ-1．不適合および是正処置
（クレームおよび不良対策）

「Ⅲ-7．製品およびサービスの品質管理」の中で述べたように、製品およびサービスの実現時に社内不良が起きたり、納入後に顧客からクレーム・苦情が発生する場合があります。

これらの不良やクレームを迅速に処置し、原因を追及し、適切な再発防止を行い、品質向上を図っていくことが製品およびサービスの信頼性につながります。

ISO9001／ISO14001では、社内不良やクレームなど要求事項に満たなかったことを不適合と呼んでいます。この不適合の原因を除去するための再発防止策を是正処置といいます。この節では、ISO9001／ISO14001を参考にして不適合および是正処置の手順を述べます。

〈不適合および是正処置のポイント〉

1．不適合の発生要因

2．不適合および是正処置

〈不適合および是正処置で活用する文書・記録のサンプル〉

①製造業サンプル：不適合・是正処置規程、不適合・是正処置報告書

②物流業サンプル：不適合・是正処置規程、不適合・是正処置報告書

1．不適合の発生要因

企業活動の中で製品およびサービスを実現する場合、以下の不適合の発生要因があります。

①引合および受注活動時に発生する不適合

②企画・設計時に発生する不適合

③購入品・委託品・委託業務の不適合

④製造、サービス構築時に発生する不適合

⑤検査段階で発見する不適合

⑥使用段階で発生する不適合（クレーム、苦情）

⑦企業活動における不適合（顧客満足、法令・規制の逸脱、コンプライアンスなど）

２．不適合および是正処置

　上記の不適合が発生した場合、不適合の処置および是正処置のステップは以下になります。

（1）不適合の処置

発生したクレームや不良などに迅速に対応し、不適合をなくします。

①発生した不適合を除去するための処置

　・製品の再製作、またはサービスの再提供

　・外部に流出した場合は回収、再使用、一時提供を中止

　・代替品を送付

　・要求事項に一部適合しない点があるが、使用上問題がない場合など特別採用申請書を作成し、納入

②その不適合によって起こった処置、および顧客への対応

　・不適合報告書、事故報告書、クレーム対応報告書などの作成、提出

　・クレームの場合、顧客に報告し、了承を得る処置が必要

（2）不適合の発生原因の追及

　不適合の発生原因は、業務プロセスの中に潜んでいます。したがって、是正処置は業務プロセスの中の不具合を追及し、再発を防止するための仕組みの改善になります。しかし、是正処置（再発防止）を作業者への注意などで片付けていることが多く、不適合が繰り返し再発している事例が多く見られます。原因を追及するには「Ⅲ．実務戦略」で述べた製品およびサービスの業務プロセスが確立されているかがポイントになります。

　①発生した不適合をレビューし、分析する。

　②発生した不適合の原因を追及する（原因は不適合の現象の中に潜んでいる）。

　③類似の不適合が発生していないか、または発生する可能性がないかを調査する。

◆原因追及のステップ

不適合の真の原因の追及は、プロセスの能力を左右する4つの要素（4M）を
以下の順序でアプローチ

1．Method（作業方法）…プロセスを運用する手順・基準は適切か
　　　　↓
2．Material（材料・部品）…プロセスのインプットとなる材料・部品の品
　　　　↓　　　　　　　　　　　質は／情報は正確か
3．Machine（設備・機械）…プロセスに使用する機械・設備／作業（職場）
　　　　↓　　　　　　　　　　環境は適切に維持されているか
4．Man（人・作業者）…プロセスに従事する要員は必要な力量を備えているか

上記に、5．Measurement（検査・測定）、6．Environment（環境：温度、
湿度、振動等）を含めた〈5M＋E〉で行うこともあります。

（3）是正処置（再発防止）の実施と有効性の確認

　上記の不適合の原因に基づき、原因を除去するために是正処置（再発防止）を行います。
ただし、発生した不適合のすべてに是正処置を行うのではなく、不適合のもつ影響
に応じて実施します（別紙：「不適合・是正処置規程」を参照ください）。
　①4Mの発生原因を除去するための処置（再発防止）を実施する。
　②是正処置（再発防止策）実施後、実施した是正処置が有効であるかを確認する。
　　・類似の不適合が発生していないか、または発生する可能性がないかを調査
　　　（不適合の原因は複数ある可能性があり、その是正処置がすべて実施されてい
　　　て、不適合の発生がないかを確認）
　　・品質や生産性が向上しているかを確認
　③「Ⅰ-1．経営戦略策定」で述べた経営目標達成などに関連する重大な不適合の
　　場合は、企業活動のリスクおよび機会（SWOT分析）の見直しを行い、マネジ
　　メントシステムの変更を検討する。

　これまで述べてきた不適合処置から是正処置の手順のサンプルとして、**別紙：「不
適合・是正処置規程」（製造業）（物流業）**を添付します。また、不適合および是正処
置の実施結果を記録するためサンプルとして、**「不適合・是正処置報告書」（製造業サ
ンプル）（別表1）**、**「不適合・是正処置報告書」（物流業サンプル）（別表2）**を添付
しますので参考にしてください。

別紙：「不適合・是正処置規程」（製造業サンプル）

AAA株式会社	不適合・是正処置規程	第1版	改定	承認	作成
QD-87-01-01			制定		

フロー 受付部署	担当部門	部門長・管責	手順	関連文書・記録
	不適合検出 ↓ 報告書発行	報告書受領 A	**＜【Ⅰ】社内発生不適合＞** ① 社内業務処理及び社内製造・検査時に不適合が発生した場合、担当者は不適合の内容を確認し、部門長に報告する。 ② 部門長は、不適合の内容を確認し「**不適合・是正処置報告書**」の作成を指示する。 ③ 担当者は「**不適合・是正処置報告書**」を作成し、発生状況を記入し、部門長に提出する。	不適合・是正処置報告書
不適合発生 →	不適合内容確認	報告 A	**＜【Ⅱ】外部仕入品不適合（購入品・製造委託品）＞** ① 受入部署より、購入品や製造委託品の受入検査で不適合が発生した場合、担当部門は不適合内容を確認し、「**不適合・是正処置報告書**」に記入し、部門長に報告する。	不適合・是正処置報告書
クレーム受理 ↓ 不適合内容確認	報告書発行	対策検討	**＜【Ⅲ】外部（顧客）クレーム＞** ① 納入後、外部（顧客）よりクレームを受けた場合、受付者は顧客に発生状況を確認し、担当部門に報告する。 ※ 緊急を要する場合は、部門長は暫定処置を決定する。必要な場合は、品質管理責任者及び経営者に連絡する。 ② 担当部門は、クレームの内容を確認し、「**不適合・是正処置報告書**」を作成し、部門長に提出し、対策を検討する。 ③ 部門長（または担当者）は、顧客から対策書の要求がある場合は作成し提出する。 ★ 顧客指定用紙での提出要求がある場合はそれに従う。	不適合・是正処置報告書

不適合処置の決定
A
			＜不適合処置＞
			① 担当者は部門長の承認を得て次の処置を決定する。
			  a. 個々の要求事項を満足させるために手直しをする。
			    （この場合は再検査を行い、検査結果は通常工程と同様に記録）
			  b. 顧客に特別採用を申請する。（様式自由）
			  c. 製品を再製造し納品。この場合不適合品は引取・別途再使用
			  d. 廃棄する。
			  e. 納品ミスによる代替品の納品	

		改善要求	② 部門長は、不適合が外部仕入品【Ⅱ】の場合は、処置を外部委託先に改善要求を行う。必要な場合、「**不適合・再発防止対策書**」（相手先の様式がある場合はその様式による）の提出を要求する。	不適合・再発防止対策書
不適合処置		報告書受領	③ 不適合【Ⅰ】、【Ⅲ】の場合、発生部署は、「**不適合・是正処置報告書**」に不適合処置を記入し、部門長に提出する。	不適合・是正処置報告書
		是正処置の必要性の評価	**＜是正処置＞** ① 部門長は、不適合の内容から是正処置の必要性を判断し、次の場合は是正処置を行うよう指示する。	
	不適合原因追及		是正処置の必要性判断基準 1) 顧客クレームが発生した場合。 2) 社内不適合で大きな損失金額が発生した場合。 3) 軽微な同じ原因の不適合が繰返し発生した場合。 4) 経営層及び管理責任者が必要と判断した場合。	
			② 発生部門は、不適合の発生原因を追及する。	
	是正処置の決定	承認	③ 発生部門は、不適合の原因の除去（再発防止策）を部門内で協議し、是正処置を決定し、部門長の承認を得て「**不適合・是正処置報告書**」に再発防止策（是正処置の計画）を記録する。	不適合・是正処置報告書
	是正処置		④ 発生部門は、是正処置を実施し、「**不適合・是正処置報告書**」に実施結果を記録する。	不適合・是正処置報告書
		確認	⑤ 部門長は、処置が完了した「**不適合・是正処置報告書**」の内容を確認し、承認する。	不適合・是正処置報告書
	有効性確認 ↓ 報告		**【是正処置のフォローアップ】** ① 管理責任者（ISO事務局）は、是正処置の有効性を確認し「**不適合・是正処置報告書**」に記録する。ただし、有効性の確認に期間を要する場合には、その主旨を明記する。 ※ 是正処置が不十分と判断した場合には、追加処置を指示する。 ※ 必要な場合、「**不適合・是正処置報告書**」を経営者に報告する。	
	不適合データ集計		② 管理責任者（ISO事務局）は、不適合の発生状況をもとに「**不適合・是正処置一覧表**」を作成し、データ分析の資料とする。	不適合・是正処置一覧表
改定内容				

※別紙：「不適合・是正処置規程」（物流業サンプル）

BBB株式会社	不適合・是正処置規程	第1版	改定	承認	作成
CD-87-01-01			制定		

フロー				手順	関連文書・記録
乗務員 業務担当者	部門長	MS管理者	顧客 (荷主)		

1.【クレーム発生時の処置】

① 担当者は、顧客よりクレームの情報を受けた場合、顧客にクレーム内容を詳細に確認する。

② 担当者は、クレーム内容を部門長に報告する。

③ 部門長は、クレーム内容に基づき「**不適合・是正処置報告書**」を作成する。
※ 顧客指定様式での報告が必要な場合は、顧客指定様式で作成する。 〔不適合・是正処置報告書〕

④ 部門長、担当者と「**不適合・是正処置報告書**」を基に、クレームの発生状況を確認し、対策を検討する。

⑤ 「不適合・是正処置報告書」のコピーをMS管理者に提出する。

※ 必要な場合、MS事務局は「**不適合・是正処置報告書**」をコピーし、経営層に報告する。 〔不適合・是正処置報告書〕

⑥ 部門長は、クレーム処理方法を顧客に報告し、了承を得る。

2.【運送事故及び社内/委託先不適合発生時の処置】

① 寄託貨物の輸送・荷役・保管時に商品の破損等や社内業務の不適合が発生した場合、担当者は不適合の内容を確認し、現場管理者または部門長に報告する

② 部門長は、不適合の内容を確認し、不適合処置を指示する。

③ 部門長は、不適合の内容に基づき「**不適合・是正処置報告書**」を作成する。
※ 部門長は、必要な場合、顧客に不適合の内容を報告し、顧客の指示に従う。 〔不適合・是正処置報告書〕

④ 部門長は、「**不適合・是正処置報告書**」を基に、不適合の発生状況を確認し、対策を検討する。

⑤ 部門長は、不適合処置を決定し、実施し、管理責任者に提出する。

3.【是正処置】

① 部門長は、不適合の内容から是正処置の必要性を判断し、次の場合は是正処置を行うよう指示する。

＜是正処置 の必要性判 断基準＞	1.顧客クレーム
	2.軽微な不適合・事故が頻発している場合(3回以上発生)
	3.経営者又はMS管理責任者が必要と指示した事項

② 部門長は、不適合の原因を究明し、「**不適合・是正処置報告書**」に記入する。
※ 原因は4Mで特定すること。 〔不適合・是正処置報告書〕

③ 部門長は、不適合の原因の除去(再発防止策)を部門内で協議し、是正処置を決定し、「**不適合・是正処置報告書**」に記録する。

④ 部門長は、是正処置を実施し、「**不適合・是正処置報告書**」に実施結果を記録する。
※ 手順・標準／様式の作成・改訂の要否、運用方法及び教育・訓練の必要性を考慮して実施のこと。

⑤ 部門長は、是正処置を実施後、「**不適合・是正処置報告書**」をMS管理責任者に提出する。 〔不適合・是正処置報告書〕

4.【是正処置のフォローアップ】

① MS管理者は、是正処置の内容を確認し、是正処置が不十分と判断した場合には、追加処置を指示する。

② 部門長は、是正処置を見直し、再発防止策を実施し「**不適合・是正処置報告書**」に記載し、MS管理者に提出する。
※ 但し、有効性の確認に期間を要する場合には、その主旨を明記する。 〔不適合・是正処置報告書〕

③ MS管理者は、是正処置のフォローアップを行い、再発していないか有効性を確認し、「**不適合・是正処置報告書**」に記録する。
※ 必要な場合には、計画の段階で決定したリスク及び機会の更新、及び品質・環境マネジメントシステムの変更を行う。 〔不適合・是正処置報告書〕

④ MS管理者は、是正処置の実施結果を「**不適合物流サービス一覧表**」に記入する。 〔不適合物流サービス一覧表〕

⑤ 「**不適合物流サービス一覧表**」は、不適合・是正処置のデータ分析資料とし、マネジメントレビューの資料とする。

改定内容

フロー図内の要素：

1.【クレーム発生時の処置】
- クレーム受領
- クレーム内容確認
- 不適合・是正処置報告書
- クレームのヒヤリング・特定
- 不適合処置 → ①
- 管理者受領
- 経営層報告
- クレーム（顧客）
- 顧客報告

2.【運送事故及び社内/委託先不適合発生時の処置】
- 不適合発生
- 不適合内容確認
- 不適合対応指示
- 不適合・是正処置報告書 → 顧客報告
- 不適合のヒヤリング・特定
- 不適合処置
- 管理者受領

3.【是正処置】
- ① → 是正処置の必要性
- 原因追及
- 再発防止策計画
- 是正処置
- 是正処置結果報告
- 報告書受領

4.【是正処置のフォローアップ】
- 是正処置追加（有／無）
- 是正処置完了
- 是正処置フォローアップ
- 不適合サービス台帳登録
- MS資料

様式:OMF-10-01-01

					発行部門

不適合・是正処置報告書

件　名	××××カバーCの表面キズ		発行NO	×××-10-05
			発行日	20XX年XX月XX日
図　番	×××M××	製品名　ABC-CDE-001	納入先	A社

不適合の種類	社内不適合(受入　工程内)　　外注不良　　クレーム　　その他(　　　　　)
発生部門	顧客　　　　　　発見場所　　　　　　顧客受入検査時

①発生状況	(不適合内容)	発生日	20XX年XX月XX日

①発生状況

発生装置・工程 □CAD　□ブランク　■ベンダー　□圧入　□溶接　□カシメ　□組立　■検査　□外注　□その他

不適合項目
A:外観(キズ・打痕)　B:寸法不良　　C:仕上げ不良(塗装・めっき)　　D:洗浄不良
E:加工不良(機械加工)　F:加工不良(プレス)　G:加工不良(板金)　H:設備不良(　　　)
I:指示ミス　　J:客先不良　　K:その他(　　　　)

【詳細内容】　(5W1H:いつ、何処で、誰が、何を、どのように、なぜ)
納品数421枚の内、21枚が××××カバーの表面にキズがあり、顧客の受入検査で不合格になった。(不適合品21枚は顧客より返品受領済み)

②不適合処置	□修正　■再製作　　□用途変更　　□廃棄　　□特別採用　　□その他	処置部門
	(いつ、誰が、何を、どのように) 不適合が発生したカバー21枚の再製作を製造が行い、XX月YY日に顧客に納入した。	日付:

③発生原因

【発生した原因はなにか(4M:①方法、②材料・部品・製品、③設備・作業環境、④人)】　　発生部門

(方法の不備)
①加工工程間移動時のキズ発生の可能性あり。
②納入時の梱包方法に不備があった。(輸送中に製品の干渉)
③顧客との品質基準が明確でなく、受入検査でバラツキが有り。
(材料)
④購入材料の表面状況の確認が不足している。
【類似の不適合の発生の可能性:■有　□無　】

日付:

是正処置[必要性:有　無]　　(不適合・是正処置規程に基づき判断)

④是正処置

【是正処置の計画】　(原因の4Mに対して再発防止策は)　　発生部門
①製品表面に可能な限りキズが付かない加工方法の見直し:製造部と品質保証部で実施内容(1個流し等)を確認する。「作業標準書」の見直し必要。
②梱包方法の変更:製品をハトロン紙で直接接触しないように5個単位に包装し、バケットの20包み(100個)単位に収納する。「梱包・包装仕様書」の改訂必要。
③営業部門は製品サンプルを再度顧客に提出し、品質基準(出来栄え)の確認を行う。
④購入材料の状態確認(表面キズ等)し、今後必要ならば購入先と打合せを行う(製造部門)

日付:

【是正処置の実施結果】　(規定/様式の作成・改訂の要否、及び教育・訓練の必要性)　　対策部門
①「作業標準書」の改訂(製造部門でXX月1日作成)
②「梱包・包装仕様書」の作成(品質保証部門でXX月3日作成)
③製造部門が「限度見本」を作成し、営業部門が顧客の承認を得た。

※新しく作成・改訂した「作業標準書」「梱包・包装仕様書」及び「限度見本」に基づき、製造部門で、XX月ZZ日に教育・訓練を実施した。(教育・訓練実施記録(20XX.12.4)参照)

日付:

⑤有効性確認

【再発していないか、効果的なやり方になっているか】　　確認
XX月5日～10日の製造工程で製品の出来栄えを確認し、手順通りに製作されていることを確認。その後、12月まで不適合品の発生が無く、再発防止策が有効であることを確認した。

【水平展開(他の工程・装置など)の可能性】
新規受注に当たっては、製品の用途(外観部品等)、品質基準、梱包仕様等の要求事項を明確にする「XX作業手順書」をXX月までに作成し、不良発生を未然に防止する対策を行う。

日付:

【リスク&機会の見直しの必要性:　要　　否　】

顧客クレーム	→	(受理部門又は発生部門) 発行	→	処置部門	→	(部門長又は管理責任者) 是正処置判断	→	対策部門	→	(部門長又は管理責任者) 有効性の確認	→	社長	→	顧客
社内・購買先不適合	→	発行	→	処置部門										(必要時)

様式：QF-10-01-01

不適合・是正処置報告書

	発行部門
	輸送課

不適合名称	MM納品先で商品破損（フォーク）	発行NO	9
		発行日	20XX年XX月XX日

不適合の種類 （プロセス）	1. 社内不 適合	①受入　②入庫　③保管　④仕分　⑤出荷　⑥点呼　⑦積込　⑧走行中 ⑨納品　⑪受注　⑫発注　⑬入力　⑭出力　⑮その他
	2. クレーム　3. システム　4. その他	

①発生状況	発生日・時間	20XX年XX月XX日　13:30		場所	MM物流センター

	不適合内容	【商品】 1.全損　2.破損　3.濡れ　4.変形
		5.品違い　6.数違い　7.日付許容外出荷　8.テレコ　9.遅配　10.中飛ばし出荷
	【サービス】	11.その他

商品コード		商品名	WW入りケース	納入先	MM物流センター
□ 新規　　■ 再発			当事者名	○○氏	

事故経緯	【詳細内容】　（いつ、何処で、誰が、何を、どのように、なぜ） MM物流センターに納品する際、フォークリフトでパレットに乗せたWW入りケースを移動中、センター入り口のポールに気づかず、パレットが引っ掛かり、50ケース分が落下してしまった。

事故の 処理費用	①弁証金　　　　円	品代：　32,000円	運賃：　15,000円
	運賃 支払先	AA社	その他：

②不適合処置	処置	①返却　②廃棄　③手直し　④再配送　⑤特別採用　⑥買取　⑦その他（　　　）		処置担当
	処置内容 （応急）	輸送課　NN係長に連絡し、再配達を依頼し、再配した。 落下した商品50ケースを回収し、荷主に返却し処理を依頼した。		
				日付：

③発生原因	要因	①リフト操作ミス　②搬入搬出時ミス　③品名・数量確認ミス　④ロット確認ミス ⑤検品ミス　⑥保管ミス　⑦ピッキングミス　⑧日付確認ミス ⑨事務処理ミス　⑩思い込み　⑪手滑り　⑫その他　（　　　）
	原因	【発生した原因(潜在的要因)は何か(4M:方法、材料・商品、設備、人)】 ・納品先の入り口の状態等の注意事項が確認されていなかった。 ・その他、納品先の状況および注意事項が明確になっていなかった。 【類似の不適合の発生の可能性：　■有　□無　】

是正処置　[必要性 ：　有　　　無　]	（不適合・是正処置規程に基づき判断）

④是正処置	【是正処置の計画(手順・標準／様式の作成・改訂の要否、運用方法及び教育・訓練の必要性)】 ・顧客の了承を得て「納品先カルテ」を作成する必要がある。 ・「納品先カルテ」には、その他に商品落下などの事故が発生しているので注意点を入れて作成する必要がある。	対策担当
		日付：
	【是正処置の実施結果】 (手順書・様式等の作成・改訂による仕組み・運用の改善結果、及び教育・訓練による理解度・実践度など) ・MM物流センターの「納品先カルテ」をXX月XX日に作成した。 ・「納品先カルテ」を、ドライバーミーティングで周知し、配布し携帯することにした。 ・今月中は点呼時に注意を促す。	対策確認
		日付：

有効性確認	【フォローアップ：再発していないか、効果的なやり方になっているか】 ・3ヶ月経過したが事故発生はなく、ドライバーも「納品先カルテ」に基づき納品業務を行っていることを確認した。	有効性確認
	【水平展開：(他の商品・業務・工程)の類似の発生の可能性】 ・その他の納品先事故が発生している納品先や、新規納品先を優先して「納品先カルテ」を作成し、納品先事故防止削減を図る。	日付：
	【リスク＆機会の見直しの要否：　要　　否　】	

●コラム：是正処置がうまくいかない原因

①不適合の現象と原因が区別されていない

　現象とは目で見て確認できるもの、原因は現象の背後に隠れ潜んでいます。

②真の原因を抽出していない

　（事例）現象：作業者が加工ミスをしてしまった。

　　　　　原因：作業者が作業手順を守らなかった。

　　　　　対策：作業者への教育を行った。

$$\downarrow$$

　　　　　真の原因：作業標準が作業者に理解されていない。作業標準が仕事の変化に対応して
　　　　　　　　　　いない。

　　　　　真の対策：作業標準の見直しを行い、作業者の教育を実施し、作業状況を確認した。

③原因を人の責任にしない　→　人に関する原因は少ない（仕事に従事する人は変わる）

④対策案が再発防止につながる対策になっているか

　原因に対する対策は必ずしも一つではない　→　4Mに対する対策案が必要

⑤是正処置の効果の確認をしていない

　処置が効果的（品質・生産性が向上している）であり、その後再発していないか。

⑥過去の是正処置の分析を行っていない

　個別の是正処置をしたうえで、「不適合発生一覧表」などから、どのプロセスで、どのよう
　な項目・内容の不適合が発生しているかを分析し、発生の傾向と特性を確認することが必
　要。　　　　　　　　　　　　　　　　　　　　　　　　　　　　　　　　　　　　（M.M）

Ⅳ-2．データ分析から改善活動

　企業活動の結果として、業務が確実に実施されたか、また所定の品質が確保されたかを証明するために多くの記録が作成されています。「**Ⅱ-4．経営資源の情報化**」の「2．記録からデータ化による改善」の中で記述したように、蓄積した記録を改善につなげることができるかが問われています。

　組織の情報化が浸透し、社内のネットワークを活用して実績情報を集積し、データ化することが容易になっています。

〈データ分析から改善活動の活用のポイント〉
1．各業務のリスク管理による改善
　①引合・受注関連データからの改善
　②設計・開発時の過去のデータによる改善
　③購買先のデータによる改善
　④製品の品質データからの改善…発生する軽微な不良対策
　⑤物流サービスの不適合データからの改善
2．改善提案書やヒヤリハットを活用した改善活動
3．改善提案表彰制度

〈改善活動に活用する文書・記録のサンプル〉
①リスク管理シート、②実行予算書、③購買先リスト＆継続評価・分析表
④不良発生一覧表、⑤発生不適合内容一覧、⑥不適合物流サービス一覧表
⑦不適合物流サービス分析表、⑧改善提案書、⑨ヒヤリハット報告書、
⑩改善提案要領

1．各業務のリスク管理による改善

　各業務で蓄積したデータを分析すると製品やサービスの傾向と特性が見えてくるので、改善の材料になります。以下に改善活動の事例を記述します。

（1）引合・受注関連データからの改善

①引合・受注データの活用

　引合から受注活動では、「Ⅲ-1．営業戦略」で作成した**「引合・受注一覧表」**を活用し、半期ごとの業種や顧客毎の引合物件数や受注件数・金額などの実績を分析し、今後の重点業界・顧客、製品やサービスをターゲットにして効率的な営業活動を展開します。

　既存の製品や標準サービスでは、引合段階でのリスクはほとんどありませんが、製品を組み合わせた設備やシステム、あるいは複雑なサービスとなると、仕様の決定、見積金額作成時にリスクが発生します。この対応としては、製品シリーズごとに発生したリスクを**「リスク管理シート」（別表1）**にデータ化しておけば、同様のリスクを回避することができます。

②「実行予算書」の活用

　新しい仕事には、発注側／受注側双方に想定できないリスクが含まれています。

　仕事を進めていくなかで、想定しなかった問題や変更、追加仕様が発生した場合、受注側が変更見積書や変更仕様書を提出するのは当然ですが、発注側・受注側のどちらの責任ともいえない微妙な問題が発生する可能性があります。**「実行予算書」（別表2）**を作成し、〈見積時→実行予算→実施予算（変更）→事後原価〉の進捗実績を、製品およびサービスの分野や業種ごとに蓄積していくと、どの程度のリスクが発生するかを実行予算段階で想定することができます。私が以前在籍した企業では、このリスクを「JOB管理費」として計上していました。ただし、リスク管理費を多く見積もるのではなく、如何にリスクを想定した適切な金額を計上できるかがポイントです。

　リスクを想定する力量をつけることにより、顧客と円滑に仕事を遂行する上で必要な課題を解決する提案力が磨かれていきます。また、**「実行予算書」**から、見積段階の金額が想定できるようになります。

③品質基準や「限度見本」の活用

　塗装やめっき業のように、支給された素材や部品を加工して納入する業種は、支給される素材や部品の善し悪しにより納入製品にバラツキが発生します。これまでの不良品発生率から予想される費用を想定し、見積金額に反映する必要があります。さらにこれらのデータから、支給部品の品質条件、納入製品やサービスの品質基準を、顧

客と双方で定めておくことが重要です。「限度見本」などを作成し、過剰品質にならない仕様決定や取り決めを行うことでリスクを回避します。

（2）設計・開発時の過去のデータによる改善

製品やサービスの品質・機能は設計や企画段階でほとんどが決定します。これまで発生したリスクをデータ化した**「リスク管理シート」**の活用を提案します。

過去の事例を参考にして新しい物件のリスクを想定し、「Ⅲ-2. 設計・開発戦略」で述べた**「設計進捗管理シート」**に展開すれば、設計や企画段階のリスク回避と設計の効率化につながります。

下記に製造業の**「リスク管理シート」（別表1）**の事例を添付します。サービス業の場合は、サービス構築プロセスで発生したリスクをデータ化されることを推奨します。

※「リスク管理シート（製造業）」（別表1）

様式：OF-91-00-01

製品シリーズ（　　　　　　　）
リスク管理シート

更新日：
作成日：

承認　作成

項目	リスク要因		物件名	過去発生したリスクデータ	対応策	実地部署	実地日	対策結果
1	顧客使用条件 ・使用環境 ・設置場所 ・稼働時間　等	①						
		②						
		③						
		④						
		⑤						
2	取扱製品の条件 ・取扱製品形状(荷姿・重量) ・取扱量 ・取扱注意事項　等	①						
		②						
		③						
		④						
		⑤						
3	競合他社、見積価格 ・競合他社の動向、価格 ・見積(企画)提案書 ・見積積算実績 ・当社の優位性(価格、技術)	①						
		②						
		③						
		④						
		⑤						
4	製品設計 ・類似の設計図、レイアウト図 ・特殊設計の有無 ・特許の有無	①						
		②						
		③						
		④						
		⑤						
5	購入品・外部委託 ・特殊購入品 ・外部委託先	①						
		②						
		③						
		④						
		⑤						
6	製品製造・製品品質 ・製造の難易度 ・試作の必要性 ・検査の難易度 ・試運転必要性 ・据付・引渡条件	①						
		②						
		③						
		④						
		⑤						
7	その他	①						
		②						
		③						
		④						
		⑤						

※「実行予算書」（別表2）

（様式：　　　　　）					
JOB番号：		**実　施　予　算　書**			（写）事業部長 （写）管理責任者

		作成日		作成日		作成日		作成日	
契約先		営業部		JOB責任者 （設計G）		JOB責任者 （生産技術G）		JOB責任者 （製造G）	
引合番号		見積（積算）時		実行予算		実施予算（変更）		事後原価	
JOB番号		見積額		契約額		契約額		契約額	
納入先		原　価		原　価		原　価		原価	
設備名		利益		利益		利益		利益	
納期		総利益（率）		総利益（率）		総利益（率）		総利益（率）	

（コード番号）	摘　　要	数量	単価	金額	数量	単価	金額	数量	単価	金額	数量	単価	金額
	計画設計費												
	JOB設計費												
	［設計費小計］												
	Aユニット制作費												
	Bユニット制作費												
	Cユニット制作費												
	Dユニット制作費												
	Eその他購入部品費												
	総組立費												
	［機械小計］												
	F制御ユニット①												
	G制御ユニット②												
	機内配線費												
	［計装小計］												
	試運転調整費												
	顧客立会試運転費												
	［試運転・調整費小計］												
	梱包費												
	輸送費												
	［梱包・輸送費小計］												
	据付・調整費												
	外注費												
	出張経費												
	［据付・工事費小計］												
	［経費］												
	JOB管理費												
	合　計												

（3）購買先のデータによる改善

　「Ⅲ-3．購買戦略」の**「別表2：購買先リスト＆継続評価表」**に、業種ごとの**「総合評価」**欄を追加し、同業種の［品質状況・納期・価格・事業継続性など］を蓄積した「購買先リスト＆継続評価・分析表」（別表3）のデータを活用すれば、購買先の課題や今後の対応が見えてきます。

　経済状況や後継者不在などが原因で中小企業の廃業が増えていますが、購買データを活用することで、購買先の選定、必要な購入品と委託業務先の確保ができ、製品とサービスの品質を維持することができます。

株式：QF-84-02-01

※「購買先リスト＆継続評価・分析表」（別表３）の活用

改訂日：
作成日：

部門長	担当者

年度購買先リスト＆継続評価・分析表

＊評価点（非常に良い：３　良い：２　不足：１）
＊①外部委託先、②評価、②購入先、②黄色の枠を評価
＊【総合評価点：①12点以上は継続、②7点以上は継続】

No	会社名／住所	主要取引品目	能力			品質・価格・サービス			評価総合点	総合評価	不適合件数	評価結果：今後の課題 改善要望事項	総合評価
			人員・経験安定性	生産レベル・技術	納期対応能力	製品出来映えの良し悪し	品質レベル	価格対応力					①現状の購買先で十分か（品質・納期・価格等）②事業継続性（後継者の有無等）は問題が無いか ③地域内に不足している購買先は無いか ④顧客要望事項を含めて更にレベルアップするには、不足した購買先は無いか
1	株式会社XX商店 埼玉県XX市	鉄板	2	2	2	2	2	2	8	継続			＊購入価格が上昇しており、購買先が多いので今後集約し、集中購買により価格維持を図る必要がある。
2	株式会社XX商会 東京都江戸川区	SUS製品	2	2	2	2	2	2	8	継続			
3	XXX株式会社 埼玉県XX市	SUS316パイプ等	2	3	3	3	3	3	11	継続			
4	株式会社XX 東京都XX区	チタン・SUS製品	2	2	2	2	2	2	8	継続			
5	株式会社YY 埼玉県XX市	SUSパイプ	2	2	2	2	2	2	8	継続			
6	有限会社VV電機商会 東京都XX区	電材	3	3	2	3	3	2	10	継続			＊特になし。
7	AA産業 株式会社 埼玉県XX市	樹脂製品・電線	2	2	2	2	2	2	8	継続			
8	株式会社BB 東京都XX区	電線	2	2	2	2	2	2	8	継続			
9	CC株式会社 千葉県XX市	樹脂製品	2	2	2	2	2	2	8	継続			＊特になし。
10	株式会社ZZ電機 東京都XX区	制御機器・電子部品	2	3	2	2	3	3	15	継続			
11	MM電機 株式会社 東京都XX区	制御機器・電子部品	2	2	2	2	3	3	14	継続			
12	NN株式会社 東京都XX区	制御機器	2	2	2	2	3	3	14	継続			
13	EE製作所 東京都XX区	板金加工	2	2	2	3	2	3	14	継続			＊GG社は、経営者及び社員が高齢で事業継続が危ない。従って、新規購買先を探す必要がある。
14	GG電気株式会社 千葉県XX市	板金加工	1	2	2	1	3	3	12	継続	2	当面は継続するが、経営者が高齢で事業継続、品質に課題あり。	
15	（有）XX創業 千葉県XX市	機械加工	2	2	3	2	3	3	15	継続	1		＊特になし。
16	株式会社DD 千葉県XX市	機械加工	3	3	2	3	3	3	17	継続			
17	SS鐵工（株） 神奈川県XX市	機械加工	3	3	3	3	3	3	18	継続			
18	TT機械（株） 群馬県XX市	治具製作	2	3	2	3	3	2	15	継続			
19	XX塗装工業 株式会社 千葉県XX市	テフロンコーティング加工	2	2	2	2	3	3	14	継続			＊塗装業は今後課題問題動が事業存続に影響してくるので、訪問して監査を行い、事業活動を確認する必要がある。
20	有限会社KK製作所 東京都XX区	塗装	2	2	2	2	3	3	14	継続			

（4）製品の品質データからの改善…発生する軽微な不良対策

　繰り返し発生する軽微なミスや不良は、ポカミスなどの人的要因によると思われていることが多く、個人への注意や朝礼時の注意などになっています。しかし、このような単純なミスや不良は、この対策ではなかなか減少しないのが実情です。

「**Ⅳ-1：不適合および是正処置（クレームおよび不良対策）**」で述べたように不適合の対策手順は、【**不適合処置→発生原因追及→原因の除去（再発防止策の決定）→是正処置（再発防止策実施）→効果の確認**】のステップで、不適合の原因と特定は4Mで行います。しかし、軽微な不良は発生の原因がなかなかつかめないのが実情で、注意だけで済ませているのが多く見られます。

　しかし、軽微な不良はあらゆるプロセスで発生しており、製品やサービスの品質と生産性を下げる要因になっていますのでこの対策は重要です。

　まず、軽微な不良を記録することから始めます。軽微な不良はすぐ修正できるので記録するのは億劫です。したがって、軽微な不良が発生しても絶対にミスした人を責めないことです。

①作業者による「不良メモ」の作成

②「**不良発生一覧表**」（別表4）を作成し、製品名・不良名・発生プロセス・不良項　目・不良内容を明確にし、実施した不良処置（応急処置）を記入

③発生した不良の想定原因、改善策、対策部門を決定

「**不良発生一覧表**」（別表4）をもとに、製品や不良名を発生プロセスごとにデータをソートすると、同じ不良が再発しているかいないかがわかります。「**不良発生一覧表**」（別表4）の製造業の事例を見ると、設計図面の修正や加工・組立ミス、発注ミス、加工先ミスなど、再発していることがわかります。これらのデータから根本的な発生原因を追及することが可能になります（今までの経験では、不良のほとんどは再発です）。

　このように業務プロセスの中でどのような内容の不良が発生しているかをデータ化することにより、発生原因が特定でき、改善につなげます。さらに、「**Ⅲ-4．製造およびサービスの実現戦略**」で述べた「**製造PFD**」（別紙1-2）、「**作業手順書**」（別紙1-3）の見直しにも活用します。

不良発生一覧表

改定：

作成：

番号	年/月/日	発生部門	製品名	不良名	発生プロセス	不良項目	不良の内容	不良処置（応急処置）	想定される発生原因	改善対策	対策部門
							AAA株式会社 QF-91-01-01				
1	20XX年X月XX日	製造部	AA製品	断線	ユニット組立	圧着端子	ユニット内での断線箇所が発生	再結線を行った。	圧着端子の圧着処理の不具合	圧着要領の作成と作業者の教育・訓練	製造
2	20XX年X月XX日	製造部	EE製品	組立ミス	ユニット組立	組立	組立の前後が間違っていた。	組立修正を実施。	図面が読み取りにくい	図面修正	設計＆製造
3	20XX年X月XX日	製造部	CC製品	加工間違い	加工プロセス	加工ミス	図面はC3.5になっていたが、C5に加工をした。	追加工を行った。	製品図面の確認作業を怠った。	製作前事前確認必要	製造
4	20XX年X月XX日	製造部	DD製品	本体板金不良	購買先	加工ミス	受入検査を行った所、下記の6ヶ所のφ7穴加工がされていなかった。	委託先に連絡し、引取・再加工を行った。	取引先の加工ミス	発注指示の改善	購買
5	20XX年X月XX日	製造部	AA製品	扉塗装面傷	組包	製品キズ	組包時、扉に木枠をぶつけてしまい、塗装面にキズがついた。	補修色での応急処置	組包エリアの2Sの不徹底	組包要領及び作業エリアの5S徹底	製造
6	20XX年X月XX日	製造部	AA製品	配線間違い	配線	配線ミス	XXXの所の配線図面が間違っていた為、配線間違いをしてしまった。	設計部に図面修正依頼	わかりやすい配線図が必要	わかりやすい図面作成と出図時確認	設計
7	20XX年X月XX日	製造部	AA製品	断線	ユニット組立	圧着端子	断線による試運転できず。本件で3例目	再結線を行った。	圧着端子の圧着の不良の可能性	圧着要領の作成と作業者の教育・訓練	製造
8	20XX年X月XX日	製造部	CC製品	ダブル発注	購買	発注ミス	当該部品2本×4本入庫した。	購買部へ連絡して2本返品。	ダブル発注の可能性	部品表を確認して発注	購買
9	20XX年X月XX日	製造部	DD製品	シャフトの社内加工忘れ	加工プロセス	納期遅れ	在庫品流用のため、組立時まで社内加工を忘れてしまった。	即、加工ミス	在庫管理の不備	在庫品のリスト化	業務
10	20XX年X月XX日	購買部	BB製品	発注ミス	購買	発注ミス	XXXを類似品の違う図面で発注してしまった。	再度、正式図面にて至急手配した。	納期を確保するため図面確認不備による発注ミス	関連部門との納期確認	購買
11	20XX年X月XX日	購買部	CC製品	塗装色の間違い	購買	発注ミス	顧客指定色でなく、パネルの塗装色を標準色で依頼してしまった。	再塗装を依頼。	顧客仕様の確認ミス	標準品の変更箇所のチェック	購買
12	20XX年X月XX日	製造部	DD製品	設計ミス	設計	設計ミス	カバーのR3加工を、4箇所間違えてR6に設計してしまった。	図面修正をし、至急再製作を行った。	組図との検証を怠ってしまった。	出図前の検証実施	設計
13	20XX年X月XX日	購買部	CC製品	ダブル発注	購買	発注ミス	本体ケースを先行手配していたが、確認を怠り再度発注をしていった。	在庫として保管。	ダブル発注	先行手配品の手配方法の検討が必要。	購買
14	20XX年X月XX日	受入検査G	AA製品	キズ・仕上げ面	購買先	加工ミス	受入検査を行った所、仕上げ面にキズ・凹凸があった。	社内で、寸法内で現状の物を再加工した。	外注先の検査基準があいまい	検査チェックシートを発注書に添付し、検査記録を記入した納品する手順とする	購買
15	20XX年X月XX日	受入検査G	BB製品	受入検査を怠った	受入検査	検査ミス	受入検査として法公差部の測定を行っていなかった。	寸法公差チェックを行った。	寸法チェックするものが明確でなかった。	受入検査要領を作成	購買

（5）物流サービスの不適合データからの改善

「発生不適合内容一覧」（別表５）をもとに「不適合物流サービス一覧表」（別表６）を活用した事例です。

①過去に発生した不適合から、事故項目と事故内容を列記した**「不適合の種類」**（事故項目と事故内容）を作成します。次にその事故がどのプロセスで発生したかを整理した**「プロセス毎の不適合発生一覧表」**を作成します。不適合のほとんどが再発であり、新しい不適合が発生したらこれらの表に追加します。
　「発生不適合内容一覧」（別表５）を参照ください。
②**「不適合物流サービス一覧表」**（別表６）を作成し、不適合が発生したら、ここに発生した不適合情報（事故内容、不適合・クレーム処理、事故費用など）を記録します。**「発生不適合内容一覧」**（別表５）に従い、事故内容から**「プロセス記号」****「事故項目番号」****「事故内容番号」**を記入します。
③「不適合物流サービス一覧表」のデータに基づき、**「不適合物流サービス分析表」****（別表７）**を作成し、不適合の発生場所〈プロセス〉不適合発生件数、不適合内容毎の発生件数、事故処置費用を集計します。
④前年度の発生状況と比較し、発生プロセスごとに不適合内容・件数を分析します。
⑤分析結果から「年度不適合物流サービス分析から再発防止（是正処置）及び改善対策」を作成し、改善を実施します。さらに、「**Ⅲ-４．製造およびサービスの実現戦略**」で述べた「**（物流センター）PFD**」（別紙２-２）、「**（輸配送）PFD**」（別紙２-３）および関連手順書の見直しにも活用します。

※別表５：発生不適合内容一覧

【不適合の種類】

事故項目	事故内容
1 遅配	① 顧客先への引取り遅れ、未着
	② 納品先への到着遅れ、未着
2 商品事故	① 入荷時(破損・汚損)商品発見
	② 保管時の破損・劣化
	③ 検品時(落下・転倒)商品破損
	④ 出荷時(破損・汚損)商品発見
	⑤ 積込み作業時(落下・転倒)商品破損
	⑥ 荷卸し時(落下・転倒)商品破損
	⑦ 荷崩れ商品破損
	⑧ 納品時(破損・汚損)商品発見
	⑨ 納品時(落下・転倒)商品発見
	⑩ 商品紛失・盗難
	⑪ 急ブレーキによる商品破損
	⑫ 装備不完全(緩衝材・ラッシングベルト等)
	⑬ 積載方法の不備
3 作業ミス	① 積み残し
	② 積み間違い
	③ 入荷時(数量・商品・納品先)検品ミス
	④ 入力ミス
	⑤ 在庫確認ミス
	⑥ ピッキングミス(数量・商品・店舗)
	⑦ リスト見落とし・仕分けミス
	⑧ 仕分けミス(数量・商品・店舗)
	⑨ セットミス
	⑩ 納品先シール貼り違い・納品先の記入ミス
	⑪ ラベル剥がれ
	⑫ 出荷時(数量・商品・納品先)検品ミス
	⑬ 誤出荷(数量・商品・納品先)
	⑭ 日付逆転出荷
	⑮ 期限切れ誤出荷
	⑯ 伝票ミス
4 フォークリフト	① フォークによる接触事故
	② フォーク操作ミスによる(落下・転倒)商品破損
	③ フォーク移動中(落下・転倒)商品破損
5 誤配	① 誤納品(数量・商品・納品先)
	② 納品先間違い
	③ 納品先で受取拒否
6 物損事故	① 対外施設・看板等の物損事故
7 運送事故	① 衝突・追突事故(前方不注意)
	② 衝突・追突事故(居眠り)
	③ 基本動作の不徹底、ハンドル操作ミス
	④ 貰い事故(人身・車両)
	⑤ 貰い事故(商品破損)
8 車両故障	① 車両故障(車両点検、整備不他)
	② 車両操作ミス
9 その他	① 事務所との連絡不備
	② 顧客クレーム
	③ 顧客苦情、騒音苦情
	④ 社内苦情
	⑤ 設備・備品破損
	⑥ 基本作業の不徹底
	⑦ 鍵のかけ忘れ
	⑧ 労災事故
	⑨ 健康状態

【プロセス毎の不適合発生一覧表】

プロセス	事故項目	事故内容
A 引取(集荷)	1 遅配	① 顧客先への引取り遅れ、未着
	3 作業ミス	① 積み残し
		② 積み間違い
	4 フォークリフト	① フォークによる接触事故
		② フォーク操作ミスによる(落下・転倒)商品破損
		③ フォーク移動中(落下・転倒)商品破損
	6 物損事故	① 対外施設・看板等の物損事故
B 入荷	1 遅配	① 倉庫への到着遅れ
	2 商品事故	① 入荷時(破損・汚損)商品発見
	3 作業ミス	③ 入荷時(数量・商品・納品先)検品ミス
		④ 入力ミス
C 入庫保管出庫	2 商品事故	② 保管時の破損・劣化
	3 作業ミス	⑤ 在庫確認ミス
	4 フォークリフト	① フォークによる接触事故
		② フォーク操作ミスによる(落下・転倒)商品破損
		③ フォーク移動中(落下・転倒)商品破損
D 仕分	2 商品事故	③ 検品時(落下・転倒)商品破損
	3 作業ミス	⑥ ピッキングミス(数量・商品・店舗)
		⑦ リスト見落とし・仕分けミス
		⑧ 仕分けミス(数量・商品・店舗)
		⑨ セットミス
		⑩ 納品先シール貼り違い・納品先の記入ミス
		⑪ ラベル剥がれ
E 出荷	2 商品事故	④ 出荷時(破損・汚損)商品発見
		⑤ 積込み作業時(落下・転倒)商品破損
	3 作業ミス	⑫ 出荷時(数量・商品・納品先)検品ミス
		① 積み残し
		⑭ 誤出荷(数量・商品・納品先)
		⑮ 日付逆転出荷
		⑯ 期限切れ誤出荷
		⑰ 伝票ミス
F 納品	1 遅配	② 納品先への到着遅れ、未着
	2 商品事故	⑥ 荷卸し時(落下・転倒)商品破損
		⑦ 荷崩れ商品破損
		⑧ 納品時(破損・汚損)商品発見
		⑨ 納品時(落下・転倒)商品発見
		⑩ 商品紛失・盗難
	5 誤配	① 誤納品(数量・商品・納品先)
		② 納品先間違い
		③ 納品先で受取拒否
	4 フォークリフト	① フォークによる接触事故
		② フォーク操作ミスによる(落下・転倒)商品破損
		③ フォーク移動中(落下・転倒)商品破損
	6 物損事故	① 対外施設・看板等の物損事故
G 運送	7 運送事故	① 衝突・追突事故(前方不注意)
		② 衝突・追突事故(居眠り)
		③ 基本動作の不徹底、ハンドル操作ミス
		④ 貰い事故(人身・車両)
		⑤ 貰い事故(商品破損)
	8 車両故障	① 車両故障(車両点検、整備不良他)
		② 車両操作ミス
	2 商品事故	⑪ 急ブレーキによる商品破損
		⑫ 装備不完全(緩衝材・ラッシングベルト等)
		⑬ 積載方法の不備
H その他	9 その他	① 事務所との連絡不備
		② 顧客クレーム
		③ 顧客苦情、騒音苦情
		④ 社内苦情
		⑤ 設備・備品破損
		⑥ 基本作業の不徹底
		⑦ 鍵のかけ忘れ
		⑧ 労災事故
		⑨ 健康状態
		⑩ 伝票ミス

XXXX年度　不適合物流サービス一覧表

発生場所	プロセス記号	事故項目番号	事故内容番号	荷主	事故内容	不適合・クレーム処置	事故対策費用発生	保険使用	是正処置
車庫	H	9	5	A社	車両にてミッションが入らず、朝一手配で修理。A社より貨車を手配して買った。				○
物流センター	E	3	14	B社	XXX方面に他車出しケースを持ち出し、物流センターにて3ケースを残配した。	残荷は赤帽にて対応。持ち出し、1ケースは他車ピッキング後配送。			○
納品先	F	5	1	B社	XXXにA区分を誤配。	XXXより引き取りを再配出来ず買い取り。			
運行中	G	2	13	C社	YY市西沢分がカブにて変形し持帰り。				
集荷先	A	4	2	D社	ZZ営業所にてパレティーナを積込み中、フォークリフト爪側で接触し、製品を破損させた。			有り	
納品先	F	2	6	E社	XXXにて荷割中に、足を滑らせ手持ちの一斗2缶の内1缶を落下し、荷液漏れが発現。			有り	
納品先	F	2	8	F社	XXX納品先にて検品出した所、荷液漏れが見され、中身製品の角落から発現。	自車にて戻り配送			
物流センター	E	3	13	G社	YYY分積み残し。	XXXに返品。			○
物流センター	C	4	3	G社	物流センターにてパレット取りで車軸まで焼損、送車ドラムと積主を落させた。	雨濡れ修理を施工(4/14)		有り	
運行中	G	2	12	A社	設品2パレット分を車軸の雨濡れによる水濡れ、荷主手配にて代替品。	赤帽にて届け			
納品先	F	9	6	D社	都内集荷便でXXSSから伝票取りなし忘れ。	製品1ケースを雨濡れにより返品。			
物流センター	G	2	13	B社	XV区分1ケースを積み残し。	他車にて持ち出しピッキング			
運行中	G	9	2	E社	他車区分を運行先にて連絡を入れず受けれず先々のリレーケ...				
集荷先	E	3	13	G社	YY区分1ケースを積み残し、伝票が他車に分けられていた。伝票分けは出した。	他車にて持ち出しピッキング			
集荷先	A	3	1	E社	XXX資車向け型品1ケースを積み残し。	翌日朝集荷し、配送車に			
集荷中	G	9	6	H社	XXX区へ戻り運行。	ZZ区へ戻り運行			
物流センター	A	3	2	H社	XXXを集荷流れ。	他車にて配送			
納品先	E	9	10	E社	XV区向け中積品を積み残し。荷卸し中に置かなかった。				
物流センター	F	2	6	A社	荷割し中に手を滑らせ製品1缶を落下下破損させた出品。	他車にて配送			
納品先	C	4	2	C社	他車の荷物をフォークリフトで割した際、製品2ケースを落下下破損させた。		有り		
物流センター	E	5	13	G社	XXX納品時に川崎分を誤配し、客先連絡により戻り運行し差し替え。	他車にて配送			
納品先	F	5	1	E社	YYY1パレを積み残し。				
納品先	F	4	5	B社	前日集荷品を1缶多く積み込み(持ち出し)運行。	XXX納品分6ケースをYYYに誤配。	有り		
集荷先	A	4	2	H社	XX区分2ケースをパレットを押し込んだ際、別置にて商品を破損。	集荷先にてフォークリフトで搬送中、パレットより製品を落下下破損。	有り		
集荷先	F	5	3	C社	XXX納品分を別会社に誤配。	他車にて配送	有り		
納品先	C	2	2	B社	YYY納品分2ケースを破壊。				
物流センター	D	3	6	G社	前日集荷品を1缶即に積み忘れて、積み込み放置で運行。	後日返品		有り	○
集荷先	A	3	2	C社	XX区分を誤配。翌日、月曜に発覚し別置にて誤配し返納品した。	納期調整で翌日配送			
納品先	F	5	1	I社	前日集荷品を1缶即に積み込み(持ち出し)運行。	別置しXXセンターへ返却			
納品先	F	9	2	A社	XX市納品先構内にてパレットの山に接触しパレットを崩した。この際、駐車中の同業者車輛にパレットが当たり物損事故となった。	ZZ工場にて選別化し、積み替えたが142ケースの破損が判明。		有り	○
集荷先	A	6	1	I社	内3ケースはXX店で買い取り。1、3ケースを引き取り(当社買い取り)	内3ケースはXX店で買い取り、1、3ケースを引き取り(当社買い取り)	有り		
運行中	G	2	11	A社	物流センターにて伝票の取り違い速いにより他車配送品(荷卸向け車輛)が誤積み。	ZZZ工場にて選別化し、積み替えたが142ケースの破損が判明。		有り	○
物流センター	E	3	12	D社	物流センターにて伝票の取り違い速いにより他車配送品(荷卸向け車輛)が誤積み。	自車にて配送。		有り	
運行中	E	5	2	I社	戻り運行有り。				

※別表７：不適合物流サービス分析表

（プロセスごとの発生状況を分析することで、不適合の発生要因が明確になり、大幅な削減が実現）

20XX年度不適合物流サービス分析表

発生場所（プロセス）毎の不適合発生件数

	発生場所（プロセス）	4～6月	7～9月	10～12月	1～3月	20XX年度	構成比	(前年)	(増減率)
F	納品先(F)	8	10	8	9	35	40.7%	59	40.7%減
G	運行中(G)	8	3	4	7	22	25.6%	45	51.1%減
A	集荷先(A)	6	0	5	2	13	15.1%	33	60.6%減
C·D·E	物流センター(B～E)	3	4	3	4	14	16.3%	70	80.0%減
H1	車庫	0	0	0	0	0	0.0%	3	発生なし
H2	事務所	0	0	0	0	0	0.0%	2	発生なし
H3	通勤時	0	0	0	0	0	0.0%	1	発生なし
H5	その他(不明)	0	2	0	0	2	2.3%	2	増減無し
	合計	0	0	20	22	86		215	60.0%減

不適合内容毎の発生件数

	不適合内容	4～6月	7～9月	10～12月	1～3月	20XX年度	構成比	(前年)	(増減率)
2	商品事故	3	9	6	8	26	30.2%	44	40.9%減
3	作業ミス	3	3	5	3	14	16.2%	94	85.1%減
5	誤配	5	2	2	2	11	12.8%	17	35.3%減
4	フォークリフト事故	4	1	1	0	6	7.0%	15	60.0%減
1	遅配	1	1	2	0	4	4.7%	14	71.4%減
8	車両故障	1	1	0	0	2	2.3%	8	75.0%減
7	運送事故(対物)	4	0	3	4	11	14.0%	9	22.2%増
7	運送事故(対人)	1	0	0	0	1	5.8%	0	100%増
6	物損事故	1	2	1	5	9	4.7%	6	50.0%増
9	その他	2	0	0	0	2	2.3%	8	75.0%減
	合計	25	19	20	22	86		215	60.0%減

事故処置費用の推移

	事故処理費用	金額	構成比	前年金額	(増減率)
1	納品先事故	1,009,950	0.0%	378,635	289.7%増
2	運行中事故	271,571	0.0%	7,081,672	96.2%減
3	集荷先事故	124,615	0.0%	323,819	61.5%減
4	物流センター事故	0	0.0%	180,516	100%減
5	その他	0	0.0%	150,325	100%減
	合計	1,406,136		8,114,967	82.7%減

※納品先事故の対外施設の物損事故は936,784円となっている。
※車両故障による運行遅延が発生し修理代196,249円発生

B～E:物流センター事故内容	件数	構成比	(前年)
3 作業ミス	10	71.4%	61
2 商品事故	2	14.3%	5
4 フォークリフト操作ミス	1	7.1%	3
その他	1	7.1%	1
合計	14		70

3.作業ミス
　①積み残し　　　　　　　　　8

4.フォークリフト操作ミス
　③フォーク移動中(落下・転倒)商品破損　1

F:納品先事故内容	件数	構成比	(前年)
2 商品事故	13	37.1%	16
5 誤配	11	31.4%	19
6 物損事故(フォークリフト含)	7	20.0%	3
1 遅配	3	8.6%	5
4 フォークリフト操作ミス	1	2.9%	8
その他	0	0.0%	8
合計	35		59

2.商品事故
　⑥荷卸し時商品破損　　　　　　6
　⑧納品時(破損・汚損)商品発見　3
5.誤配
　①誤納品・卸し忘れ　　　　　　6
　②テレコ納品　　　　　　　　　4
1.遅配
　②遅延(寝坊)　　　　　　　　　2
6.物損事故(フォークリフト事故含む)
　①ガレージ屋根・屋根照明・シャッター破損　4

G:運行中事故内容	件数	構成比	(前年)
7 運送事故	12	54.5%	8
2 商品事故	7	31.8%	18
8 車両故障	2	9.1%	6
その他		4.5%	13
合計	22		45

7.運送事故
　①左側ミラー破損(街路樹、壁に接触)他　6
　①交差点で歩行者に接触　　　　1
2.商品事故
　⑬積載方法の不備(雨濡れによる返品)　2
　⑪荷崩れによる商品破損　　　　4
8.車両故障
　①タイヤバースト　　　　　　　1
　⑧車両故障により運行遅延　　　1

A:集荷先事故内容	件数	構成比	(前年)
4 フォークリフト操作ミス	4	30.8%	7
3 作業事故(積み残し・誤積み)	3	23.1%	20
2 商品事故(破損・検品ミス)	3	23.1%	3
6 物損事故	2	15.4%	2
1 遅配(寝過ごし)	1	7.7%	1
その他	0	0.0%	0
合計	13		33

4.フォークリフト操作ミス
　①フォーク操作ミスによる(落下・転倒)商品破損等　4
3.作業ミス(積み残し・誤積み)　　3

20XX年度不適合物流サービス分析から再発防止（是正処置）及び改善対策

	発生場所（プロセス）	年度発生事故件数 20XX年度	20YY年度	主な事故項目	件数	再発防止（是正処置）及び改善策
1	納品先(F)	35 前年比(40.7%減)	59	商品事故	13	①納品先・集荷先の商品事故及び物損事故等に関しては、帰車点呼時にドライバーよりヒヤリハット情報等から納品先・集荷先の注意事項を「CSメモ」に記録し、グループミーティングや全体会議等で周知徹底する。②特に、事故発生の多い納品先・集荷先の「顧客カルテ」を作成し、事故防止に努める。
				誤配	11	
				遅配	3	
				物損事故（フォークリフト含）	7	
				フォークリフト操作ミス	1	
2	集荷先(A)	13 前年比(60.6%減)	33	商品事故	4	③商品事故対策として、社内講習会（荷役技術）を行い、力量向上に努める。④フォークリフト操作ミスによる事故防止に関しては、フォークリフト運転講習会を実施する。
				作業ミス（積み残し・誤積み）	3	
				商品事故（破損・検品ミス）	3	
				物損事故	2	
				遅配	1	
				その他	1	
3	運行中(G)	22 前年比(51.1%減)	45	運送事故	12	⑤運送時の荷崩れ等の商品事故の対策は、荷崩れした写真を撮り、正常な状態と比較した「積込要領書」を作成し、ミーティングにより周知徹底したので削減した。今後は、新人ドライバーも増加しているので「積込要領」を活用し積載方法等のOJTを行い削減に努める。⑥運送事故に関しては、社内講習会（運転技術）を実施し、運転力量向上に努める。
				商品事故	7	
				車輌故障	2	
				その他	1	
4	物流センター(B～E)	14 前年比(80.0%減)	70	作業ミス	10	⑦センター倉庫内の作業ミス等に関しては、荷主との取引内容を見直しや顧客の選別を行い、安全な運用が出来る体制になり、作業ミスが削減し評価し評価できる。
				商品事故	2	
				フォークリフト操作ミス	1	
5	その他	2	2		2	
	（合計）	86	215			**（総合評価）** 上記の改善策を実施し物流品質を高めるために、具体的な改善活動を20ZZ年度の品質目標等に設定し、改善状況はマネジメント会議、部門会議で効果の確認を行う。

２．改善提案書やヒヤリハットを活用した改善活動

　これまで述べてきた改善や「**Ⅲ-4．製造およびサービスの実現戦略**」のPFDによる改善などから、組織一体となった改善活動が望まれます。ここでは、「改善提案書」や「ヒヤリハット報告書」を活用した改善活動を紹介します。

（1）「改善提案書」による改善活動

　仕事中に品質のバラツキや仕事の効率が悪いなどの不安要素を発見したら**「改善提案書」（別表8）**を作成します。

　この中には、作業の手順の中に隠れている「不安全状態」や「不安全行動」など、労働災害の防止につながる活動も含めてください。これらはKY（危険予知）活動になります。改善策を決定して改善結果を記入します。

　この成果は、**「改善提案一覧表」**にまとめ、月例の委員会などで発表し、その他の部門への展開の必要性などを検討し、全社的な活動に展開します。

※別表8：「改善提案書」

AAA株式会社	改善提案書	作成日	承認	作成
CF-10-11-01		20XX年 X月XX日		

改善名	インバーター・基板・液晶パネルなどの電気部品の保管方法の改善
改善プロセス／製品	□システム　　□プロセス（業務の見直しの必要性）　　□製品・部品 □設備・治工具　　□教育　　■作業環境　　□その他（　　　　　　　　）
提案部門（提案者）	製造部　XXX氏
改善の項目	□　作業方法の改善提案（過去の不適合やクレームやヒヤリハット情報を含む） □　製品や部品の見直しによる品質及び生産性向上につながる改善提案 ■　施設・設備・治具、及び作業環境等の改善提案 □　環境活動からの改善提案 □　活動結果の分析及び評価からの改善事項

改善提案の内容	現在、1F作業場の部品保管棚に、インバーター・基板・液晶パネルなどの電気部品が、シャフトやベアリングなどと一緒に保管されている。 この場所は、出入り口に近く外気からの粉塵の可能性、および近くに乾燥機が設置されており、保管環境がよくないので長期間保管した場合、電気部品が劣化する可能性がある。 〈想定される効果〉 2F組立場の側に電気部品を保管すれば劣化を防止でき、組立の生産性の向上につながる。

改善策	2F組立場の近くに保管棚を設けて、電気部品棚を確保し保管する。	実施者 年　月　日

改善結果	2F組立場はエアコンによる適切な環境が保たれているので、電気部品の劣化防止になり、組立場の近くに保管棚を設置したのですぐ部品を取り出すことができ作業性が向上した。	承認 年　月　日

【管理責任者コメント】 　改善提案は効果があり、生産性向上につながった。 　今まで部品やユニット組立品の保管場所や在庫方法に関して考慮されていなかったので、全社的に保管方法と在庫管理を見直す必要がある。 　このテーマは全社的な改善として、次年度の目標に設定する。	確認 年　月　日

（2）「ヒヤリハット」による改善活動

その他の改善活動として**「ヒヤリハット」**があります。

ヒヤリハットとは、重大な災害や事故には至らないものの、一歩手前で突発的な事象やミスでヒヤリとしたり、ハッとしたことです。結果として事故などに至らなかったので見過ごされてしまうことが多く、職場や作業現場などにはヒヤリハットした事例が多く潜んでいる可能性があります。

（※1件の重大な労働災害の背景には、29件の軽微な災害があり、300件の「ヒヤリハット事例」があるといわれ、「1：29：300」をハインリッヒの法則といいます）

ヒヤリハット事例は関連する人達に多く提出してほしいのでできるだけ簡単に書ける様式にすることをお勧めします。サンプルとして、**「ヒヤリハット報告書」（別表9）**を添付します。

尚、「ヒヤリハット報告書」の実績も「改善提案一覧表」に記入し、改善活動の資料にすることをお勧めします。

「ヒヤリハット」による情報を蓄積し分析し、安心・安全な職場環境の維持につなげます。

「改善提案一覧表」は、M3経営研究会HPに掲載していますので、そちらをご覧ください。（https://www.m3kenkyu.com）

※別表9：ヒヤリハット報告書

様式NO		ヒヤリハット報告書
QF-10-12－01		

提出日　　20XX年XX月XX日　　　　　　　　提出者＿＿＿＿＿＿＿＿＿＿

	業務や作業中に体験したこと	リーダー確認
月日	① 作業中に危ないと感じたこと ② ミスまたはミスしそうになったこと ③ ムリ・ムダなやり方になっていないか ④ 整理・整頓がされていない ⑤ その他	① 朝礼等で改善を周知・徹底 ② 仕組み・運用の強化をするために改善活動
XX月XX日	① プレス後、製品を台車に乗せて出荷場まで搬送する通路の一部にひび割れが発生していた。この場所を通るときに台車ががたつきプレス製品にキズがつく恐れある。 （製造業）	① ひび割れした箇所に段ボールをしき当面の対策をした。 ② 総務部に床の補修を依頼した。
XX月XX日	④ 検査治具置場は決められているが、検査をするときに治具置場に検査治具がない時があり、探しまわり検査時間がかかった。 （製造業）	① 検査治具は使用したら元の場所にすぐ戻すことを徹底した。 ② 検査治具置場は決められているが、個々の治具置場までは決められていなかったので、保管場所を明確にし、整理・整頓した。
YY月YY日	② パレットに袋物がパレタイズされ、ラップで巻かれていたので、仕分けをするためにラップをカッターで切ったら、袋物がバラバラになり、パレットから落下してしまった。今回は、破袋しなかったが、袋物のラップを取るときは注意が必要。 （物流業）	① グループミーティングで袋物の取扱注意を周知した。 ② 袋物の小分けの際の注意事項を、デジカメ写真を入れて「保管要領」に追加する。
YY月YY日	④ 倉庫のラックにパレットが保管されているが、パレットから商品がはみだした状態や、乱雑に積載し荷崩れしそうな状態があり、出庫する時に落下し、商品破損が発生する可能性がある。 （物流業）	① 倉庫のパレットの保管状態を確認し、不安な保管状態は修正し、朝礼で保管方法を周知・徹底した。 ② 危ない保管状態をデジカメ写真にとり、「保管要領」に注意事項として追加する。
ZZ月ZZ日	② 商品に値札を貼るときに別の商品の値札を貼り付けそうになった。 実際1週間に数回は値札の貼り間違いが発生し、お客様から問い合わせを受けた。 （流通業）	① 商品に値札を貼るときは、事前にレジで値段を確認してから出す。 ② 毎月貼り間違いが発生した商品を確認し、理由と対策を共有する。
ZZ月ZZ日	③ 広告商品の場所をお客様から聞かれたが、場所が変わっており探すのに時間がかかってしまった。 ② 別の広告商品は普段扱っていなかったため、扱っていないと回答してしまい、クレームに繋がってしまった。 （流通業）	① 広告が掲載される月、水、土 曜日は必ず広告商品の一覧表を確認する。 ② 販売場所が変わった商品が分かるよう、前日と当日のレイアウトを掲示する。

３．改善提案表彰制度

　改善提案活動は作業者の自発的活動に支えられており、職場になかなか浸透できない組織が多く見られます。したがって、従業員が改善活動に積極的に取り組めるよう表彰制度を採用している企業があります。

　全員参加で改善活動に取り組んで生産性を上げ、働きやすい職場を構築してマネジメントシステムの強化に取り組んでください。

　改善提案活動のサンプルとして、**別紙：「改善提案要領」**を添付します。

AAA株式会社	改善提案要領	第1版	改定	承認	作成
QR-10-11-01	（表彰制度）		制定		

1.改善提案の内容

- ☐ 過去発生した不良やクレーム情報をもとに、今後起きないようにするための改善事項
- ☐ 業務運用や作業などもっとやりやすい方法や生産性の上がる方法の提案
- ☐ 設備や治具の改善提案、及び工場内の作業環境等の改善提案
- ☐ 他の部署と連携して行う作業改善提案など
- ☐ 環境活動からの改善提案
- ☐ 内部監査の実施結果から、さらに効果的に運用するための改善提案
- ☐ 社長・専務や管理責任者から指示された改善事項の取り組み

2.改善提案書の作成

1) 改善提案を行う場合は、「改善提案書」を使用し、【①改善項目、②改善提案の具体的内容（想定される改善効果）】を記入し、MS管理責任者に提出すること。
2) 「ヒヤリハット報告書」の中で、「仕組み・運用の強化をするために改善活動を実施」としたものは、MS管理責任者に提出すること。
   ※ 改善提案は、自部署内での取り組みだけでなく、他部署との連携、会社全体として取り組むことが出来ることも含めること。
3) MS管理責任者は、「改善提案書」、「ヒヤリハット報告書」の内容を確認し、実施部署・担当者を決定し、改善指示を行う。
4) 実施部署・担当者は、改善活動を行い、実施結果を「改善提案書」に記入し、MS管理責任者に提出する。
   ※プロジェクトで行う場合は、「改善プロジェクト計画書」を提出する。
5) MS管理責任者は、改善活動結果の効果の確認を行い、有効性を評価する。

3．改善表彰制度

改善提案の中で、効果的な提案に関しては、以下のランクを付け、表彰を行う。
※改善提案の評価は、評価委員会で行う。

1)改善提案の表彰ポイント

Aランク	100ポイント	業務改善活動に展開し、社内運営、生産性、製品品質に関して効果が大きいと認められるもの。
Bランク	50ポイント	改善に繋がる提案で、効果がかなり認められるもの。
Cランク	30ポイント	改善に繋がる提案で、効果がある程度見込まれるもの。
Dランク	10ポイント	提案としての改善意識が認められるもの。会社の仕組み及び運営に関しての提案で、別途検討する必要があるもの。

2)社長賞

改善提案の累計ポイントで、以下のポイント数に達し、大変効果があったものを年度末に集計し、表彰を行う。

社長賞	累計500ポイント以上
優秀賞	累計200ポイント以上
チャレンジ賞	累計100ポイント以上
努力賞	累計30ポイント以上
特別賞	特に、顕著な成果を上げ、社長により評価された活動

※チームとして表彰する場合も有り。

改定内容	

IV-3. パフォーマンス評価
（内部監査とマネジメントレビュー）

　この節では、マネジメントシステムを運用した結果を評価し、改善につなげるPDCAのC（チェック）である内部監査とA（改善）につなげるマネジメントレビューについて述べます。

〈内部監査およびマネジメントレビューの実施ポイント〉

1．内部監査

2．マネジメントレビュー

〈内部監査およびマネジメントレビューで活用する文書・記録のサンプル〉

①内部監査規程

②内部監査計画書

③内部監査チェックリスト

④監査是正処置報告書

⑤内部監査報告書

⑥マネジメントレビュー議事録

1．内部監査

　内部監査とは、組織の内部の人によって行われる監査を指し、組織が任意で行う監査です。

　一般社団法人日本内部監査協会の「内部監査基準」で定めるところによれば、「組織体の経営目標の効果的な達成に役立つことを目的として、合法性と合理性の観点から公正かつ独立の立場で、ガバナンス・プロセス、リスク・マネジメントおよびコントロールに関連する経営諸活動の遂行状況を、内部監査人としての規律遵守の態度を持って評価し、これに基づいて客観的意見を述べ、助言・勧告を行うアシュアランス

　業務、および特定の経営諸活動の支援を行うアドバイザリー業務である」と内部監査を定義しています。

　内部監査の目的は、決められたことが実施されていないことを検出し、改善を提案し、実施後の改善結果をフォローアップすることです。

　近年企業の不正や不祥事が頻発し、2006年5月の会社改正法で「内部統制整備の義務化」が制定されたことで、内部監査の役割に関心を持つ企業が増えています。

　多くの企業がISO規格（国際規格）を認証していますので、ここではISO規格で定めている内部監査のやり方について述べます。

　ISOを認証した組織では、内部監査を実施し、マネジメントシステムの運用状況を確認し、継続的改善につながっているかが要求されています。

　具体的には、組織の内部の人間が被監査部門から独立した立場で部門（部署）の業務遂行状況を監査し、組織のマネジメントシステムに従って有効に実施されているかを確認します。

（1）内部監査の目的

　内部監査の役割は、規格要求事項を順守・維持するだけではなく、各プロセス（業務、工程）が効果的かつ効率的に実行され、計画したとおりの成果を出しているか、マネジメントシステムの継続的改善が図られているかを確認することです。

　内部監査を組織内の最大の内部コミュニケーションとして活用し、以下の目的で実施してください。

1．顧客の満足する製品・サービスを提供しているか
　　…顧客の信頼・評価につながっているか
2．不適合を予防し、コスト低減が図られているか
　　…利益の確保・増加ができているか
3．製品の競争力を高めているか
　　…受注拡大につながっているか
4．環境パフォーマンスを高めているか
　　…資源（材料・電気・燃料、破棄物等）の削減とリサイクルの推進

（2）内部監査の実施手順

1．内部監査の計画

①「**内部監査計画書**」（別表1-1）の作成と各部門への通知

②マネジメントシステムを定めた文書・実施記録および前回の「内部監査報告書」を基に「**内部監査チェックリスト**」（別表1-2）を作成

2．内部監査の実施

①"どのように改善したら効率的な仕事ができるか""マネジメントシステムのパフォーマンスが向上するか"の視点で監査を実施する。

※「決めたとおりにやっているか」だけでなく、「その決め方で良いか」という着眼でマネジメントシステムの定着化・改善を確認する。

※回答が「イエス、ノー」になるような質問は避け、具体的な実施内容の説明を求める。

②実施内容の文書・記録などを確認し、実施結果を監査チェックリストに記入する。

③不適合や改善事項が見つかったら、事実をよく確認し、発生した原因を確認する。

不適合の場合、「**監査是正処置報告書**」（別表1-3）を発行し、被監査組織に是正処置を依頼する。

④良い改善事例があったら積極的に取り上げ、今後の改善資料とする。

⑤上記の内部監査結果を「**内部監査報告書**」（別表1-4）に記録し、被監査組織に提出する。

3．内部監査のフォローアップ

①被監査組織は、「**内部監査報告書**」と「**監査是正処置報告書**」（不適合があった場合）を受領し、内部監査で指摘された事項の改善を実施して上記の報告書に記入し、内部監査員に提出する。

②内部監査員は、改善処置が妥当であるかを確認する。不十分な場合は、再度改善を要求する。

③内部監査の指摘事項は、次回の内部監査で改善状況をフォローアップする。

※これまで述べてきた内部監査の手順のサンプルとして、「**内部監査規程**」、「**内部監査計画書**」（別表1-1）、「**内部監査チェックリスト**」（別表1-2）、「**監査是正処置報告書**」（別表1-3）、「**内部監査報告書**」（別表1-4）を添付します。

AAA 株式会社		内部監査規程	第1版	改定	承認	作成
CD-92-01-01				制定		

フロー			手順	関連文書・記録
MS管理責任者 MS管理室	内部監査チーム	被監査部門		

〈内部監査の目的〉
品質／環境マネジメントシステムが計画された取り決めに従って実施され、下記の要求事項を満足しているかを検証するため、内部監査を実施する。
①QMS/EMSが、当社が規定した要求事項及び計画した取決め事項に適合しているか
②ISO9001／14001：2015年版規格の要求事項に適合しているか
③QMS/EMSが効果的に実施され、改善を行い維持されているか

1.内部監査の計画
① 定期監査は年1回とし、原則としてXX月に実施する。
※ MS管理責任者が必要と認めた場合は、対象部署を限定し臨時監査を実施する。
（規格の改訂／重要な環境課題が発生し、管理責任者が必要と判断した場合／事業活動及び組織に大幅な変更があった場合等）
② MS管理室は、毎年4月に対象プロセス及び対象部門の状態と重要性、並びに前回までの監査結果を考慮して**「内部監査年間計画表」**を作成し、MS管理責任者の承認を得る。 （関連文書：内部監査年間計画表）
③ 内部監査員は**「資格取得者の記録」**に登録されている要員から、MS管理室が監査リーダー及びメンバーを選定し、MS管理責任者の承認を得る （関連文書：資格取得者の記録）
※ 内部監査員は、所属部門以外の監査をするよう計画する。

2.内部監査チェックリストの作成
① 監査リーダーは、前回までの監査結果や運用状況を含めて、事前に**「内部監査チェックリスト」**を作成し、効率的に内部監査が進められるよう準備する。 （関連文書：内部監査チェックリスト）
※ 但し、MS管理責任者(MS管理室)がチェックリストの原案を作成し、これを追加・修正して使用する場合もある。
② 監査リーダーは、監査メンバーを招集し、**「内部監査計画表」**、**「内部監査チェックリスト」**に従い、監査の目的・スケジュール・役割分担等を確認する。

3.内部監査の実施
① 内部監査員は、**「内部監査チェックリスト」**に基づき実施する。 （関連文書：内部監査チェックリスト）
※ 被監査部門は、原則として部門責任者が対応し、所属する関係者が参加する。
② 監査の結果、チェックリストの項目に対する判定と、判定の根拠となった証拠(記録等)をチェックリストに記録する。
③ 監査の判定基準は下表に従う。

A	適合	QMS/EMSに適合
B	修正事項	QMS/EMSへの影響が軽微な指摘で修正を要求
C	改善事項	さらに効果的に運用するために改善が望ましいもの
D	不適合	QMS/EMSの不適合で、是正処置を要求
E	評価でき事項	高く評価できる改善内容や活動で、他サイトに水平展開が期待される事項

④ 監査リーダーは、内部監査実施後、被監査部署に監査の報告を行い、実施結果の了承を得る。

【不適合が発生した場合の処置】
a) 監査リーダーは**「監査是正処置報告書」**を作成し、被監査部署に交付する。 （関連文書：監査是正処置報告書）
b) 被監査部署は、修正及び是正処置を行い、実施結果を**「監査是正処置報告書」**に記入し、内部監査員に提出する。
c) 内部監査員は是正処置の有効性を確認し、MS管理室に提出する。
d) MS管理室は、是正処置の有効性を確認する。但し、実施状況の確認が必要な場合、フォローアップ監査を内部監査員に指図する。

⑤ 監査リーダーは、内部監査実施後、**「内部監査報告書」**を作成し、MS管理室に提出する。 （関連文書：内部監査報告書）

【修正・改善事項を指摘された場合の処置】
a) 監査リーダーは、**「内部監査報告書」**に修正・改善事項を記入し、被監査部門に提出し、改善を指示する。
b) 被監査部署は、速やかに改善計画を立て、その結果を**「内部監査報告書」**に記入し、MS管理室に提出する。

⑥ MS管理責任者(又はMS管理室)は各部門の**「内部監査報告書」**を受けて実施結果及び指摘事項をまとめ、**「内部監査総括表」**を作成する。 （関連文書：内部監査報告書、内部監査総括表）
⑦ **「内部監査総括表」**はMS委員会に提出し、内部監査の総括を行い、不適合の是正処置及び改善・修正事項の改善状況のフォローアップを行う。
※ MS委員会の結果、MS管理責任者の所見、社長コメントを**「内部監査総括表」**に記入する。
⑧ **「内部監査総括表」**はマネジメントレビューの資料として提出し、**「内部監査報告書」**と共に次回以降の内部監査時の資料として活用する。 （関連文書：内部監査総括表）

フロー図要素（左列）：
内部監査の計画 → 管理責任者承認 → 監査員選定 → 内部監査チェックリストの作成 → 監査事前打合せ → 内部監査の実施 → 内部監査結果報告 → 不適合（有） → 監査是正処置報告書作成 → 是正処置有効性確認 → 改善（有） → フォローアップ監査 → 内部監査報告書作成 → A → 内部監査報告承認 → 内部監査総括表作成 → MS委員会でフォローアップ → マネジメントレビュー報告

フロー図要素（被監査部門列）：
内部監査報告了承 → A → 是正処置 → 改善処置 → 改善処置

改訂内容	

AAA 株式会社 CF-92-01-01	内部監査計画書 （品質・環境マネジメントシステム）	改訂 作成 20XX年XX月XX日	承認	作成

監査部門	経営者 管責・事務局	営業	設計	生産技術	第1製造	第2製造	品質管理	総務
監査目的・実施内容	「方針・目標展開表」に基づき、年度事業方針に従いリスクと機会から設定された「第XX期品質・環境目標」の達成状況を確認し、製品品質及び環境改善を含めたマネジメントシステムの運用状況を確認し、次年度の改善につなげることを目的とする。							
前回監査のフォローアップ　項番	6.1.2 7.1.6　8.1 9.1.2	9.1.3	5.5.3　8.2.3	8.4.1	6.1.2 6.2	6.2	6.2 7.1.4	
監査日	4月25日	4月25日	4月25日	4月26日	4月26日	4月26日	4月27日	4月27日
監査時間	9:00～12:00	13:00～15:00	15:00～17:00	9:00～12:00	13:00～15:00	15:00～17:00	10:00～12:00	13:00～15:00
監査リーダー								
監査メンバー								

監査担当項番	経営者 管責・事務局	営業	設計	生産技術	第1製造	第2製造	品質管理	総務
4.　組織の状況	◎							
5.　リーダーシップ及びコミットメント	◎							
6.1 リスク及び機会への取り組み	◎							
6.1.2 環境側面	◎	○	○	○	○	○	○	○
6.1.3 順守義務／9.1.3 順守評価	◎		○	○	○	○	◎	
6.1.4 取り組みの計画策定								
6.2 品質/環境目標の計画策定	◎	◎	◎	◎	◎	◎	◎	◎
6.3 変更の計画	◎							
7.1.1 一般	◎							
7.1.2 人々	◎							
7.1.3 インフラストラクチャ	○			○	◎	◎	◎	○
7.1.4 プロセスの運用に関する環境	○			◎			◎	◎
7.1.5 監視及び測定にための資源							○	
7.1.6 組織の知識	◎		○	○	○	○	○	
7.2　力量／7.3　認識	◎	○	○	○	○	○	○	○
7.4 コミュニケーション	◎	○	○	○	○	○	○	◎
7.5 文書化した情報	◎	○	○	○	○	○	○	○
8.1 運用の計画及び管理		○	○	◎	○	○	○	○
8.2　製品及びサービスに関する要求事項		◎	○					
8.3　製品及びサービスの設計・開発			◎					
8.4 外部から提供されるプロセス				◎	○	○		○
8.5 製造及びサービス提供の管理		○		○	◎	◎	◎	
8.6 製造及びサービスのリリース					◎	◎	◎	
8.7 不適合なアウトプットの管理	○				◎	◎	◎	
8.8 緊急事態の準備及び対応	◎						○	○
9.1.1 監視、測定／一般	◎							
9.1.2 顧客満足	○	◎						
9.1.3 分析及び評価	◎			◎			◎	
9.2 内部監査	◎	○	○	○	○	○	○	○
9.3 マネジメントレビュー	◎	○	○	○	○	○	○	○
10.1 一般	◎							
10.2 不適合及び是正処置	◎	○	○	◎	◎	◎	◎	◎
10.3 継続的改善	◎	◎	◎	◎	◎	◎	◎	◎

◎： 重点項番　　○： 担当項番

※別表１-２：「内部監査チェックリスト」

内部監査チェックリスト（QMS／EMS）

CF-92-02-01　　第1版

改訂日	
作成日	20XX.04.10

作成／承認

主任監査員／監査員

監査実施日	20XX年ｘ月XX日（ ）
監査時間	00：00～00：00
監査対象部門	
対応者	

監査結果判定基準

- A：適合 ……… 定められた手順通り実施され適合している。
- B：改善 ……… 更に効果的に運用するために改善が望ましいもの。
- C：修正 ……… 軽微な不適合で指摘で修正を要するもの。
- D：不適合 …… QMSの不適合であり是正処置が要求されるもの。

※ 青地(a)は、前回内部監査の改善・修正事項、ピンク(b)は前回審査の観察事項

項番	条項	チェック項目	社長 事務局	営業	設計	技術	製造	品質 管理	確認文書	判定	監査コメント・改善提案
4 組織の状況	4.1 組織及びその状況の理解	1 当社の基本理念・方針に基づき、経営計画、年度事業を実現するために、取り巻く外部及び内部の課題はどのように明確にされていますか。	○						方針・目標展開表		
	4 利害関係者の理解	2 当社の製品及びサービスの能力に影響を与えるどのような利害関係者がありますか。顧客や利害関係者のニーズ及び期待の理解はされていますか。	○								
	4.3 MSの適用範囲の決定	3 顧客関係者の変化や要望等はどのように変化していますか。登録範囲の変更、必要な手順書、環境側面は出せていますか。（アウトソース）をとる場合、必要な手順書、環境側面は出せていますか。									
	4.4 質マネジメントシステム及びそのプロセス	4 MSが確立され、プロセスの順序及び相互関係が明確になっているか。「QMSプロセスフロー図」は2015年版に対応して関連文書は見直しされていますか。※ MS文書体系は2015年版に対応して見直しされていますか。	○						QMSプロセスフロー図 MS関係図 MS文書体系		
5 リーダーシップ	5.1 リーダーシップ及びコミットメント	1 MSが有効な活動になるため、以下のことを重視されていますか。① 品質・環境方針及び・環境目標を確立し、それらが当社の状況及び戦略的な方向性と両立していますか。② プロセスアプローチ及びリスクに基づく考え方を社内に周知されていますか。③ MSが意図した結果を達成することを確実にするために、社員を積極的に参加させ、指揮し、支援されていますか。	○								
	5.1.2 顧客重視	2 顧客要求事項及び適用される法令・規制的要求事項を明確にし、理解し、一貫してそれを満たしていますか。製品並びに顧客満足を向上させるのに影響を与える、リスク及び機会を決定し、顧客満足に取り組んでいますか。	○	○							
	5.2 方針 5.2.1 方針の確立	4 品質・環境方針は、当社の目的及び状況に対して適切であり、組織の戦略的な方向性を支援する方針になっていますか。※ 目標の設定のための枠組み、MSの継続的改善へのコミットメントを含んでいますか。※ 今年度は、特に重点課題・重要事項は何かありますか。	○	○				○	品質・環境方針		
	5.2.2 方針の伝達	5 方針は文書化し、社内に周知されていますか。2015年版の運用に関して、組織内で利用されていますか。	○	○				○			
	5.3 組織の役割、責任及び権限	6 組織図は見直しされていますか。「組織図」は2015年版に対応して見直しされていますか。「MS役割分担表」は2015年版に対応していますか。	○	○	○	○	○	○	MS組織図と主要な役割 組織図 MS役割分担表		
6 計画	6.1 リスク及び機会への取組み	7 4.1 のが及び内部の課題及び4.2 の利害関係者の要求事項を考慮し、どのように取り組むべきリスク及び機会を決定していますか。リスクを低減し、機会を増す取り組みをしていますか。取組みは、製品の適合への影響及び見込みますか。	○	○	○	○	○	○			
	6 目標及びそれを達成するための計画策定	8 6.1リスクと機会を取り組み、品質・環境目標が設定されていますか。① 目標は測定可能で、必要に応じて、更新していますか。② 「QMS・EMS一体として」実施項目は如何ですか。b 「営業活動の明確」目標を作成し、展開項目が出来ていない。③ 第XX期の目標達成度から、次年度の目標のどのように折り込まれる予定ですか。	○	○				○	方針・目標展開表		
	6.3 変更の計画	9 QMSの変更の必要性を決定したとき、その変更は計画に行われていますか。計画が正しく行われない、変更すべき項目、変更している項目が明確になっており、かつ、変更実施もQMSが意図したとおり機能していますか。	○	○				○	目標実行計画書・報告書		

217

AAA株式会社	監査是正処置報告書	作成	承認	作成
CF-92-04-01		20XX 年　X 月　YY 日		

監査対象部門	技術部購買G		監査実施日	20XX年X月XX日
監査メンバー	監査リーダー：　AA氏	監査メンバー：　BB氏		
不適合の規格項番及び名称	7.4 外部から提供される製品及びサービスの管理		回答期限	

①不適合内容	（検出した現象を文書又は記録名を入れて具体的に記述すること） 「購買管理規程」では、購買先の再評価を年1回3月に実施すると定められているが、「購買先リスト＆継続評価表」を確認したところ、購買先の再評価が実施されていなかった。		

②不適合の処置	【被監査部門が当面の処置を記述のこと】 「購買先リスト＆継続評価表」に基づき、購買先の再評価を行った。	担当部門長	担当者

③発生原因	【不適合が生じた原因を、4M（人・製品・設備・仕組みなど）に対して解析のこと】 年度末は忙しく、「購買先リスト＆継続評価表」の評価を忘れてしまった。	処置部門 日付：

④是正処置	【是正処置の計画：再発防止策を4W1H(何を、どのように、誰が、いつ、何処で)で記述のこと】 　決められた実施項目を忘れないように「年度MMスケジュール表」を作成し、毎月の実施項目を入れ、月度の委員会で確認することにする。	部門担当者 日付：
	【是正処置の実施結果】（規定／様式の作成・改訂の要否、及び教育・訓練の必要性） 「年度MMスケジュール表」を作成した。 確認する実施項目は、購買先評価だけでなく、力量評価、教育・訓練の計画、設備定期点検、検査機器の校正、内部監査、マネジメントレビューなどの実施計画を含め、月度委員会で確認することにした。	部門責任者 日付：

⑤有効性確認	【ある期間の実施状況を確認してどのような効果があったか、具体的に記述のこと】 　月度委員会で確認することで、計画した実施項目が確実に実施されていることを確認した。	主任監査員 日付：

【水平展開（他の業務・工程での発生の可能性）】 　次回の内部監査で運用状況を確認するとともに、実施項目の計画時期の適切性を確認する。	MS管理責任者 日付：

AAA 株式会社	内部監査報告書	作成		承認	作成
CF-92-03-01		20XX 年　X 月　XX 日		管理責任者	主任監査員

監査日時	20XX年X月XX日～XX日	監査項番
監査対象部門	全部門	内部監査チェックリストによる
対応者	内部監査年間計画表による	
監査メンバー	監査リーダー： AA氏　　　　監査メンバー： BB氏	

（QMS・EMS）実施概要

（活動状況）
ISO9001／ISO14001：2015年版に基づき業務と一体となったMS(マネジメントシステム)を構築し、経営目標を達成するために活動していますが、まだMSの理解が不足している面があり、業務と一体となって活動出来るよう推進していただきたい。

（高く評価できる点）
① 朝礼後、ミーティングを行い、「CSメモ」から顧客情報を確認し、営業活動に展開し売上げが向上していることは高く評価できる。(営業部)
② 設計開発Gの3D CAD導入による設計図面作成が効率化し、設計データを共有することにより顧客の要望に対応した製品提案につなげている。(設計部)
③ 「ヒヤリハット表」を作成し、これからKYT活動に繋げ、ミーティングで発表し改善に繋げていることは高く評価できる。(製造部)
④ デジカメ写真を入れた各プロセスの「作業手順・標準」を作成し、担当者が共有して製造を行い、工程内不良が削減していることは高く評価できる。(製造部)

不適合事項

規格項番	不適合内容	是正処置有効期限
7.4	「購買先リスト＆継続評価表」により購買先の再評価が実施されていなかった。(購買G)	20XX年X月YY日

改善・修正事項

規格項番	改善修正	改善の内容	改善確認者確認日
4.1	改善	基本理念・基本方針及び中期計画が作成されていますが、数年経過していますので今後の新しい経営環境の変化を考慮して見直しを検討したらいかがでしょうか。(経営者)	
	修正		
	改善結果		
6.2	改善	「目標実行計画書・報告書」で営業業務の効率化の目標が設定されていますが、具体的な活動が不足していますので見直しをお願いします。(営業部)	
	修正		
	改善結果		
7.1.4	改善	「作業環境チェックリスト」に基づき現場の5Sを毎月確認することになっていますが、6月が実施されていませんでした。(製造部)	
	修正		
	改善結果		
7.2	改善	「部門教育・訓練計画/実績書」に教育・訓練の記録が作成されていましたが、8月に実施した教育の有効性の評価がされていなかった。(技術部)	
	修正		
	改善結果		
7.5	改善	「文書管理台帳」と「様式・記録一覧表」が作成されているが、今年度改定された文書・様式の一部が最終版になっていませんでしたので見直していただきたい。(MS事務局)	
	修正		
	改善結果		
8.3	改善	現在進捗中のXX製品の「設計計画書」が作成されていませんでしたので作成をお願いします。(設計部)	
	修正		
	改善結果		
10.2	改善	AA製品の発生した不適合の「不適合・是正処置報告書」が作成され、不適合処置・不適合の原因・是正処置は実施されていることを確認できたが、有効性評価が再発無しだけであった。この製品の作業手順書が見直されていますのでその手順書の有効性も確認していただきたい。(製造部)	
	修正		
	改善結果		

※ 「内部監査報告書」は、被監査部門ごとに作成する場合もあります。

2．マネジメントレビュー

　マネジメントレビューとは、計画して実施した活動結果、目標の達成度、製品・サービスの適合性、顧客満足度などを評価し、マネジメントシステムの適切性、妥当性、有効性を判定するために、経営者を含む経営層が実施します。マネジメントレビューを年度末の経営会議に含め、年度の事業活動の評価を行い、次年度の事業計画策定につなげている組織も多くあります。

　ISO9001規格（品質マネジメントシステム国際規格）では、マネジメントレビューを以下に定義しています。

　トップマネジメントは、組織のマネジメントシステムが、引き続き、適切、妥当かつ有効で更に組織の戦略的な方向性と一致していることを確実にするために、あらかじめ定めた間隔で、品質マネジメントシステムをレビューしなければならない。

　マネジメントレビューでは、マネジメントシステム全体をレビューし、組織を取り巻く環境変化に伴う外部と内部の課題、事業計画や目標の達成度を評価し、マネジメントシステムの改善と経営資源の必要性を明確にし、経営者が改善に向けての意思決定を行い、実施を指示する役割が求められています。

　マネジメントレビューは、PDCAのA（改善のアクション）に当たります。

　参考として、「マネジメントレビュー議事録」（別表2-1）を添付します。

※別表2−1：「マネジメントレビュー議事録」（サンプル）

AAA株式会社 CF-93-01-01	マネジメントレビュー議事録	作成日:20XX年XX月YY日　実施日:20XX年XX月XX日	承認	作成

【出席者】社長、MS管理責任者、MS事務局、営業部長、設計部長、技術部長、製造部長、各リーダー（　　　　　　）

プロセス			プロセスの評価基準	プロセス監視・測定のための主な情報・記録	活動状況の有効性評価	今後の改善課題&具体的な対応
マネジメントレビューの結果に対するフォローアップ		1	前回までのMRのアウトプットの指示事項はフォローアップされ、改善につながっているか	前回までのマネジメントレビュー議事録	・営業G：見積仕様書に提案内容を織り込むことで大型物件の受注に繋がった。お客様の要望に的確に対応できている。 ・設計G：3D CADの運用がだんだん定着し、導入する前と比べかなり設計工数削減になっており、時間短縮になっている。 ・製造G：PFD・業務手順書を基に「環境側面抽出表」は更新し、「環境側面評価表」を作成中で、まだ完成にはいたっていない。 ・システム部門：データ運用を共有ファイル運用にし、実業務と共有が図れた。(例：受注依頼管理表、営業帳票、設計帳票等)	
方針展開	組織の状況	1	当社を取り巻く外部・内部の課題の変化	年度経営計画 方針目標展開表	・「方針・目標展開表」を作成し、今期のスタートに当たって見直しした。 ・省資源・省エネを考慮した商品の要望が多い。	今後は、省資源・省エネ・リサイクルを考慮した商品開発・既存製品改良を重要視し、異分野にも積極的に営業提案していきたい。
	リーダーシップ計画プロセス	1	品質・環境方針・年度事業計画の浸透度	品質・環境方針 年度事業方針	・品質方針・環境方針を継続し、事業計画に展開している。	・品質と環境は一体となった運用になってきているので、品質方針と環境方針を見直す予定（一体化）。
		2	環境側面の変化	環境側面抽出表/環境影響評価表 著しい環境側面抽出表	・環境側面は、PFDから環境側面を抽出し、よい環境側面を含め著しい環境側面を抽出している。	
		3	法規制等の順守状況	法規制等要求事項一覧表および順守評価表	・法改正に伴い、左記のチェックリストの評価項目を見直し、順守されていることを確認した。	
		4	課題からリスクと機会を抽出し、目標展開ができているか	方針・目標展開表	・「方針・目標展開表」に基づき、リスクと機会を抽出し、各部門目標に展開している。	次年度の各部門の目標は、本年度の実績に基づき、不足した活動を強化し、達成に向けて実施のこと。
		5	MSを効果的に実施する年度品質/環境目標の達成状況	年度目標計画書・報告書	・年度目標計画書・報告書に基づき、運用し、実績が確実に記録されている。(MS委員会議事録に基づき確認)	
支援管理	資源管理プロセス	1	力量、教育・訓練の実施状況及び有効性	力量評価表、力量評価一覧表 全体教育・訓練計画/実施記録 部門教育・訓練計画/実施記録 教育・訓練記録、資格者一覧表	力量評価表を追加し、力量評価を実施した。 製造Gは多能工を推進するため、力量評価表に基づき年間計画により教育・訓練を実行した。 溶接・フォークリフト・玉掛けなど必要な技能資格は会社負担で数名取得。 設計・制御：外部研修に派遣。	将来、人事考課に繋げていきたい。 力量評価一覧表により、スキルが3以下の人を抽出し、スキルアップ計画を作り、実施していく。
		2	インフラの管理状況	設備管理台帳、設備点検表 設備日次点検表	設備点検を確実に実施しているが、古い設備は故障修理費用がかなり発生しており、更新の検討必要。	効率を加味し、設備管理台帳から古い設備の買い替えを検討する。
		3	作業環境(安全)の維持管理	作業環境チェックリスト	月次のチェックにより全体の評価点がアップした。	
		4	監視・測定機器の管理	計測器管理台帳、計測器点検表 校正成績書、社内校正成績書	計測機器の校正、維持は確実にできている。	継続管理。
		5	内部/外部コミュニケーションの実施状況	MS委員会議事録 CSメモ、苦情は発生しているか	各種委員会は確実に実施している。 各部門からの情報は「CSメモ」に集められている。	CSメモの情報から改善につなげる。
運用	受注プロセス	1	引合・受注手順書の基づき顧客コミュニケーションは十分か	見積書、受注表	見積仕様書を作成し、お客様の要望に的確に対応し、大型物件の受注につながった。	顧客(使用者)の要望を把握、新規製品を提案していく。
		2	顧客要求事項の対応は十分か	新規得意先登録申請書		異業種開発を積極的に行い、売上増につなげる。
		3	売上増につながる営業活動状況	引合製品インプット情報 第54期売上高		
	製品及びサービスの設計・開発	1	設計管理手順の確立	設計・開発計画書	設計案件が集中し、設計計画書に基づきレビュー・検証・妥当性確認が不足しているものがあった。	来期は、できるだけ早く設計計画書を作成し、確実に実施する。
		2	設計の効率化	レビュー・検証・妥当性確認記録		
		3	新製品の開発	新規製品開発状況	受注案件の対応が優先され、新製品開発が遅れている。	新規開発プロジェクトをに基づき、材料選定から情報収集し、会社全体で推進していく。
	(外部提供者の)購買プロセス	1	評価・選定した購買先に発注しているか	購買先評価表(新規) 購買先リスト&継続評価表	評価表から改善事項8件に対し4件完了。 引き続き改善活動を継続していく。	取引先を訪問し、運営状況及び事業の継続性を確認する。新規取引先の開発必要。
		2	アウトソース先のプロセス管理を実施しているか(改善状況は)	購買先報告書 発注依頼書、発注伝票	古い取引先の納期遅延や受入時の不良が発生している。	
	製造プロセス	1	PFDに基づき適切に作業が実施されているか	PFD・各作業手順書 溶接作業日報	PFDが製品シリーズ毎の作成され、作業の見える化により、生産の効率化が進み出した。	今後は各プロセスの作業手順書の整備が必要。
		1	識別・トレーサビリティは適切か	工程内・出荷検査記録書	問題なく実施されている。	
		1	顧客所有物の管理は適切か	完成検査記録 顧客所有物不具合連絡書	検査記録は確実に残している。 特になし。今後発生した場合は報告する。	
		2	引き渡し後の活動	据付・改造工事要領、修理品受付手順書	手順通り行い記録している。	
		3	変更が発生した場合の対応		MPF・設計管理に基づき実施されている。	今後は、検査記録からデータを収集し改善が必要。
		4	製品のリリース	受入検査・工程内・出荷検査記録書	記録保管。	
		5	不適合の処置	不適合・是正処置報告書	社内不適合・クレームの「不適合・是正処置報告書」は作成されているが、再発が多い。	不適合の処置と不適合の発生の原因を明確にすること。
	EMS運用管理	1	運用管理手順に基づき適切に運用されているか	廃棄物管理表(年度) 電力使用量推移表 エアコン簡易点検表	廃プラが多くなっている。記録参照。 電気使用量はXX月と比べ増えている。天候・仕事量などによりベースが変化するため比較が難しい。エアコン点検は3ヶ月ごとにチェック済	削減とリサイクルを検討する必要がある。 算定方法の変更を検討する。
		2	緊急事態の準備及び対応	緊急事態訓練記録	記録参照。	20XX/9月予定。
監視測定	顧客満足プロセス	1	顧客満足情報収集をしているか	CSメモ	営業ミーティングで情報共有はしているが、水平展開されていない案件	傾向分析し、水平展開を行いCSにつなげる。
		2	利害関係者のニーズと期待			
	分析及び評価	1	クレーム、不適合の集計による発生の傾向分析と分析	不適合発生一覧表 クレーム処置一覧表	「不適合発生一覧表」「クレーム処置一覧表」から、発生プロセス毎の不適合の発生分析が不足しているため再発が多い。	一覧表を活用して、不適合・クレームの発生状況のデータをソートし、再発防止につなげる。
		2	QMS/EMSのパフォーマンス	品質・環境目標達成度	計画表による。売上・利益は確保されている。	維持目標及び5S計画を推進し売上目標を達成する。
	内部監査	1	内部監査は定期的に実施されているか	内部監査計画表 内部監査チェックリスト	2015年版の規格に基づき実施できた。内部監査報告書参照。 不適合：1件　修正：8件　改善：14件　高く評価：3件	内部監査が、内部コミュニケーションとして実施されてきており、改善提案が多く検討された。
		3	監査結果が改善に繋がっているか	内部監査報告書、監査是正処置報告書		
	外部審査	3	外部審査の結果	審査実施日：20XX/X/XX〜XX	不適合：0件　観察：3件　高く評価：3件	事業一体となったマネジメントシステムが運用されていることを評価された。
改善	不適合及び是正処置	1	不適合の是正処置が改善に繋がった処置になっているか	是正処置報告書 環境不適合・是正処置報告書	「是正処置」に展開：6件 労働災害が社内の作業中に1件発生した。設備・服装などを是正した。	社内不適合・クレームとも前年度より削減し、改善した。
		2	製品、サービスのパフォーマンス(不適合の削減)が向上しているか	社内不適合件数一覧表 クレーム処置一覧表	社内不適合件数：31件（前年57件）軽微な内容が多い。 クレーム件数：3件（前年8件）	一覧表から、発生プロセス・不適合項目・不適合内容をソートし、作業方法などの原因を追求し、更に不適合削減につなげること。
	リスクと機会	1	リスクと機会への取り組みの有効性	方針目標展開表	外部及び内部の課題からリスクと機会を抽出し、目標展開に繋げているが、今年度は外部環境の変化が大きく目標達成が困難だった。	次年度は、外部環境の変化を取り入れ「方針目標展開表」を見ます。
	継続的改善	1	QMS/EMSの改善提案がされているか	改善提案書 業務改善プロジェクト実行計画書	今期の改善案件は27件。「業務改善プロジェクト実行計画」に展開されているのは8件。引き続き推進していく。	改善提案が多くなり内部コミュニケーションがよくなっている。

	アウトプット	指示内容
1	①経営計画・年度方針・目標の見直しの必要性 ②品質・環境目標の見直しの必要性	品質方針と環境方針を一体化し見直す予定。 「方針目標展開表」をベースに「中期経営計画」を見直し、"環境対応及び新用途開発による新規製品開発"を追加し、年度目標に具体的に展開し、目標達成に向け活動のこと。
2	QMS/EMSの有効性の改善の必要性 (製品及びサービス、及び環境対応活動の改善含む)	当社のマネジメントシステムの確立と改善に社内一体となって取り組み活動していくこと。 顧客の要望を含めた既存製品の改良と新製品開発につなげていくこと。
3	経営資源の必要性	営業・製造で新規人材3名を採用する。 社内設備・機械の充実を図るために古い機械の更新計画を作成のこと。
	全体評価・総評	営業・設計・製造の連携を高め、業務と一体となったマネジメントシステムを運用し、生産性を向上していただきたい。 外部の知識の導入や展示会、業界団体に積極的に参加のこと。 仕入先とのコミュニケーションを図り、関係を強化すること。

● コラム：内部監査で指摘した不適合の是正処置は適切か？

内部監査でこのような不適合の指摘がありました。

〈不適合指摘事例１〉

工場の作業工程を確認したところ、"「作業基準表」に設定温度が50～60℃のこと"と定められていたが、43～48℃の範囲で製造されていたので不適合を指摘した。

①是正処置の回答

「作業基準表」に従い、「作業チェック表」に"設定温度が50～60℃範囲の温度条件で製造されていることを１時間ごとにチェックする項目"を追加し、この条件で製造することを現場に周知徹底した。

②真の原因からの是正処置と水平展開

設定温度43～48℃の範囲で製造されていても製品の不良やクレームは発生していない。この温度条件にした理由を現場に確認したら、いろいろな改善を進めていく中で温度を下げても製品の品質に問題がなかったので、この温度帯で製造するようになったと回答があった。不適合の指摘は、製造の温度条件が変化しているのに「作業基準表」を変更せず、そのままにしていたことである。前の温度に上げて製造したら、年間の電気料金は大幅に上がり、環境にもよくない結果になる。したがって、製造条件を検証、新「作業基準表」を作成し、周知することが是正処置になる。その他に、このような曖昧な製造条件が放置されていないか確認する（水平展開）。なお、製造条件の見直しを今期の目標に追加し、製造コスト削減に取り組むことにした。

〈不適合指摘事例２〉

納品先Ａ社で、ドライバーが納品する際の荷卸し時に商品や納入先施設のドアを破損する事故が発生しているので不適合を指摘した。

①是正処置の回答

ドライバーに商品の取り扱い、台車での荷物の搬送のやり方を教育・訓練し、再発防止を図った。

②真の原因からの是正処置と水平展開

納品先Ａ社で、上記の事故が発生しているので、納品先Ａ社の配置図を作成し、納品所や荷卸し場の写真を入れ、注意事項を記入した「納品先カルテ」を作成し、ミーティングを行い、ドライバーに配付して周知した。

なお、その他事故が多い納品先をリスト化し、「納品先カルテ」を作ることを今期の目標に追加した。

また、積込先・運送・納品先で、ひやりとしたことを帰庫点呼時に「ヒヤリハット記録」に記入し、これに従い「顧客カルテ」への追加・充実を目標の具体的な活動に追加し、事故削減を図ることにした（水平展開）。

(M. M)

● コラム：内部監査員はどう選ぶ

- -

　通常、多くの企業では、内部監査はISO事務局や監査室が中心になって実施されているようです。内部監査に精通されている監査員による監査なので信頼性がありますが、"決められたとおりに実行されているか"の監査になりがちです。

　したがって、部門ごとに内部監査員を選定し、関連する部門の内部監査を行ったら如何でしょうか。例えば、営業部の監査員が設計部を監査する。また、製造部の監査員が営業部を監査するなど。

　内部監査を組織の最大の内部コミュニケーションと位置付け、本節の内部監査で書いたように内部監査の目的につながる監査を行うことを推奨します。

　このような組織では、監査員が内部監査に慣れてきて、お互いの改善点や評価できる点を抽出できるようになっています。かつ、組織のマネジメントシステムの理解が進み、全社的な運用につながっています。

　なお、我が社の内部監査員教育は、顧問のコンサルタントに毎年お願いし、監査員の充実を図っています。

(M. M)

Ⅴ. 財務戦略

この章では企業の財務戦略について解説します。

財務諸表や管理会計の基本的な知識を身につけ、財務内容から会社の経営状況を判断し、今後の経営計画につなげていくことが必要です。

財務諸表から経営状況の分析を行い事業戦略を策定し、円滑な資金調達に活用していただきたい。

Ⅴ-1．財務分析と戦略の策定

Ⅴ-2．資金調達

Ⅴ-1. 財務分析と戦略の策定

「ヒト・モノ・カネ」を経営の3要素といいますが、調達した資金を「ヒト」や「モノ」など経営資源に投下することで、経営に必要な資金を獲得し、更にその資金を新たな経営資源に投資していく。この循環こそが経営活動そのものです。しかし、多くの中堅・中小企業（特に成長ステージの企業）が資金調達に問題を抱えているために、思うように成長できないという悩みを抱えています。この章では、持続的な成長を実現するために必要な財務戦略について述べます。

〈財務分析と戦略の策定のポイント〉

1．財務戦略の重要性

2．持続的成長を実現するための仕組みづくり

　(1) 財務3表の理解（損益計算書（PL）、貸借対照表（BS）、キャッシュフロー計算書（CFS））

　(2) 財務分析の実施（安全性分析、収益性分析、生産性分析、成長性分析）

　(3) 中期経営計画の策定

〈財務戦略に活用するフォーマット集〉別表①〜⑯

①財務分析レーダーチャート　　②行動計画・実施計画　　③売上計画書

④製品別売上計画　　⑤原価計画書　　⑥人員計画書

⑦設備投資計画書（兼減価償却予定表）　　⑧販管費計画書

⑨資金調達計画書・借入金返済計画書　　⑩PL（損益計算書）計画書

⑪CF（キャッシュフロー）計画書　　⑫回転期間分析表

⑬BS（貸借対照表）計画書　　⑭月次損益計画書　　⑮資金繰表

⑯月次試算表

1．財務戦略の重要性

　財務戦略とは、持続的成長を実現するために必要な資金の「調達」と「運用」に関する戦略です。キャッシュフロー（CF※）改善や自己資本増強等の企業価値向上を実現するには、営業活動や財務活動により獲得した資金をヒトやモノに継続的に投下していく仕組みが必要です。「資金力」とは、この継続投資の原資となるものですが、単に金融機関からお金を借りるノウハウを意味するのではなく、「自己金融」つまり営業活動を通じたCF創出力と、それを拠り所に金融機関から必要な時に必要なだけの資金を円滑に調達するノウハウ（「資金調達力」）の双方を意味します。
（※CF：当期利益に減価償却費等の非資金費用を加算して得られる指標であり、事業活動によって1年間に獲得されるキャッシュを意味する）

企業の資金力＝自己金融力＋資金調達力

　経営改善がもたらす安定的なCFは、持続的成長に必要な経営資源への投資の原資になるとともに、外部調達の返済財源として重要視されます。持続的成長実現に向け、経営改善を通じて自己金融力を向上させること、更に財務管理体制構築により資金調達のノウハウを社内に蓄積することで、経営に必要な資金を獲得していくことが重要です。
　自己金融力向上には、まず財務3表から自社の経営状況を判定し改善に繋げる活動が必要です。また、資金調達力向上には、PDCAサイクルに基づき恒常的に財務を強化する仕組みを社内に構築し、情報を金融機関と共有することが必要です。この2つのノウハウは、資金繰り安定化を通じ経営資源への安定的な資金投下を可能にすることで自社の成長を促進します。

2．持続的成長を実現するための仕組みづくり

　持続的成長の実現には、経営改善を通じ毎期安定したCFを獲得することで、経営資源への継続的な資金投下を可能にすることが重要です。経営改善を行うには、財務分析を通じて自社の問題点を明確にする必要がありますが、そのためにはまず財務諸表に関する知識と財務分析の手法を身に付ける必要があります。

（1）財務3表について

財務3表とは、損益計算書（以下、「P/L」）、貸借対照表（以下、「B/S」）、キャッシュフロー計算書（以下、「CFS」）の三つをいいます。

①損益計算書（P/L）

P/Lは1年間の収益・費用・利益を表す計算書です。P/Lに表示される利益には以下の5つがあります。また当期純利益に減価償却費などの非資金費用を加えたものをキャッシュフロー（以下、「CF」）といいますが、これは金融機関が融資の審査基準として重視している指標です。

P/Lは5期分程度を経年比較し、収益力をトレンドで捉えることをお勧めします。

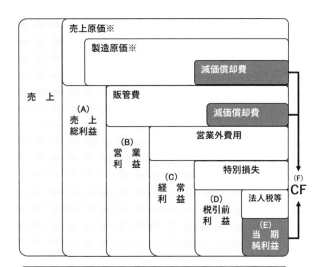

図表1　PLの構造

A　売上総利益

売上総利益（以下、「粗利」）は、売上から売上原価を引いて求められます。売上原価とは、商品仕入にかかる費用で、これが小さいほど粗利は大きくなります。小売・卸売業の原価は、期中の商品仕入高に期初の商品棚卸高を加算し期末商品棚卸高を減算することで求められます。製造業の場合は、製造に用いた材料コスト、工場従業者の労務費、製造経費など製造費用を製造原価として算出し、それに期首と期末の製品棚卸高を加減することで売上原価を求めます。製造原価の構成を表す計算書は製造原価報告書といい別途作成が必要です。

B　営業利益

粗利から「販売費及び一般管理費（以下「販管費」）」を引いたもので本業による利益を表します。販管費には工場従事者以外の人件費や、交通費、広告宣伝費、物流費、減価償却費などの本社関連の経費が含まれます。製造業の工場人件費や、工場設備に係る減価償却費等の製造費用は販管費ではなく製造原価に含まれますので注意が必要です。

C　経常利益

営業利益に受取利息など営業外収益を加え、支払利息など営業外費用を引いたものです。事業活動がもたらす経常的な利益を意味します。

D　税引前当期純利益

経常利益に固定資産売却益や有価証券売却益に代表される特別利益と、固定資産除去損に代表されるような特別損失を加減し求められます。

E　当期純利益

税引前当期純利益から法人税等を引いた最終利益です。

F　キャッシュフロー（CF）

当期純利益に減価償却費などの非資金費用を加えたものはキャッシュフロー（CF）といいます。借入金の返済財源として金融機関が重視する指標です。

②貸借対照表（B/S）

B/Sは決算日における企業の資産・負債の一覧表です。資金の調達と運用の構造を端的に表しています。借方（B/Sの左側）と貸方（B/Sの右側）は、貸方が資金の調達形態、借方が運用形態を表します。資金の調達と運用の構造を理解することが資金調達のノウハウとして重要なポイントになります。

A　負債

外部調達した資金であり、返済する必要があります。1年以内に返済を要する負債を流動負債といい短期借入金（1年以内に返済を要する長期借入金含む）、支払手形、買掛金、未払金などがあります。一方、返済期日が1年以上先の負債を固定負債といい、長期借入金、社債などで返済期日が1年より先の部分を計上します。

B　純資産（自己資本）

純資産は返済する必要の無い資金です。株主から調達した資本金あるいは自社で稼いだ利益の留保である剰余金からなります。

C　資産

期末時点の資産です。調達した資金を何に使ったか（どのように運用しているか）を表しています。1年以内に現金化が可能な資産を流動資産に計上し、現金化に1年以上の期間が必要な資産を固定資産に計上しています。

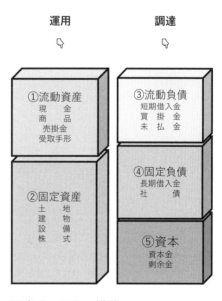

図表2　BSの構造

③キャッシュフロー計算書（CFS）

1年間に企業が保有する現金がどれだけ増減したかを示します。現金の動きを、営業活動、投資活動、財務活動に分けて表示することで、増減要因を端的に表すことが可能です。

A　営業キャッシュフロー（以下、「営業CF」）

営業活動によって現金がどれだけ増減したかを示します。営業CFがマイナスということは、経常損益が赤字であるか、もしくは黒字であっても売上債権や在庫がそれ以上に増加していることを意味します。在庫不良化や売掛金の不良債権化に十分な注意が必要です。

成長期の企業は、在庫や売掛金が急増するために営業CFがマイナスになることがよくあります。自社商品への旺盛な需要を逃さない為、借入により経常利益額以上の積極的在庫投資を行い成長に繋げているのです。この場合、営業資産の回収の可能性を厳格に評価し、メインバンクに開示することが必須です。金融機関は在庫の不良化、売掛金の不良化を常に疑っていると思っておいたほうがよいでしょう。

B　投資キャッシュフロー（投資CF）

固定資産にどれだけの資金を投資したか、資産の売却によりどれだけの資金を回収したかを示します。具体的には工場や店舗、機械等への設備投資や株式など有価証券投資、またはこれらの売却による現預金の増減のことです。企業が、持続的な成長を実現するには営業活動で獲得した資金を継続的に、経営資源に投資していかなければなりません。営業CFが毎期黒字でありながら、投資CFも黒字が続く企業は、将来収益に繋がる経営資源への投資が行われていないと見做され長期的成長には懸念ありと判断されます。営業CFを原資として、継続的に投資が行われているのが理想です。

C　フリーキャッシュフロー（FCF）

営業CFと投資CFの合計であり借入金返済や配当の原資となるCFです。

A:営業CF
経常利益
法人税等支払
減価償却費
売上債権減少額
棚卸遺産減少額
買入債務増加額
その他
小計
利息配当金受取額
利息支払額
法人税等支払額
営業活動によるCF

B:投資CF
有形固定資産増加額
投資有価証券増加額
貸付金増減
その他
投資活動によるCF

C:FCF

D:財務CF
短期借入金増加額
長期借入金増加額
株式発行
配当金支払額
財務活動によるCF

現預金増減(CF)
期首現預金残高
期末現預金残高

図表3　CF計算書の構造

D　財務キャッシュフロー

　借入の増減、株式発行による資金調達、株主への配当など財務活動を要因とした1年間の現預金増減を示します。財務CFがマイナスということは、借入金の返済が進んでいることを示し、一方プラスは外部から資金調達を行っていることを示します。

●CF経営の視点

　CFのパターンには次の8類型があります。自社のCFパターンがどれに当てはまるかを検証してみましょう。このパターンが戦略に基づいていることが重要です。

《主要4パターン》

図表4　CFパターン

①持続的成長・健全パターン

②事業拡大・積極投資パターン

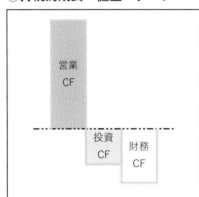

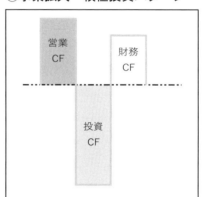

営業CFが大きくプラス。本業で稼いだキャッシュを事業に投資したうえで、借金の返済も進めている。最も健全なパターン。

営業と財務活動で調達した資金を投資に回している。
成長を見越して本業の稼ぎ以上の資金を積極投資している。

③新規投資で勝負にでるパターン

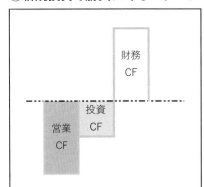

2つのケースが想定される。(1)本業はマイナスだが設備投資が必須で資金繰りに苦慮している。(2)大きく儲ける為の先行投資を優先している(ベンチャー企業)。(1)も(2)も常態化が危険。

④事業縮小キャッシュパターン

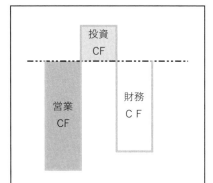

営業CF・財務CFがマイナス。資産売却により本業のマイナスと借金返済を賄っている。資産売却による規模縮小を図っている。

《その他の4パターン》

	営業CF	投資CF	財務CF		キャッシュパターン
⑤	＋	＋	＋	大規模転換	本業で稼げているのに資産を売却、借金も増加、不自然な状態。M&Aなど大規模投資・大転換に向けた準備。
⑥	＋	＋	－	シュリンク	本業順調、投資は控える。借金を減らす。財務は改善し一見健全だが、この状態が続くと成長できない。事業縮小にむかう。
⑦	－	＋	＋	借金要注意	本業がマイナス、それを補う為の資産売却、借入も増えている。流動性・収益性の面で危険な状態。
⑧	－	－	－	逆境	本業がマイナスなのに設備投資をし、借金も返済。現金急減、過去の蓄え取崩し、流動性で極めて危険な状況

（2）財務分析の実施

　自社の決算書を数期分用意し、①安全性②収益性③生産性④成長性の経営指標に基づく財務部分析を実施してみましょう。

①安全性分析

　財務の安全性とは支払能力を意味し、短期と長期の視点で分析します。

（短期安全性）

当座比率	$\dfrac{当座資産}{流動負債} \times 100$ (%)	当座資産(現預金・売掛金・受取手形・投資有価証券など流動資産中で最も現金化しやすい資産、在庫は含まない)が流動負債をどれくらい上回っているか。100%以上が基準
流動比率	$\dfrac{流動資産}{流動負債} \times 100$ (%)	流動資産が流動負債をどれくらい上回っているか。200%以上が基準

　短期安全性は、手元流動資産による流動負債の支払能力を表します。注意すべき点は、売掛金や棚卸資産のなかに現金化できない長期滞留資産がある場合、これを控除した実態値で計算する必要があるということです。例えば決算書面上は、当座比率200％以上で支払能力良好でも、実は大口の不良債権（売掛金）があり実態では100％を下回る危険水準だということもあり得ます。

（長期安全性）

自己資本比率	$\dfrac{自己資本}{総資産} \times 100$ (%)	総資本に対する自己資本の割合。15%以上が望ましい。30%超で優良。
固定長期適合率	$\dfrac{固定資産}{長期資本} \times 100$ (%)	固定資産が長期的に利用可能な資本で賄われているかを示す。100%以下であることが必要（長期資本=自己資本＋固定負債）。

　自己資本比率は、最も基礎的な安全性の判断指標です。初見の決算書は、大抵はまず自己資本に目がいくものです。これも不良資産を除いた実態値で判断することが必要です。先の例でいえば大口の不良債権が売掛金に内在するため、表面上は資産超過でも実態は債務超過ということが考えられます。

②収益性分析

　企業の儲ける力の分析です。企業経営では持てる資源を最大限活用し、できるだけ多くの利益を獲得することが求められます。資本利益率はこの概念に基づく指標です。例えば総資本経常利益率は、どれくらいの資産を用いて、どの程度の経常利益を稼ぎ

出したかを表します。この値は売上を媒介すると売上高経常利益率と総資本回転率に分解できます。

$$総資本経常利益率(\%) = \frac{経常利益}{総資本}(\%) = \frac{経常利益}{売上高}(\%) \times \frac{売上高}{総資本}(回)$$

　売上高経常利益率は売上に占める経常利益の割合で収益性の代表指標です。総資本回転率は、総資産の何倍の売上を計上したかを示す効率性の指標です。資本利益率は、収益性と効率性の2指標のバランスに起因することが分かります。一回の販売で大きく儲けるのか、薄利でも多売で儲けるのか、あるいは両方をバランスさせるのか、資本収益性を向上させるための戦略に起因します。

売上高 経常利益率	$\dfrac{経常利益}{売上高} \times 100$ (%)	売上高に対する経常利益の割合。支払利息など財務活動も含めた収益性指標。
総資本 回転率	$\dfrac{売上高}{総資本}$ (回)	総資産の何倍の売上を上げているかを示す。資本効率の指標。

（その他収益性指標）

売上高 総利益率	$\dfrac{粗利}{売上高} \times 100$ (%)	売上高に対する売上総利益の割合。一般には粗利率、商品・製品の儲ける力を示している。
売上高 営業利益率	$\dfrac{営業利益}{売上高} \times 100$ (%)	売上高に対する営業利益の割合。会社本来のいわゆる本業部分の利益率指標。

★債務償還能力の判定

　詳しくは資金調達の節で後述しますが、金融機関が収益性の判断指標として重視している指標として実質有利子負債償還年数があげられます。債務の償還能力を示す指標であり、有利子負債から経常運転資金を引いた実質有利子負債が現状のCFの何倍あるか（今のCFで何年で返済可能か）を示したものです。

$$経常運転資金 = (棚卸資産 + 売掛金 + 受取手形) - (買掛金 + 支払手形)$$

$$実質有利子負債 = 総借入金 - 経常運転資金$$

有利子負債償 還年数	$\dfrac{実質有利子負債}{平均CF}$ (年)	借入金から経常運転資金を除いた実質有利子負債がCFの何倍に収まるか。つまり何年で実質有利子負債を返済できるかを示す指標。

③生産性分析

　生産性は生産要素の「ヒト」「モノ」をどれだけ有効に活用できているかを示す指標であり、投入と算出の割合で表します。例えば付加価値労働生産性は労働の投入量に対する付加価値額の割合です。付加価値額とは加工高といわれ企業が作り出した付加価値の総額です。

$$付加価値額 ＝ 当期利益 ＋ 人件費 ＋ 支払利息 ＋ 税金 ＋ 賃借料 ＋ 減価償却費$$

　つまり付加価値は利益として社内に留保するほか、人件費として従業員に分配されたり、税金として政府に分配されたり、利息として債権者に分配されるわけです。この付加価値を従業者数で除したものが付加価値労働生産性です。この値は売上高を媒介として付加価値率と従業員一人当たりの売上に分解できます。つまり労働生産性を上げるには製品の付加価値率を上げるか、一人当たりの売上を増やすか、その両方か、を選択することになります。

$$付加価値労働生産性(円)＝\frac{付加価値額}{従業者数}(円)＝\frac{付加価値額}{売上高}(円)×\frac{売上高}{従業者数}(円)$$

付加価値 労働生産性	$\dfrac{付加価値額}{従業者数}$	従業者一人当たりの付加価値算出額。付加価値率と従業者一人当たりの売上高に分解できる。
付加価値率	$\dfrac{付加価値額}{売上高}×100$ (%)	売上高に占める付加価値額の割合。
従業員一人当たり売上高	$\dfrac{売上高}{従業者数}$	従業者一人当たりの売上高

　一人当たりの人件費を算出し、付加価値労働生産性と比較すれば人件費が適正かどうかの判断材料にもなります。

④成長性分析

売上高 成長率	$\dfrac{売上増加額}{前年売上高}×100$ (%)	基準年度（前年度）からの売上の増加率。

財務指標の業界平均との比較

①日本政策金融公庫のホームページには、中小企業の経営指標調査結果が、業種別・従業者規模別に掲載されています。自社の数値の判断基準として活用できます。別

表①のように自社の経営指標を業界平均と比較し弱点をレーダーチャートで可視化することが有効です。

日本政策金融公庫HP　https://www.jfc.go.jp/n/findings/sme_findings2.html

図表5　中小企業の業種別経営指標
例：金型・同部分品・附属品製造業の経営指標

業種別経営指標

金型・同部分品・附属品製造業

調査対象数　　120　　黒字かつ自己資本プラス企業数　　31

指標名	（単位）	平均値	黒字かつ自己資本プラス企業平均値	中央値	上方信頼限界	下方信頼限界	標準偏差
総資本経常利益率	（%）	1.4	5.8	0.6	4.2	-1.5	18.6
自己資本経常利益率	（%）	4.7	83.6	3.9	61.0	-51.7	223.6
売上高総利益率	（%）	37.7	37.8	28.9	41.0	34.3	22.2
売上高営業利益率	（%）	-6.0	4.2	1.1	2.5	-14.5	56.2
売上高経常利益率	（%）	-5.2	3.6	0.6	2.7	-13.1	52.2
売上高経常利益率（償却前）	（%）	0.7	9.0	5.5	8.2	-6.9	49.9
人件費対売上高比率	（%）	40.3	38.0	37.6	43.6	37.0	21.9
諸経費対売上高比率	（%）	29.3	22.8	24.2	35.0	23.6	37.7
金融費用対売上高比率	（%）	1.9	1.5	1.7	2.2	1.7	1.4
総資本回転率	（回）	1.3	1.2	1.1	1.5	1.2	0.9
棚卸資産回転期間	（月）	0.3	0.3	0.0	0.3	0.2	0.6
受取勘定回転期間	（月）	2.4	2.6	2.1	2.6	2.2	1.4
売掛金回転期間	（月）	1.4	1.4	1.3	1.5	1.3	0.7
支払勘定回転期間	（月）	2.5	2.7	2.1	2.8	2.2	1.9
買掛金回転期間	（月）	1.7	1.8	1.4	1.9	1.5	1.3
従業者1人当たり売上高	（千円）	13,165	15,113	10,535	14,478	11,852	8,565
従業者1人当たり粗付加価値額	（千円）	5,362	5,936	5,304	5,687	5,037	2,110
粗付加価値額対売上高比率	（%）	43.3	48.5	45.4	48.6	38.0	35.0
従業者1人当たり有形固定資産額	（千円）	4,921	6,646	3,220	5,756	4,087	5,376
粗付加価値額対有形固定資産額比率	（%）	830.8	1,548.7	162.7	1,438.9	222.7	4,001.2
有形固定資産回転率	（回）	21.2	38.4	3.3	36.5	6.0	100.5
従業者1人当たり人件費	（千円）	4,536	4,679	4,404	4,795	4,276	1,707
人件費対粗付加価値額比率	（%）	85.7	77.9	81.4	88.9	82.6	21.0
当座比率	（%）	149.7	218.2	92.3	173.9	125.6	159.6
流動比率	（%）	216.5	293.4	143.7	248.8	184.2	213.7
借入金回転期間	（月）	13.6	9.6	11.6	15.3	11.8	11.6
固定長期適合率	（%）	93.7	77.7	82.3	107.5	79.9	87.2
自己資本比率	（%）	-36.0	19.5	-8.0	-21.8	-50.2	93.8
損益分岐点比率	（%）	113.0	98.2	102.6	118.6	107.4	36.7

別表①　財務分析レーダーチャート

比率・指数		前々期	直前期	業界平均
安全性短期	当座比率	120.5%	101.1%	195.8%
	流動比率	176.5%	166.5%	279.3%
安全性長期	自己資本比率	53.7%	53.1%	60.2%
収益性	粗利率	31.1%	29.2%	22.8%
	営業利益率	6.3%	7.9%	10.3%
成長性	売上高増加率	96.8%	118.7%	114.5%
生産性	労働生産性	17,254千円	19,035千円	14,104千円
効率性	総資本回転率（回）	1.2回	1.4回	0.8回
	売上債権回転期間（日）	151日	117日	145日
	棚卸資産回転期間（日）	33日	38日	72日

短期安全性	当座比率	87%	73%	141%
長期安全性	自己資本比率	96%	95%	108%
収益性	売上高営業利益率	77%	96%	126%
成長性	売上高増加率	88%	108%	104%
労働生産性	従業員1人当たり付加価値額	103%	113%	84%
効率性	総資本回転率（回）	106%	122%	72%

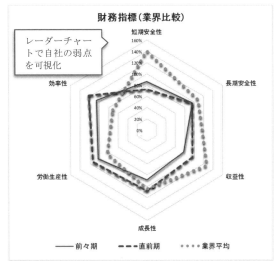

財務指標（業界比較）

レーダーチャートで自社の弱点を可視化

―― 前々期　- - - 直前期　・・・・ 業界平均

（3）中期経営計画の策定

　財務分析を通じ、定量的に自社の問題点を整理し窮境要因を特定します。次に"なりゆき"の業績予測と、"あるべき姿"を数値化した近未来決算書を作成、ギャップ分析を行うことで経営課題を明確にし、具体的な戦略を策定、中期経営計画に落とし込みます。このような財務分析から戦略策定に至るまでの中期経営計画策定フローを紹介します。

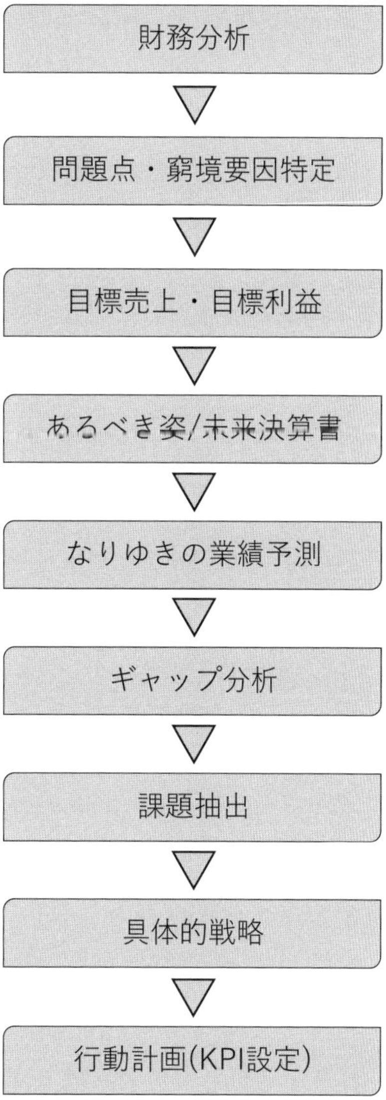

①財務分析の結果から自社の"あるべき姿"を描く

　財務分析では安全性・収益性・生産性・成長性の観点から自社の問題点を洗い出しました。これをもとに3～5年後に自社が到達したい財政状態を未来決算書として描くことをお勧めします。目標売上高、目標利益額（率）、目標自己資本（比率）など、事業計画の履行を通じて達成される財政状態を未来の決算書として定量的に示し、自社のあるべき姿を明確にします。

②"なりゆき"の業績予測

　次に、営業活動や商品構成等に変更がないという前提で達成が可能と思われる売上高を予測します。陥りがちなのは、今までと同じようにやるのだから今まで通りの売

図表6　中期経営計画策定フロー

財務分析から行動計画へ展開

財務分析

↓

問題点・窮境要因特定

↓

目標売上・目標利益

↓

あるべき姿/未来決算書

↓

なりゆきの業績予測

↓

ギャップ分析

↓

課題抽出

↓

具体的戦略

↓

行動計画(KPI設定)

上確保が可能だろうという楽観的な予測です。売上計画は事業計画中で最も重要な計画です。この部分が曖昧だと事業計画全体が信憑性を失います。取引先毎に製品別の保守的かつ実現可能な売上予測をたてることから始める必要があります。売上予測に足元の経費率を勘案し予想P/Lを作成、なりゆきベースの業績予想値（予想売上高・予想利益額・予想自己資本比率等）を算出し、①の目標値と比較します。両者間には大きなギャップが生じていることと思います。このギャップに注目することで自

社の経営課題を明確にし、具体的な改善策を処方することで行動計画に展開します。

③行動計画の策定とKPI※の設定

　行動計画には、実施項目の他に具体的取り組みや、責任者、数値目標、その評価頻度、実施時期を明確に定める必要があります。数値目標はKPIとして継続的に管理しますが、このKPIに何を採用するのかは非常に重要です。戦略の方向性に合致し、業績改善に効果がある数値を目標として設定しなければなりません。その為には自社の問題点と改善のポイントについてよく理解していることが必要です。

　この数値目標には、現場の取り組みと決算書上の計数とを結びつける効果があります。それぞれの実施項目に責任者を決め、KPI達成を担当部署の責任とすることで全社員が事業計画を自分ごととして捉え、KPI達成が組織目標として機能するようになります。

別表②　行動計画・実施計画

行動計画・実施計画

| 番号 | 計　　画 | | | | | 実施時期 | | |
	実施項目	具体的取り組み	責任者	評価基準 数値目標	評価頻度	年　月		時期
						年　　月		
						年　　月		
						年　　月		
						年　　月		
						年		

※KPIとは、Key Performance Indicatorの略で重要業績評価指標の意味。

④売上計画の策定

　売上計画は事業計画の根幹です。売上計画の実現可能性が脆弱だと計画全体の信憑性が失われてしまうからです。曖昧な計画を回避するには、販売先毎に単価・数量・時期を明確に示した積上げ式の販売計画にするのが有効です。

　売上計画の立て方は、業種により異なります。販売形態により売上の構成要素が異なる為です。「単価×数量」は全業種に共通する売上の構成要素ですが、例えば飲食業であれば、「客単価×座席数×回転率」、小売業であれば、「来店客数×買上単価×購入頻度」など様々です。

　これらの要素に着目し売上計画をたてることは、戦略的な改善策をたてる際に役立ちます。小売業で例えるなら、売上の構成要素は客数と客単価ですが、客数は店前通行量と入店率及び買い上げ率に分解できて、客単価は、商品単価と買上げ点数に分解できますから、売上増加が必要な場合、店内レイアウト改善により、買い上げ率と買

上げ点数を増加させたり、店頭改善により入店率を向上させるなど、戦略的対策を考えるヒントが得られるわけです。

⑤取引先別売上計画の作成

BtoBの中小製造業の場合は、特定顧客毎にある程度の売上が集中することから、「製品単価×販売数量」の要素に着目し、取引先毎に販売見込を検証していく作業が有効です。どの先に、どのような対策を打つかという具体的活動への展開を可能にします。さらに、直近取引高により顧客を大口から順に並べ、取引の多い順にＡ・Ｂ・Ｃなどいくつかのグループに分けて、取引の重要度に応じた粒度で売上分析を行うことも必要です。

顧客別・製品別売上計画の作成に際しては、まず顧客毎に直近3期の製品別販売実績を整理し、製品ごとの売上推移と増減率を分析します。増減率から今後の販売予測をたてる場合にはスポット売上を除外し、増加率に一定のストレスをかけることで保守的な見積りが可能です。この過去実績の分析結果に、日頃の営業活動から得られた情報を加味し、今後の販売予測をたてます。この際、「Ⅲ-1．営業戦略」の「2．引

図表7　売り上げ計画から資金調達計画まで

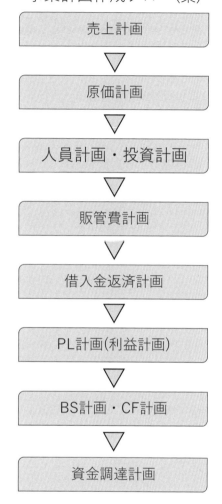

事業計画作成フロー(案)

売上計画
↓
原価計画
↓
人員計画・投資計画
↓
販管費計画
↓
借入金返済計画
↓
PL計画(利益計画)
↓
BS計画・CF計画
↓
資金調達計画

合・受注活動」の項で説明した顧客毎の「引合・受注台帳（別表1）」及び「引合・受注一覧表（別表2）」が活用できます。本表は、顧客情報・製品情報、引合い内容、交渉履歴、先方購買方針等が記載されたセールスデータであり営業ツールとして活用する一方で、売上計画作成の基礎データとしても有効です。日頃の営業活動における一社一社への丹念なアプローチは、売上増加だけではなく売上計画の精度向上にも繋がるといえます。

別表③　売上計画書

顧客別売上実績・計画

単位：千円

取引先	過去実績 N-2期実績 2018年3月	過去実績 N-1期実績 2019年3月	過去実績 直近実績 2020年3月	計画 1期目 2021年3月	計画 2期目 2022年3月	計画 3期目 2023年3月	計画 4期目 2024年3月	計画 5期目 2025年3月
A社	55,060	56,710	60,440	61,139	61,139	63,837	65,606	70,919
前年比	–	103.0%	106.6%	101.2%	100.0%	104.4%	102.8%	108.1%
B社	52,307	58,764	56,349	60,685	61,139	61,139	61,139	61,139
	–	107.3%	103.5%	100.4%	100.0%	100.0%	100.0%	100.0%
C社	49,692	50,954	52,769	60,391	61,599	62,831	64,087	65,369
	–	112.8%	126.1%	114.4%	102.0%	102.0%	102.0%	102.0%
D社	47,207	48,358	50,479	38,193	38,193	38,193	38,193	38,193
	–	91.8%	98.0%	89.9%	100.0%	100.0%	100.0%	100.0%
E社	44,847	49,846	50,361	37,659	37,659	37,659	37,659	37,659
	–	97.8%	94.3%	91.1%	100.0%	100.0%	100.0%	100.0%
F社	42,604	44,953	48,564	54,211	54,753	55,301	55,854	56,412
	–	107.2%	116.1%	111.6%	101.0%	101.0%	101.0%	101.0%

（A社）製品別売上実績・計画

単位：千円

A社 製品		過去実績 N-2期実績 2018年3月	過去実績 N-1期実績 2019年3月	過去実績 直近実績 2020年3月	計画 1期目 2021年3月	計画 2期目 2022年3月	計画 3期目 2023年3月	計画 4期目 2024年3月	計画 5期目 2025年3月
製品A	単価	580	580	580	580	580	580	580	580
	数量	25	26	30	31	31	31	31	31
		–	104%	115%	105%	100%	100%	100%	100%
	売上	14,500	15,080	17,400			18,216	18,216	18,216
製品B	単価	550	550	550	550	550	550	550	550
	数量	18	20	21	22	22	22	22	22
		–	111%	105%	103%	100%	100%	100%	100%
	売上	9,900	11,000	11,550	11,903	11,903	11,903	11,903	11,903
製品C	単価	490	490	490	490	490	490	490	490
	数量	19	20	25	28	28	33	40	48
		–	105%	125%	110%	100%	120%	120%	120%
	売上	9,310	9,800	12,250	13,491	13,491	16,189	19,427	23,313

> 過去実績+営業情報から販売を予測

別表④　製品別売上計画書

（全社）製品別売上実績・計画

単位：千円

製　品		過去実績 N-2期実績 2018年3月	過去実績 N-1期実績 2019年3月	過去実績 直近実績 2020年3月	計画 1期目 2021年3月	計画 2期目 2022年3月	計画 3期目 2023年3月	計画 4期目 2024年3月	計画 5期目 2025年3月
製品A	単価	580	580	580	580	580	580	580	580
	数量	300	310	350	361	361	361	361	361
		–	103%	113%	103%	100%	100%	100%	100%
	売上	174,000	179,800	203,000	209,330	209,330	209,330	209,330	209,330
製品B	単価	550	550	550	550	550	550	550	550
	数量	218	220	221	211	211	211	211	211
		–	101%	100%	96%	100%	100%	100%	100%
	売上	119,900	121,000	121,550	116,306	116,306	116,306	116,306	116,306
製品C	単価	490	490	490	490	490	490	490	490
	数量	189	190	225	235	235	235	235	235
		–	101%	118%	104%	100%	100%	100%	100%
	売上	92,610	93,100	110,250	115,184	115,184	115,184	115,184	115,184

（具体的行動・実施計画への展開）

　ここまでのプロセスで取引先毎に製品別販売計画が作成されます。これは多様な切り口での戦術を示唆します。例えば、直近で取引が拡大傾向にある取引先の個別ニーズに着目した同業他社への横展開や、メイン先への抱き合わせ提案による買い上げ単価増加なども考え得るでしょう。実現の可能性の高い売上計画には、具体的な戦略が伴うことが必要であり、そのためには、自社の売上を構成する要素とそれを決定づける要因に着目した販売計画の策定が必要だといえます。

⑥生産計画

　次に、販売計画に連動した原価計画を策定し、さらに目標売上を達成する為に必要な生産設備や人員の計画を策定します。

（ア）原価計画の作成

　別表⑤原価計画書の「Ⅰ．材料費」は製品毎の材料単価と製品別売上計画書（別表④）の販売数から直接材料費を計算します。「Ⅱ．労務費」は人員計画書（別表⑥）の工場従業員の予定人件費とリンクさせ、採用予定人員数を変更すれば労務費が連動して変更されるようにします。「Ⅲ．経費」は売上高経費率の過去実績から横置きしています。減価償却予定額については設備投資計画書（別表⑦）の減価償却予定額と連動させています。こうして原価計画は、売上や設備投資、人員計画と連動して変更されるようフォーマット化するのが効率的です。

別表⑤　原価計画書

原価計画

単位：千円

製造原価		直近実績 2020年3月	1期目 2021年3月	2期目 2022年3月	3期目 2023年3月	4期目 2024年3月	5期目 2025年3月
Ⅰ．材料費		116,803	115,683	118,214	118,106	118,738	118,804
材料費率		20.2%	19.0%	19.4%	19.2%	19.2%	19.0%
A製品材料	@120千円	42,000	43,310	43,310	43,310	43,310	43,310
B製品材料	@131千円		27,702	27,702	27,702	27,702	27,702
C製品材料	@100千円		23,507	23,507	23,507	23,507	23,507
D製品材料	@190千円	12,350	11,642	11,642	11,642	11,642	11,642
Ⅱ．労務費		74,285	74,285	74,285			81,714
賃金		66,090	66,090	66,090			72,699
法定福利		8,195	8,195	8,195	8,195	9,015	9,015
Ⅲ．経費		106,908	110,767	114,136	116,585	113,358	111,966
外注費	5.0%	28,969	30,430	30,540	30,764	30,943	31,301
光熱費	2.0%	11,588	12,172	12,216	12,306	12,377	12,520
運賃	5.0%	28,969	30,430	30,540	30,764	30,943	31,301
雑費	3.0%	17,382	18,258	18,324	18,459	18,566	18,781
減価償却費			19,477	22,515	24,292	20,528	18,063
当期製品製造費用			300,736	306,636	308,976	313,810	312,484
期首仕掛品残高		30,500	31,747	33,348	33,469	33,714	33,910
期末仕掛品残高		31,747	33,348	33,469			34,302
当期製品製造原価		296,749	299,135	306,515			312,092
原価率		51.2%	49.2%	50.2%	50.2%	50.7%	49.9%

（吹き出し）主要製品材料単価は過去実績を参照

（吹き出し）別表⑥人員計画書の工場従業員給与と一致

（吹き出し）別表⑦設備投資計画書の原価計上分減価償却実施額と一致

（吹き出し）別表⑬BS計画書の仕掛品残高と一致

売上原価	直近実績 2020年3月	1期目 2021年3月	2期目 2022年3月	3期目 2023年3月	4期目 2024年3月	5期目 2025年3月
期首商品棚卸高	57,500	58,723	61,684	61,908	62,362	62,724
期末商品棚卸高	58,723	61,684	61,908			63,449
当期製品製造原価	296,749	299,135	306,515			312,092
売上原価	295,526	296,174	306,291	308,277	313,251	311,367
売上原価率	51.0%	48.7%	50.1%	50.1%	50.6%	49.7%

（吹き出し）別表⑬BS計画書の製品残高と一致

（イ）人員計画の作成

　売上計画達成に必要な製造人員や営業人員の採用・配置に関する計画です。予定賃率を用いて、要員計画が総人件費の支払計画として機能するようにします。

別表⑥　人員計画書

人員計画　　実績　➡　計画　　　　　　　　　　　　　　　　　　　　　　単位：千円

部門・職種	2020年3月 人数	給与	2021年3月 人数	給与	2022年3月 人数	給与	2023年3月 人数	給与	2024年3月 人数	給与	2025年3月 人数	給与
役員	4.0	32,496	4.0	32,496	4.0	32,496	4.0	32,496	4.0	32,496	4.0	32,496
（@ 8,124千円 ）												
営業社員	9.0	57,114	9.0	57,114	9.0	57,114	10.0	63,460		,460		
（@ 6,346千円 ）												
事務社員	3.0	10,761	3.0	10,761	3.0	10,761	3.0	10,761	3.0	10,761	3.0	10,761
（@ 3,587千円 ）												
パート	5.0	5,150	5.0	5,150	5.0	5,150	10.0	10,300	10.0	10,300	10.0	10,300
（@ 1,030千円 ）												
工場従業員	10.0	66,090	10.0	66,090	10.0	66,090	11.0	72,699		,699		
（@ 6,609千円 ）												
合計	31.0	171,611	31.0	171,611	31.0	171,611	38.0	189,716	38.0	189,716	38.0	189,716

別表⑧販売費及び一般管理費の人件費と一致

別表⑤原価計画書の労務費と一致

（ウ）設備投資計画書の作成（減価償却予定表）

　生産計画に必要な設備投資計画です。設備投資の可否は、導入効果・採算性・投資回収期間から決定します。大型投資の場合、CF計画書（別表⑫）やB/S計画書（別表⑬）作成後に全体のキャッシュフローを見たうえで資金調達方法を検討します。後々のキャッシュポジションを考え返済期間を法定耐用年数と一致させることをお勧めします。

別表⑦　設備投資計画書（兼減価償却予定表）

原価計上分（工場設備）　　　　　　　　　　　　　　　　　　　　　　　　　　　　単位：千円

設備	取得価額	耐用年数	導入時期	期目 2020年3月	1期目 2021年3月	2期目 2022年3月	3期目 2023年3月	4期目 2024年3月	5期目 2025年3月
（既存設備）			経過年数						
工場	130,000	30年	11年		4,057	3,787	3,535	3,299	3,079
工場機械	90,000	20年	2年		7,290	6,561	5,905	5,314	4,783
工場設備	70,000	18年	3年		5,463	4,856	4,316	3,837	3,410
（新規設備）			導入時期						
機械	20,000	15年	1期目		2,667	2,311	2,003	1,736	1,504
機械	15,000	6年	2期目		0	5,000	3,333	2,222	1,481
工場設備	250,000	20年	3期目		0	0	25,000	22,500	20,250
機械	2,500	5年	4期目		0	0	0	1,000	600
設備	10,000	15年	5期目		0	0	0	0	1,333
設備投資額					20,000	15,000	250,000	2,500	10,000
減価償却費				22,000	19,477	22,515	44,092	39,908	36,441

（注）既存設備の償却予定額／3期目に250Mの大型設備投資を計画

販管費計上分　　　　　　　　　　　　　　　　　　　　　　　　　　　　　　　　　単位：千円

設備	取得価額	耐用年数	導入期	期目 2020年3月	1期目 2021年3月	2期目 2022年3月	3期目 2023年3月	4期目 2024年3月	5期目 2025年3月
（既存設備）			経過年数						
本社	130,000	30年	3年		7,046	6,577	6,138	5,729	5,347
車両	20,000	5年	1年		4,800	2,880	2,160	2,160	0
その他	12,000	8年	2年		1,688	1,266	949	949	949
（新規設備）			導入時期						
車両	5,000	5年	1期目		2,000	1,200	720	540	540
車両	6,000	5年	2期目		0	2,400	1,440	864	648
内装工事	30,000	25年	3期目		0	0	2,400	2,208	2,031
事務機器	15,000	8年	4期目		0	0	0	3,750	2,813
車両	7,000	5年	5期目		0	0	0	0	2,800
機械	20,000	20年	5期目		0	0	0	0	2,000
設備投資額				32	5,000	6,000	30,000	15,000	27,000
減価償却費				17,000	15,534	14,322	13,807	16,199	17,127
有形固定資産予定簿価				150,000	139,989	124,153	346,254	307,647	291,079

⑦利益計画

（ア）販管費計画書の作成

　販管費の計画は効率的な運用基準に基づくコスト削減が目的、重複するムダな支出を削減し固定費率を下げることで損益分岐点売上高を下げ強固な収益体質を構築

するのが狙いです。一方で削減だけを狙いとした無策なコストカットには注意が必要です。コストには研究開発や製品開発、販路開拓などの戦略経費、人材育成・採用・賃金などの人材投資費、その他の節約可能経費の3種類があります。将来の利益に繋がる経費を削減することは将来の収益を犠牲にしているのと同じです。今、何に投資すれば将来の利益が保証されるのか？　顧客が引き続き自社の製品を選び続けてくれるためには、今、何に投資をしなければならないのか？　企業価値を高めるうえで極めて重要な選択といえます。戦略経費を捻出するためCFを確保するのが財務戦略の大きな狙いです。

別表⑧　販管費計画書

販売費及び一般管理費計画書

単位：千円

原　価	直近実績 2020年3月	1期目 2021年3月	2期目 2022年3月	3期目 2023年3月	4期目 2024年3月	5期目 2025年3月
人件費	131,901	131,901	131,901	146,271	146,271	146,271
役員報酬	32,496	32,496	32,496	32,496	32,496	32,496
従業員報酬	73,025	73,025	73,025	84,521	84,521	84,521
法定福利	12,663	12,663	12,663	14,042	14,042	14,042
福利厚生費	13,718	13,718	13,718	15,212	15,212	15,212
広告宣伝費	1,852	2,000	2,000	2,000	2,000	2,000
接待交際費	1,369	1,500	1,500	1,500	1,500	1,500
旅費交通費	3,	2,000	2,		2,	2,00
数料	99	2,		2,		2,00
通信費	2,709	2,800	2,800	2,800	2,800	2,800
修繕費	3,372	3,000	3,000	3,000	3,000	3,000
雑費	2,415	2,500	2,500	2,500	2,500	2,500
その他	3,803	4,000	4,000	4,000	4,000	4,000
減価償却費	17,000	15,534	14,322	13,807	16,199	17,127
販管費合計	196,107	194,135	192,923	206,778	209,170	210,098

別表⑥人員計画の給与と一致

別表⑦設備投資計画書の販管費計上分減価償却実施額と一致

（イ）借入金返済計画書の作成

　既存の借入金の返済予定表から返済計画書を作成、予定残高、年間返済額、予定利払額を一覧にします。借入金の予定残高はB/S計画書（別表⑬）の長短借入金残高と連動、年間返済額はCF計画書（別表⑪）の財務CFの借入金返済額と連動させます。

別表⑨　資金調達計画書・借入金返済計画書

資金調達計画・返済計画

単位:千円

資金調達		直近 2020年3月	1期目 2021年3月	2期目 2022年3月	3期目 2023年3月	4期目 2024年3月	5期目 2025年3月
短期借入		100,000	100,000	100,000	100,000	100,000	100,000
年間返済額		0	0	0	0	0	0
利息　1.00%		1,000	1,000	1,000	1,000	1,000	1,000
長期借入残		140,000	132,300	124,600	116,900	109,200	101,500
返済額		7,700	7,700	7,700	7,700	7,700	7,700
利息　2.25%		3,063	2,890	2,717	2,544	2,370	2,197
長期借入残		150,000	142,300	134,600	126,900	119,200	111,500
年間返済額		7,700	7,700	7,700	7,700	7,700	7,700
利息		2,923	2,769	2,615	2,461	2,307	2,153
長期借入残		15,000	12,000	9,000	6,000	3,000	0
返済額		3,000	3,000	3,000	3,000	3,000	3,000
利息　1.40%		189	147	105	63	21	0
長期借入残		20,434	17,234	14,034	10,834	7,634	4,434
年間返済額		3,200	3,200	3,200	3,200	3,200	3,200
利息　1.17%		220	183		108	71	33
長期借入残		0	0		200,000	200,000	190,000
返済額		0	0		0	10,000	10,000
利息　1.00%		0	0		2,000	1,950	1,850
合計	短期	100,000	100,000	100,000	100,000	100,000	100,000
	返済額	0	0	0	0	0	0
	長期	325,434	303,834	282,234	460,634	439,034	407,434
	返済額	21,600	21,600	21,600	21,600	31,600	31,600
	利息	7,396	6,989	6,582	8,176	7,719	7,233

（表中注記）既存借入金の返済予定

（表中注記）別表⑦【例】の大型設備投資に対し期間20年長期資金調達

（ウ）P/L計画書の作成

　以上の売上計画・原価計画・販管費計画の作成を経てP/L計画書（別表⑩）が作成できます。P/L計画書は利益計画であり、粗利益、営業利益、経常利益、当期純利益の予定額が一覧できます。

別表⑩　PL（損益計算書）計画書

ＰＬ計画

単位：千円

損益計算書	直近実績 2020年3月	1期目 2021年3月	2期目 2022年3月	3期目 2023年3月	4期目 2024年3月	5期目 2025年3月
売上高	579,387	608,605	610,808	615,286	618,864	626,018
前年比	－	105.0%	100.4%	100.7%	100.6%	101.2%
売上原価	295,526	296,174	306,291	328,077	332,631	329,745
減価償却費	20,000	19,477	22,515	44,092	39,908	36,441
原価率（％）	51.0%	48.7%	50.1%	53.3%	53.7%	52.7%
売上総利益	283,861	312,431	304,517	287,209	286,233	296,273
減価償却費	17,000	15,534	14,322	13,807	16,199	17,127
販管費合計	196,107	194,135	192,923	206,778	209,170	210,098
営業利益	87,754	118,296	111,594	80,431	77,063	86,175
営業外収益	0	0	0	0	0	0
営業外費用	7,125	4,042	3,836	3,631	5,326	5,121
経常利益	80,629	114,254	107,757	76,800	71,737	81,054
特別利益	0	0	0	0	0	0
特別損失	0	0	0	0	0	0
税引前当期利益	80,629	114,254	107,757	76,800	71,737	81,054
法人税等	28,704	40,674	38,362	27,341	25,538	28,855
当期純利益	51,925	73,580	69,396	49,459	46,199	52,199
繰越剰余金	51,925	73,580	69,396	49,459	46,199	52,199
繰越利益剰余金累計	63,925	137,504	206,900	256,359	302,558	354,757

（エ）CF計画書・B/S計画書の作成

　続いて、営業債権・債務の予定残高を算出するため売上債権や棚卸資産、買入債務等の回転期間（別表⑫）を設定します。別表⑫の記載例では、それぞれの回転期間は過去実績を横置きしていますが、在庫圧縮や売掛金の回収促進を課題として設定する場合は、具体的改善策の伴う回転期間短縮をここで反映させることになります。これによりの各科目の予定残高が導出され、CF計画書（別表⑪）とB/S計画書（別表⑬）が作成されます。CF計画書（別表⑪）から今後5年間の必要資金額が明らかになりますので、再度ここで資金調達計画（別表⑨）を見直すことになります。

別表⑪　CF（キャッシュフロー）計画書

ＣＦ計画

単位：千円

ＣＦ計算書	直近実績 2020年3月	1期目 2021年3月	2期目 2022年3月	3期目 2023年3月	4期目 2024年3月	5期目 2025年3月
当期純利益	51,925	73,580	69,396	49,459	46,199	52,260
減価償却費	37,000	35,011	36,837	57,899	56,107	53,568
売掛債権減少（▲増加）		△ 5,463	△ 412	△ 837	△ 669	△ 1,338
棚卸資産減少（▲増加）		△ 4,562	△ 344	△ 699	△ 559	△ 1,117
その他流動資産減少（▲増加）		△ 1,117	△ 84	△ 171	△ 137	△ 274
仕入債務増加（▲減少）	△ 2,100	6,099	460	935	747	1,493
その他流動負債増加（▲減少）	△ 1,000	8,230	△ 2,271	△ 10,936	△ 1,734	3,487
その他固定負債増加（▲増加）	0	0	0	0	0	0
営業CF	85,919	111,777	103,581	95,649	99,954	108,080
有形固定資産減少（▲増加）	△ 25,000	△ 25,000	△ 21,000	△ 280,000	△ 17,500	△ 37,000
無形固定資産減少（▲増加）	0	0	0	0	0	0
投資等減少（▲増加）	0	0	0	0	0	0
その他固定資産減少（▲増加）	0	0	0	0	0	0
創立費	0	0	0	0	0	0
投資CF	△ 25,000	△ 25,000	△ 21,000	△ 280,000	△ 17,500	△ 37,000
ＦＣＦ	60,919	86,777	82,581	△ 184,351	82,454	71,080
短期借入金の返済（▲）	△ 20,000	0	0	0	0	0
短期借入金の調達（＋）	0	0	0	0	0	0
長期借入金の返済（▲）	△ 21,600	△ 21,600	△ 21,600	△ 21,600	△ 31,600	△ 31,600
長期借入金の調達（＋）	0	0	0	200,000	0	0
増資（▲減資）	0	0	0	0	0	0
自己株式売却（▲購入）	0	0	0	0	0	0
支払配当金	0	0	0	0	0	0
財務CF	△ 41,600	△ 21,600	△ 21,600	178,400	△ 31,600	△ 31,600
現預金増減	19,319	65,177	60,981	△ 5,951	50,854	39,480
期首現預金	52,496	71,815	136,992	197,973	192,022	242,876
期末現預金	71,815	136,992	197,973	192,022	242,876	282,356

別表⑫回転期間から自動算出

別表⑦設備投資計画書と連動

別表⑨資金調達計画と連動

別表⑫　回転期間分析表

予定回転期間（日数）	2020年3月	2021年3月	2022年3月	2023年3月	2024年3月	2025年3月
売掛金（千円）	108,332	113,795	114,207	115,044	115,713	117,051
サイト（日）	68	68	68	68	68	68
製品（千円）	58,723	61,684	61,908	62,362	62,724	63,449
サイト（日）	37	37	37	37	37	37
仕掛品（千円）	31,747			33,714	33,910	34,302
サイト（日）	20			20	20	20
買掛金（千円）	120,949			128,443	129,190	130,683
サイト（日）	76	76	76	76	76	76

在庫や売掛金の圧縮計画は回転日数に反映させる

別表⑬　BS（賃借対照表）計画書

ＢＳ計画

単位：千円

貸借対照表	直近実績 2020年3月	1期目 2021年3月	2期目 2022年3月	3期目 2023年3月	4期目 2024年3月	5期目 2025年3月
流動資産	337,796	414,116	475,937	471,694	523,912	566,121
現預金	71,815	136,992	197,973	192,022	242,876	282,356
売掛金	108,332	113,795	114,207	114,641	115,713	117,051
製品	58,723	61,684	61,908	62,124	62,324	63,449
仕掛品	31,747	33,348	33,469	33,810	34,010	34,302
前払費用	22,156	23,273	23,358	23,329	23,666	23,939
未収入金	12,365	12,365	12,365	12,365	12,365	12,365
その他流動資産	32,658	32,658	32,658	32,658	32,658	32,658
固定資産	417,000	406,989	391,153	613,254	574,647	558,079
償却資産	150,000	139,989	124,153	346,254	307,647	291,079
土地	200,000	200,000	200,000	200,000	200,000	200,000
無形固定資産	10,000	10,000	10,000	10,000	10,000	10,000
投資等	32,000	32,000	32,000	32,000	32,000	32,000
その他固定資産	25,000	25,000	25,000	25,000	25,000	25,000
繰延資産	0	0	0	0	0	0
総資産	754,796	821,105	867,090	1,084,948	1,098,559	1,124,200
流動負債	272,472	286,802	284,991	274,990	274,002	278,983
買掛金	120,949	127,048	127,508	128,443	129,190	130,683
短期借入金	100,000	100,000	100,000	100,000	100,000	100,000
未払費用	11,023	11,579	11,621	11,706	11,774	11,910
未払法人税	33,000	40,674	38,362	27,341	25,538	28,889
その他	7,500	7,500	7,500	7,500	7,500	7,500
固定負債	343,399	321,799	300,199	478,599	446,999	415,399
長期借入金	325,434	303,834	282,234	460,634	429,034	397,434
その他固定負債	17,965	17,965	17,965	17,965	17,965	17,965
負債合計	615,871	608,601	585,190	753,589	721,001	694,382
株主資本	138,925	212,504	281,900	331,359	377,558	429,818
資本金	50,000	50,000	50,000	50,000	50,000	50,000
準備金（資本・利益）	25,000	25,000	25,000	25,000	25,000	25,000
利益剰余金	63,925	137,504	206,900	256,359	302,558	354,818
自己株式	0	0	0	0	0	0
純資産	138,925	212,504	281,900	331,359	377,558	429,818
負債・資本合計	754,796	821,105	867,090	1,084,948	1,098,559	1,124,200

注記（吹き出し）：
- 売掛金や棚卸資産の残高予定は別表⑫の回転期間から算出
- 現預金予定残高は別表⑪CF計画から
- 別表⑦設備投資計画書と一致
- 別表⑨資金調達計画書と一致

（4）財務管理体制の構築

　恒常的に財務体質が強化される仕組みを構築するには、PDCAサイクルにそった財務管理体制を社内に構築する必要があります。中期経営計画を年度計画と月次損益計画に展開し、毎月試算表を作成することで月次計画に対する進捗を確認する必要があります。計画や前年実績との差異を分析し、必要なアクションへの材料とすることが重要です。

　月次計画に対する進捗を毎月確認することで戦略が機能しているか、軌道修正の必要がないかを毎月チェックする体制が社内に構築されます。これは経営の軌道修正を月次で繰り返すことでもあり、業績予測の精度向上並びに経営力の向上に繋がるものです。

①年度計画から月次損益計画への展開

　初めにP/L計画から初年度計画を抽出し、これを1年間の月次損益計画に展開します。この際収益と費用を各月にどのような基準で按分するかが問題となりますが、概ね以下の3つの方法が考えられます。

- （a）売上など他科目に連動して月別に按分配賦する
- （b）前年実績に基づき月毎に配賦する
- （c）単純に12で割って月配賦する。

　前年月別売上実績を参照し、営業情報により個別の見込み情報を勘案したうえで初年度の月別売上計画を作成します。

- （a）原価など変動費項目は月別売上に変動比率を乗じて予定額を算出します。
- （b）保険料や給与など支出の時期と金額がある程度あらかじめ決まっているものは前年実績に基づき予定額を計上します。
- （c）最後に修繕費などいつ支出するかわからない費用項目は、単純に12で割って均等配賦します。

別表⑭　月次損益計画書

月次損益計算書　　（自2020年4月　至2021年3）　　　　　　　　　　単位：千円

勘定科目		4月 実績	5月 実績	6月 予定	7月 予定	8月 予定	9月 予定	10月 予定	11月 予定	12月 予定	1月 予定	2月 予定	3月 予定	着地 見込
売上	売上高	46,483	47,749	56,580	50,629	52,329	44,658	48,667	48,415	64,270	48,577	49,822	50,425	608,605
														0
														0
	売上高合計	46,483	47,749	56,580	50,629	52,329	44,658	48,667	48,415	64,270	48,577	49,822	50,425	608,605
	前期売上高	44,251	45,457	53,864	48,198	49,817	42,514	46,331	46,091	61,185	46,245	47,430	48,004	579,387
売上原価	製造原価 材料費	8,835	9,076	10,755	9,623	9,947	8,489	9,251	9,203	12,217	9,234	9,470	9,585	115,683
	労務費	6,190	6,190	6,190	6,190	6,190	6,190	6,190	6,190	6,190	6,190	6,190	6,190	74,285
	経費	9,231	9,231	9,231	9,231	9,231	9,231	9,231	9,231	9,231	9,231	9,231	9,231	110,767
	総製造費用	24,256	24,497	26,176	25,045	25,368	23,910	24,672	24,624	27,638	24,655	24,891	25,006	300,736
	期首仕掛品	31,747	31,747	31,747	31,747	31,747	31,747	31,747	31,747	31,747	31,747	31,747	31,747	380,964
	期末仕掛品	31,747	31,747	31,747	31,747	31,747	31,747	31,747	31,747	31,747	31,747	31,747	33,348	382,565
	製造原価計	24,256	24,497	26,176	25,045	25,368	23,910	24,672	24,624	27,638	24,655	24,891	23,405	299,135
	期首棚卸高	58,723	58,723	58,723	58,723	58,723	58,723	58,723	58,723	58,723	58,723	58,723	58,723	704,676
	期末棚卸高	58,723	58,723	58,723	58,723	58,723	58,723	58,723	58,723	58,723	58,723	58,723	61,684	707,637
	売上原価	24,256	24,497	26,176	25,045	25,368	23,910	24,672	24,624	27,638	24,655	24,891	20,444	296,174
	売上総利益	22,226	23,252	30,404	25,584	26,961	20,748	23,996	23,791	36,633	23,922	24,931	29,981	312,431
販売費及び一般管理費	人件費 役員報酬	2,708	2,708	2,708	2,708	2,708	2,708	2,708	2,708	2,708	2,708	2,708	2,708	32,496
	従業員報酬	4,868	4,868	12,171	4,868	4,868	4,868	4,868	4,868	12,171	4,868	4,868	4,868	73,025
	法定福利	844	844	2,110	844	844	844	844	844	2,110	2,110	2,110	2,110	12,663
	福利厚生費	1,143	1,143	1,143	1,143	1,143	1,143	1,143	1,143	1,143	1,143	1,143	1,143	13,718
	経費 広告宣伝費	167	176	172	161	164	163	162	164	167	166	175	163	2,000
	接待交際費	125	122	126	131	125	130	131	132	128	127	123	100	1,500
	旅費交通費	167	172	166	169	174	162	173	161	174	172	170	140	2,000
	支払手数料	167	173	161	164	175	161	165	167	162	176	172	157	2,000
	通信費	200	228	230	232	239	235	230	243	232	241	229	221	2,800
	保険料	208	204	207	204	207	216	216	205	217	211	214	191	2,500
	租税公課	167	163	161	168	176	168	161	163	166	164	176	167	2,000
	消耗品費	167	164	166	161	171	166	171	162	165	162	178		2,000
	水道光熱費			259	258	250	251	259	249	251	245	228	3,000	
	リース料	217		222	222	218	220	212	220	216	218	193	2,600	
	業務委託費	208		209	217	210	205	205	214	207	217	184	2,500	
	外注費	458		462	463	462	465	468	458	456	466	431	5,500	
	研究開発費	292		298	289	297	301	300	298	289	292	256	3,500	
	諸会費	183		189	181	190	192	191	185	190	189	145	2,200	
	新聞図書費	25	28	30	27	23	28	28	24	27	32	22	6	300
	会議費	67	66	70	69	76	72	64	71	75	72	74	24	800
	修繕費	250	260	259	257	254	256	259	258	250	259	250	188	3,000
	雑費	208	217	216	203	208	205	210	205	218	204	213	193	2,500
	その他	333	343	342	329	337	340	330	341	329	341	329	306	4,000
	減価償却費	1,294	1,294	1,294	1,294	1,294	1,294	1,294	1,294	1,294	1,294	1,294	1,294	15,534
	販管費合計	14,750	14,790	23,355	14,777	14,807	14,792	14,787	14,798	23,358	16,063	16,060	15,596	194,135
	営業利益	7,476	8,462	7,050	10,807	12,154	5,956	9,209	8,993	13,275	7,859	8,870	14,385	118,296
営業外損益	営業外収益 受取利息	0	0	0	0	0	0	0	0	0	0	0	0	0
	その他	0	0	0	0	0	0	0	0	0	0	0	0	0
	計（E）	0	0	0	0	0	0	0	0	0	0	0	0	0
	営業外費用 支払利息割引料	337	337	337	337	337	337	337	337	337	337	337	337	4,042
	その他	0	0	0	0	0	0	0	0	0	0	0	0	0
	計（F）	337	337	337	337	337	337	337	337	337	337	337	337	4,042
	経常利益	7,139	8,125	6,713	10,470	11,817	5,619	8,872	8,657	12,938	7,522	8,533	14,048	114,254
	前期経常損益	8,726	8,964	10,622	9,505	9,824	8,384	9,136	9,089	12,066	9,119	9,353	9,466	114,254

> 予定に実績を上書きしていくと着地が見える

　こうして月次損益計算書が作成できます。完成した月次損益計算書には、毎月実績を上書き入力していけば、今年度の着地見込が一目瞭然であり、進捗を確認しながら行動計画の修正に活用することができます。更に、月次損益計算書のフォーマットは、自社の事業スタイルに合わせて工夫することをお勧めします。例えば費用を部門別の固定費と変動費に分解し部門毎の限界利益を表示させれば、管理会計目線で損益計画の進捗を確認することができます。

②資金繰り表の作成

　月次損益計算書をもとに1年間の資金繰り予定表が作成できます。売上計上と入金のタイミングのズレを取引先別の回収条件をもとに収入欄に計上します。仕入や費用の支払いについても現金払いと掛払いを整理し支出欄に予定額を計上します。ともに月次損益計算書の売上と原価欄を実際の入・出金ベースで予定表に展開するイメージです。また販管費についても同様です。原価項目、販管費項目ともに減価償却費等の非資金費用は資金繰り表からは除外されます。さらに期中に設備投資の計画があればその分の投資支出を計上する必要があります。財務収支は、毎月の返済予定額を計上します。予定を実績に上書きしていくことで先々の資金収支を見える化することができます。

別表⑮　資金繰表

資金繰表　（自2020年4月　至2021年3）　　　　　　　　　　　　　　単位：千円

科目		4月実績	5月実績	6月予定	7月予定	8月予定	9月予定	10月予定	11月予定	12月予定	1月予定	2月予定	3月予定
売上高		46,483	47,749	56,580	50,629	52,329	44,658	48,667	48,415	64,270	48,577	49,822	50,425
原価		24,256	24,497	26,176	25,045	25,368	23,910	24,672	24,624	27,638	24,655	24,891	20,444
前期繰越現預金（A）		71,815	70,239	73,370	73,527	86,190	99,966	91,716	101,110	109,109	105,779	120,578	135,184
収入	現金売上	4,648	4,775	5,658	5,063	5,233	4,466	4,867	4,842	6,427	4,858	4,982	5,042
	売掛金回収	32,538	37,186	42,468	47,390	47,946	46,416	43,261	42,197	43,675	51,501	49,997	44,342
	手形入金												
	手形割引												
	その他収入												
	計（B）	37,186	41,961	48,126	52,453	53,179	50,882	48,127	47,038	50,102	56,359	54,979	49,384
支出	現金仕入	6,792	6,859	7,329	7,012	7,103	6,695	6,908	6,895	7,739	6,903	6,970	5,724
	買掛金支払	10,188	10,188	10,289	10,994	10,519	10,654	10,042	10,362	10,342	11,608	10,355	10,454
	手形決済	0	0	0	0	0	0	0	0	0	0	0	0
	賃金給与	15,754	15,754	24,323	15,754	15,754	15,754	15,754	15,754	24,323	17,020	17,020	17,020
	支払利息・割引料	337	337	337	337	337	337	337	337	337	337	337	337
	上記以外の経費	3,892	3,892	3,892	3,892	3,892	3,892	3,892	3,892	3,892	3,892	3,892	3,892
	仕入・外注費、経費以外の支出						20,000			5,000			8,349
	計（C）	36,962	37,029	46,169	37,989	37,604	57,332	36,933	37,239	51,632	39,760	38,573	45,776
	経常収支（D=B-C）	224	4,931	1,956	14,464	15,575	-6,450	11,195	9,799	-1,530	16,599	16,406	3,608
財務	借入金 短期借入金												
	長期借入金												
	計（E）	0	0	0	0	0	0	0	0	0	0	0	0
	借入金返済 短期借入金												
	長期借入金	1,800	1,800	1,800	1,800	1,800	1,800	1,800	1,800	1,800	1,800	1,800	1,800
	計（F）	1,800	1,800	1,800	1,800	1,800	1,800	1,800	1,800	1,800	1,800	1,800	1,800
	財務収支（G=E-F）	-1,800	-1,800	-1,800	-1,800	-1,800	-1,800	-1,800	-1,800	-1,800	-1,800	-1,800	-1,800
	月次総収支（H=D+G）	-1,576	3,131	156	12,664	13,775	-8,250	9,395	7,999	-3,330	14,799	14,606	1,808
	翌月繰越現預金（I=A+H）	70,239	73,370	73,527	86,190	99,966	91,716	101,110	109,109	105,779	120,578	135,184	136,992
残高	売掛金	102,331	105,120	124,562	111,459	115,203	98,314	107,				683	111,010
	受取手形	0	0	0	0	0	0						0
	買掛金	114,249	117,363	139,069	124,440	128,620	109,765	119				457	123,939
	支払手形	0	0	0	0	0	0						0
	短期借入金	100,000	100,000	100,000	100,000	100,000	100,000	100,000	100,000	100,000	100,000	100,000	100,000
	長期借入金	323,634	321,834	320,034	318,234	316,434	314,634	312,834	311,034	309,234	307,434	305,634	303,834
	仕掛品	29,988	30,806	36,503	32,663	33,761	28,811	31,398	31,235	41,464	31,340	32,143	32,532
	商品在庫	55,470	56,982	67,521	60,418	62,447	53,293	58,078	57,777	76,698	57,970	59,455	60,175

> 予定に実績を上書きすることでキャッシュの動きが見える

③月次試算表の作成と予実分析

　予実管理をするうえで毎月の試算表作成は必須です。月初には前月末の試算表が完成し、月次計画への進捗度合いを当月の活動に反映させられる体制づくりが必要です。

別表⑯　月次試算表サンプル

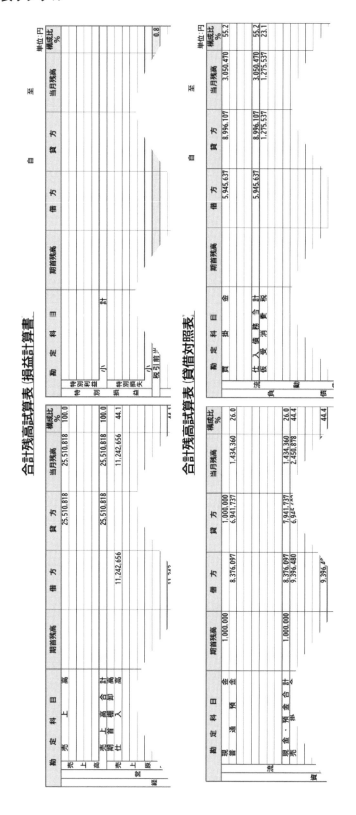

④財務マネージャーの育成

　これら財務管理の仕組みを滞りなく回すために、財務を任せられる人材が必要です。経理担当者を単なる経理マンとしてではなく財務マネージャーとして育成することで、担当者のモチベーション向上を図り、戦略の実行や銀行との交渉について一定の権限をあたえ社長へのアドバイザーとしての役割が課せるよう育成していきましょう。経営者が判断に集中できる体制を構築することが理想です。

Ⅴ-2．資金調達

1．円滑な資金調達の実現に向けて
2．資金調達を円滑にするための情報の伝え方

1．円滑な資金調達の実現に向けた取り組み

　経営環境が大きく変化する昨今、必要な資金を必要な時に調達できるかは、会社の成長や経営の安定に対し重要なポイントです。前頁までの取り組みにより財務戦略実行の素地が整いました。さらに自社主導の資金調達を実現していくためのポイントについて見てみましょう。

（1）金融機関の自社に対する評価を知る

　金融機関とのコミュニケーションにおいてまず必要なのは金融機関が自社をどう評価しているかを知ることです。金融機関側としてもお客様の財務改善は資産良化に繋がりますので、示した改善案に対し、一生懸命取り組んでくれるお客様は理想的です。

①債務者区分と格付を知る

　金融機関では、企業の決算書をスコアリングし、定性要因を加味したうえで企業毎に内部格付を付与することで、債務者区分を決定しています。債務者区分はその企業に対する融資方針の決定要因となることから、企業側も自社の格付と債務者区分は把握しておく必要があると考えます。さらに格付のポイントがなんなのか、どうすれば格付を上げられるのか、金融機関担当者との認識の共有が重要です。

　一般にスムーズな資金調達を受けるには、債務者区分が正常先であることが必要です。但し、最近は、資金需要の低迷と市場金利の低下によって格付上位先の取引採算が低く、地銀以下の金融機関では正常先下位から要注意、破綻懸念先の一部をターゲット層と決め、経営改善も含めて地域密着で積極的な金融支援を展開するケースが増えています。金融業界ではこれをリレーションシップバンキングと称し、市場縮小が危惧される地域金融の最後の望みと捉えています。

図表8　金融機関の格付決定と取引方針決定モデル

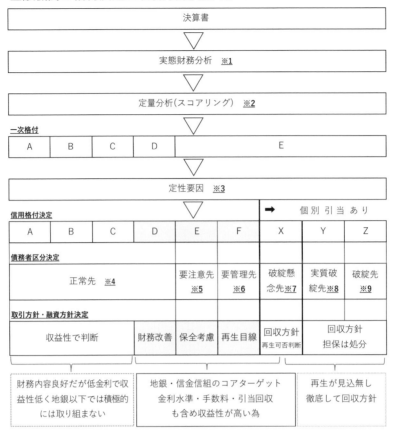

※1実態財務分析

　・不良債権や不良在庫などの不良資産を資産勘定と自己資本から控除し実態的な
　　B/Sを作成する。

　　P/Lについても一過性で恒常的に収益として見込めないものを利益から減算し実
　　質CFを算出する。

※2定量分析

　・財務指標に基づきデフォルト率（倒産確率）を算出し、財務状態をスコアリング
　　（点数化）するモデル。

※3定性要因

　・例えば技術力や、代表者の個人資産背景、不渡事象、延滞など数値で表せない審
　　査要因のこと。

※4～9債務者区分

　・正常先　　　　業況財務内容に問題なく債務履行の確実性は高い
　・要注意先　　　業況財務内容に問題あり債務履行に支障をきたす可能性あり
　・要管理先　　　要注意先のうち返済条件について大幅な緩和をしている先

・破綻懸念先　経営難の状態、経営改善計画書の進捗に問題あり

・実質破綻先　法的な破綻は発生していないが実質的に破綻状態。営業してない

・破綻先　　　法的破綻の事象が発生している

②審査の基準を知る

　収益性と安全性は、融資審査の重要な要素です。収益性については債務償還能力や有利子負債CF倍率、安全性については実質自己資本比率や借入金依存度を判断指標としています。以下は、債務者区分が正常先となるおおよその目安です。

・債務償還年数（有利子負債CF倍率）　　　10年以内（10倍以内）

・実質自己資本比率※　　　　　　　　　　15％以上　※➡不良資産を除いて計

　　　　　　　　　　　　　　　　　　　　　　　　　算する自己資本比率

・借入金依存度　　　　　　　　　　　　　60％以内

　これらのうち、金融機関が融資金の回収可能性を担保するため特に重視しているのは、債務償還年数です。収益償還を要する有利子負債が現状のCFの何倍あるか？（何年で返せるか？）を示す指標です。借入金が企業体力に比して過大でないかの判断基準となります。

> **債務償還年数**＝借入金残高（経常運転資金除く）÷CF（一過性損益を除く実質値：実質CF）

・経常運転資金

　企業は、「手持ちの資金で材料を仕入れ、それを加工して販売する。そしてさらに回収した資金で材料を購入し、再び製品として販売する」。この循環を繰り返すことで、手持ちの資金を増やしていきます。この資本循環の途中にある原材料・製品・売掛金は、利益を得るために現金が形を変えた状態といえます。原材料・製品・売掛金を足したものから、買掛金などの買入債務を控除した金額を経常運転資金といっています。経常運転資金は、運転資本の循環上常に必ず必要となる資金です。この資金を自己資本で賄うことが可能な企業もありますが、日本の中堅・中小企業の大多数がこの部分を金融機関からの借入によって賄っている状況です。

図表9　資本循環図

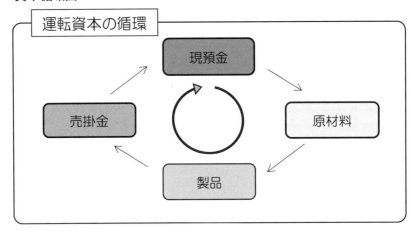

> **経常運転資金**＝売上債権（受取手形＋売掛金）＋棚卸資産（材料・仕掛品・製品）－買入債務（支払手形＋買掛金）

　借入金のうち、経常運転資金に見合う部分は、流動性の高い営業資産に裏付けられた借入金です。つまり運転資本の循環を止めれば販売代金の回収によって必然的に償還される借入金であり、収益償還する必要がない借入といえます。

　経常運転資金を超過した部分の借入金は、毎期の利益金（CF）から、返済していかなければならない借入金であり、収益償還債務といいます。

　金融機関はこの収益償還債務が実質CFにより何年で返済可能かを検証することで、企業の収益性を判定しており、概ね10年以内を正常先の範疇としています。

　償還能力の判定に際し三つ注意点があります。

図表10　調達と運用の構造

　一つ目は、判定に用いるCFは、本業により稼ぎ出された実質CFだという点です。

つまり固定資産売却益や、投資有価証券売却益など、本業とは離れた一過性の特別利益などは除かれる点です。

　二つ目は、経常運転資金の算出過程において、デッドストックや回収が危ぶまれる売掛金などは不良資産として除外する点です

　三つ目は、収益償還債務の償還年数は、見合いとなる固定資産の平均残存年数と比べても適正な範囲にないといけないという点です。例えば、債務償還年数が10年となり正常先の範疇にあるとしても、保有する固定資産の全てが古く、間もなく耐用年数がきれる場合には、10年でも適正期間とはいえないケースがあるということです。

　以上の点に注意して自社の債務償還能力を判定してみてください。

（2）当期の必要資金額を把握する

　財務マネジメントで、常に押さえていなければならい基本事項として、「今期の必要資金額」があります。それにはまず自社のCFと借入金の返済額を把握しておく必要があります。CFから借入金返済額を引いたものが返済余力（借入金返済後余剰CF）つまり企業が自由に使える資金であり、この値をプラスに維持することが重要です。

図表11　返済余力について

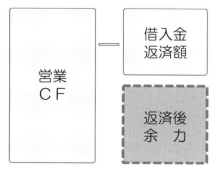

営業CF－借入金返済額＝返済余力（返済後余剰CF）

　返済余力が恒常的にマイナスで追加借入を必要とする状態を、金融業界では資金繰り償還の状態といいます。資金繰り償還の状態では、預金を取り崩すか、資産を売却するか、外部から調達しなければ資金繰りは成立しません。

　返済余力がマイナスとなるのは、赤字企業に限りません。売上増加が著しい成長企業の多くは、在庫投資や売掛金急増により営業CFがマイナスになるケースが多く、資金調達が不調に終わると企業は倒産します。所謂黒字倒産です。

　資金繰り償還を回避するには、営業CFを改善し、一方で借入金返済額も減らす必要があります。営業CFを増やすには、利益を上げる他に、売掛金の回収期間を短く

したり、在庫を圧縮したり、買掛金の支払期間を伸ばすなど経常運転資金を減らす方向でのコントロールが必要です。収益力以上に借入金返済を行っているようなケースでは、金融機関に対し、自社の経常運転資金の状況や、中期経営計画に基づく経営状況を説明し、返済額軽減を相談する必要があります。

今期の必要資金額は、今期の投資額からこの返済余力を差し引いた金額になります。資金繰表とともに経営者と財務マネージャーが常に意識しなければならない指標の一つです。

今期の必要資金（要調達額）＝返済後余剰CF−（設備投資額＋運転資本投資額）

売上には季節変動があります。売上増加期には経常運転資金が膨らみ、返済余力は小さくなります。売上の季節変動や、賞与・税金など支出面での季節要因も加味し、資金繰り計画をたてる必要があります。その為には自社のCFを把握してコントロールするための方策が必要です。財務マネジメントの観点からは、借入金の償還年数や借入金依存度、自己資本比率、経常運転資金とのバランス、保証協会の利用残高などから、金融機関からの借入可能額についておおよその数字を掴んでおくことも必要です。

（3）調達と運用の構造を理解し調達構造を最適化する

B/Sは決算期末時点での資金の調達と運用の構造を表しています。自社の借入金が期末時点で何に運用されているのかを端的に示しているのです。調達と運用の最適化とは、資金の運用形態に合わせて、調達構造や借入金の返済方法を見直すことです。

これにはまず、資金使途に応じた借入金の返済方法について考える必要があります。

経常運転資金見合いの借入金については元本の返済を止めます。資金収支がタイトな状況で経常運転資金見合いの借入金に約定返済をつけると、返済と同額の借入をおこさずには以後の資金繰りは回りません。収支ギャップが解消しない限りは永久に必要となる運転資金だからです。

次に有形固定資産に見合う借入金については、固定資産の残存耐用年数に合わせた返済期間設定を検討すべきです。例えば法定耐用年数が20年の工場設備が主な固定資産として計上されており償却不足もなく、残存年数が10年程度だとすれば、それに見合った借入金は残期間10年の割賦返済になってしかるべきです。

当初借入時の返済方法設定が、資金使途に適したものであれば必然的にこのようなバランス構造は維持されるのですが、金融機関の担当者にいわれるがままに、5年や7年など根拠のない期間設定をしてしまうことで、調達と運用のバランスが崩れていくのです。

筆者の経験上、中小企業では、運用構造に合わせて調達を見直すと多くの場合返済額が減ることが多いよう感じます。以下の手順で調達構造を見直すことをお勧めします。

①経常運転資金見合いの借入金の償還

流動資産中に不良資産がないことを確認し実態経常運転資金を把握、これに見合う借入金額を当座貸越や、手形借入に借換し毎月の約定弁済を止めます。

②有形固定資産見合いの借入金の返済期間見直し

経常運転資金を超過した借入金のうち、見合いとなる有形固定資産があるものについては、平均残存年数に合わせた期間で借り換えます。これで年間の減価償却費と借入金の年間元本返済額がほぼ均衡するはずです。

③赤字補填の借入金

ここまでやってまだ返済方法が決められない借入金がある場合が問題です。いわゆる補填資金です。この部分が役員借入金であれば、返済を要しない旨の念書をとって実質的には資本として金融機関には説明しましょう。そうでない場合には、①と②の

図表12　調達と運用の構造

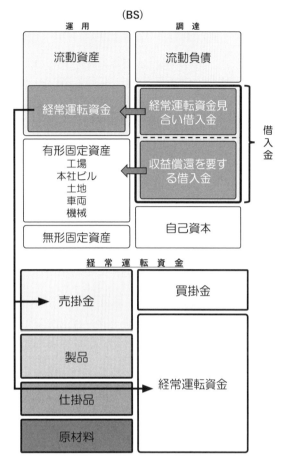

図表13　債務超過のBS構造

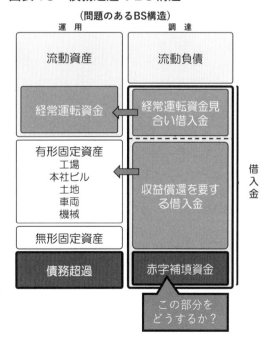

借換後に返済余力がある場合はそのCFの一部を使ってなるべく長期で借り換えすることを金融機関に交渉します。この場合、中期経営計画が返済財源の根拠となります。計画実行可能性、財務管理体制の構築状況などが重視されます。

　金融機関によっては、計画の蓋然性が十分に高ければ赤字補填資金について、元本棚投げで対応してくれることもあります。（劣後ローンなど）

　以上のような取り組みによって、最終的には借入金の年間返済額を営業CFの6〜7割以下に抑えてキャッシュポジションを適正化することが目標です。

> 借入金年間返済額＜営業CF×60％程度

2．資金調達を円滑にするための情報の伝え方

　円滑な資金調達を実現するためには、日頃から金融機関とのコミュニケーションを良くし、正確な情報を開示することで適正な評価を得ておくことが必要です。正確な情報を伝えるために必要な事項を整理すると以下の通りになります。

　①他社にない自社の強みを把握していること
　②中期経営計画を策定し、あるべき姿と問題点・課題が明確になっていること
　③中計を年度計画に展開していること
　④毎月試算表を作成し計画に対する進捗状況を確認し当月の行動計画に展開していること
　⑤業績の変動要因を把握し、今期の着地見込を立てていること
　⑥資金繰表を作成し、計画対実績をモニタリングしていること
　⑦財務管理体制を整備していること

　以上の取り組みをメインバンクとの情報共有の下、進めていくことにくわえ、足元の業績に関しては、以下の3つのポイントを常に、取引金融機関と共有しておくべきだと考えます。

【足元の業績に関し金融機関に伝えるべき３つのポイント】

①足元の業績変動要因と今後の見通し

　足元の業績変動に対しその要因と改善見通しについて、数値に基づき根拠ある説明が必要です。その際、他社にはない自社の強みやマーケットにおけるポジションを明確に説明していくことが効果的です。

②計画に対する進捗状況と今期の着地見込

　月次試算表をもとに計画に対する進捗と着地見込を説明する必要があります。特に乖離が大きい場合は、その要因と具体的な対策の説明が重要です。乖離が解消できない場合は修正計画が必要です。

③今期の資金調達計画

　月次試算表、資金繰り表をもとに、いつ、なんのために、いくらの資金が必要になるのかをあらかじめ計画として説明しておく必要があります。たとえ資金繰り資金であっても事前に掴んでいた資金繰りに基づく申込と、突然の申し込みでは印象が全く異なり金融機関の対応も異なります。

　ビジネス環境が大きく変化している今だからこそ、必要なタイミングで必要な資金を無理なく調達できるかが、経営安定化と持続的成長に向け非常に重要な要素といえます。その為には、自己金融力向上に資する適正な計画が社内に共有されており、PDCAによる自己修正と財務強化機能が社内に構築されていることが重要なポイントとなります。

　金融機関の自社評価について日頃から意見交換を行うなど、金融機関担当者とのコミュニケーションを密にし、目指すべき姿と自社の課題、それに対する取り組み状況などを常に共有することで、自社主導の資金調達ノウハウを構築していくことが重要です。

● コラム：減価償却を理解する

減価償却費について簡単に説明します。

工場の機械設備を1400万円で購入したとします。現金は初年度に一括して支払いますが、一括で費用計上できるわけではありません。初期投資である1400万円を使用期間にわたってどのようにして費用計上していくのかについてのルールが減価償却です。

そもそも機械は1年だけ使って終わりというものではありません。使用可能な期間にわたり経費を配分していくわけですが、この使用可能な期間を法定耐用年数といい資産の種類ごとに税法で定められています。

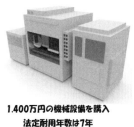

1,400万円の機械設備を購入
法定耐用年数は7年

1400万円						
1年目	2年目	3年目	4年目	5年目	6年目	7年目
定額法						
200万円	200万円	200万円	200万円	200万円	200万円	200万円
定率法						
400万円	286万円	204万円	146万円	121万円	121万円	121万円

減価償却の方法は、定額法と定率法の2種類があります。定額法とは固定資産の耐用期間中、毎年同じ額を費用化していく方法です。一方、定率法は、固定資産の耐用期間中、固定資産額に一定率を乗じた減価償却費を計上していく方法です。定率法は、年々償却額が減っていきます。初年度の償却額が一番重くなるため設備導入初期に大きな収益が見込めるような投資に節税効果が見込める方法です。建物やその付属設備のように定率法を選べない資産もありますが、なるべく早く費用化したい場合は定率法を、なるべく安定して利益を得る場合は定額法を選択するといいでしょう。金融機関からの借入によって設備投資を行うケースでは、定額法により毎期の負担をならし、費用と元本の返済額を均等させる方法も考えられます。

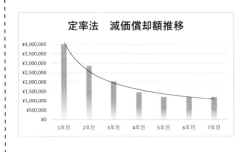

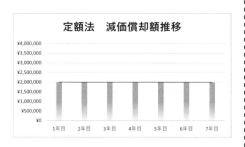

また、損益調整の為に減価償却を実施したりしなかったりする企業が時折見受けられますが、金融機関では法定償却に対しする償却不足額は資産価値から控除し、年度の償却実施不足額は費用に加算することで、実態でのBSとPLを検証しています。償却の未実施による損益調整は金融機関に対しては無意味といえます。

【銀行員の話を理解するための財務金融用語】（50音順）

財務用語	用語の説明
赤字補填資金	本業が赤字である時に発生してくるもので、本業の利益で資金繰りが回らなくなっている時に資金繰りを繋ぐために借りる性格の資金をいう。
売上債権	受取勘定ともいう。得意先との通常の営業取引に基づいて発生した債権をさし、売掛金と受取手形などが含まれる。
売上債権回転期間	売上債権回転期間とは商品を販売してから売上債権を回収するまでにかかる期間を月数または日数で示した指標。この期間が短いほど現金化が早いことを意味するため資金効率が良いとされる。
運転資本	ワーキングキャピタルともいい、営業活動に投下されている資金をいう。運転資本に含められる項目は、売上債権、棚卸資産、仕入債務、その他流動資産、その他流動負債が含められることが一般的、経常運転資金と同義。
営業キャッシュフロー（CF）	本業による収入と支出の差額。つまり、営業活動によって手元の資金がいくら増えたか（…あるいは減ったか）を示す指標としてキャッシュフロー計算書に記載されるもの。この項目がプラスの会社は、本業が順調な会社。
買入債務	買入債務とは、買掛金と支払手形などの総称。商品を仕入れても直ちに代金は支払わず、買掛金や支払手形という形で相手企業に支払を猶予してもらい、後日決済を行うことが通例です。
開示債権	法律によって金融機関に開示が義務付けられている不良債権のこと。債権の種類には、正常債権・要管理債権・危険債権・破産更生債権があるが、要管理債権以下に分類された貸出をさします。
キャッシュフロー（CF）	いわゆる簡易キャッシュフロー。最終利益に減価償却費などの非資金費用勘定を加算して求められる。借入金の返済財源となるもの。
経常運転資金（所要運転資金）	棚卸資産や売掛金・受取手形等の売上債権から買掛金・支払手形、営業上の未払金など買入債務を引いたもの。経常運転資金に対応する借入金は、事業が継続するかぎり必要となる資金であり、事業を停止すれば販売代金の回収により償還される。
KPI（重要業績評価指標）	Key Performance Indicator「重要業績評価指標」という意味。KPIは目標を達成する上で、その達成度合いを計測・監視するための定量的な指標のこと。
月次試算表	会計期間を1ヵ月に区切って作成する月単位の仮締め決算書のこと。残高試算表とも呼び、貸借対照表と損益計算書の2つで構成される。

財務用語	用語の説明
減価償却費	建物や機械設備など、長期間にわたって利用する資産を購入した場合、購入額をいったん資産として計上した後、耐用年数にわたって規則的に費用として配分する。計算方法には、定額法と定率法がある。工場など生産部門で発生した減価償却費は、製品製造原価に計上され、販売・管理部門で生じた減価償却費は、販管費に計上される。減価償却費は現金支出を伴わない非資金費用の為、同額の資金が企業内に留保されるという財務的効果がある。
財務キャッシュフロー（CF）	借入や資本調達など企業の財務活動による資金の動きを表す指標としてキャッシュフロー計算書に記載されるもの。
債務者区分	金融機関が、信用格付けの結果を踏まえ、融資先を正常先、要注意先、破綻懸念先、実質破綻先及び破綻先の各区分に分類することをいい、債務者区分によって貸出債権に対する貸倒引当額が異なる。金融機関はこの債務者区分によってその企業に対する融資スタンスを決定している。
債務償還能力	現在のキャッシュフローをもって、現在の借入金があと何年で完済できるかを表す。融資先の返済能力を示す指標。
債務超過	負債が資産を上回る状態。すべての資産を売却しても債務を返済しきれない状況であり、倒産する可能性が高いと判断される。
残存価格	減価償却で法定耐用年数を過ぎた後に残る価値のこと。
残存年数	固定資産の法定耐用年限に対する残りの期間のこと。
仕掛品	製造途中にある製品のこと。原材料をいくらかでも加工してあれば仕掛品として認識される。
資金繰り表	資金の収支をあらわす表で、資金が不足しないようにする調達予定表の役割もある。月次損益計算書利益は発生主義により損益を計算するが、月次資金繰り表は資金の出入りだけで計算される。
実質CF	一過性の損益を除外し本業から経常的に生じるCFのみに着目して算出した簡易キャッシュフローのこと。
実質破綻先	法的な経営破綻の事実は発生していないものの、深刻な経営難の状態にあり、再建の見通しがない状況にあると認められるなど、実質的に経営破綻に陥っている債務者の債務者区分のこと。
実質有利子負債	有利子負債から、現預金と経常運転資金に見合う有利子負債を差し引いたもの。
実態財務分析	不良資産、含み損、一過性損益等を加減修正し、実態B/S、実態P/Lを作成し、それに基づいて行う財務分析のこと。
実態貸借対照表（実態B/S）	回収不能の資産・時価との乖離・粉飾による実態乖離資産について、簿価を実態ベースに修正した貸借対照表のこと。
証書貸付	金銭消費貸借契約に基づく長期の分割返済の約定がついた借入形式。証貸（ショウガシ）という。

財務用語	用語の説明
正常先	業況が良好で、財務内容に特段の問題がないと認められる債務者の債務者区分のこと。
制度融資	中小企業に対し自治体が自身の資金を預託した金融機関に紹介し、信用保証料や利率を補助することで融資を受けやすくして、利用者負担軽減を図る制度上の融資。制度融資は地方自治体により異なり、融資を受けるには信用保証協会の保証が必要となる。
総資本回転率	売上高を総資本（総資産）で除した値。一年間に売上によって総資本が何回入れ替わったか（総資産の何倍の売上を上げたか）を表す指標である。
総資本経常利益率	ROAともいい、総資本に対する経常利益の割合である。投下した資本に対してどの程度の利益を生み出したのかを示しており、この数値が高いほど効率的な資本運用ができているといえる。
損益分岐点売上高	管理会計上の概念。売上と費用が等しくなる売上高を指す。売上高が損益分岐点以下に留まれば損失が生じ、それ以上になれば利益が生じる。
損益分岐点比率	実際の売上高と損益分岐点売上高の比率を計算した指標。実際の売上高を100％とした場合、損益分岐点売上高が何％なのかを計算する。低いほど良く、売上低下による影響が少なく、不況抵抗力が強いとされる。
棚卸資産回転期間	棚卸資産（在庫）が月商の何か月分あるのかを示す。回転期間が短いほど資金繰りは良好といえる。
手形貸付	借主から銀行宛の約束手形を振り出してもらい、銀行は借主に手形に書かれている額面から利息分を引いただけの金額を交付する融資方式。期日に一括で返済することが多い。手貸（テガシ）という。
手元流動性	何にでも使える流動的資金。
当座貸越	借入可能な「借入限度額」を設定し、その範囲内で借入と返済を繰り返していく融資方式。当貸（トウガシ）といい、借入限度額のことを枠（ワク）という。
投資キャッシュフロー（CF）	固定資産や株、債券などの取得や売却による資金の動きを表す指標としてキャッシュフロー計算書に記載されるもの。通常、営業活動を行っていくためには、設備投資などの固定資産への投資が必要なため、優良企業は、この項目はマイナスであることが多い。プラスの場合は、会社が持っている設備や、株、債券などを売った金額が投資分を上回っていることを示している。
特別損益	特別利益や特別損失など、経常的には発生しない一過性の利益や損失のこと。臨時に発生する損益や固定資産の売却損益などのことで、「特別利益」「特別損失」が表示されており、「経常利益」と合算されて「税引前当期純剰余（税引前当期純利益）」となる。

財務用語	用語の説明
破綻懸念先	経営破綻の状況にはないが、経営難の状態にあり、経営改善計画等の進捗状況が芳しくなく、今後、経営破綻に陥る可能性が大きいと認められる債務者の債務者区分のこと。
破綻先	法的・形式的な経営破綻の事実が発生している債務者をいい、例えば、破産、清算、会社整理、会社更生、民事再生、手形交換所の取り引停止処分等の事由により経営破綻に陥っている債務者の債務者区分のこと。
フリーキャッシュフロー (FCF)	自由に使える現金がどれだけあるかを示す指標としてキャッシュフロー計算書に記載されるもの。一般的な計算方法は、営業キャッシュフロー－投資キャッシュフロー。
プロパー融資	信用保証協会を使わずに、直接銀行から資金を借り入れる方法。銀行が行う融資には信用保証協会の保証付融資とプロパー融資の2種類がある。保証付融資とは「信用保証協会が保証人になる」融資を意味する。
法定耐用年数	財務省が定めた資産ごとの耐用年数のこと。法人税の計算上は原則としてこの法定耐用年数で減価償却しなければならず、不合理でない限り会計上もこの耐用年数を使うことが一般的。
保証協会付融資	銀行が行う融資には信用保証協会の保証付融資とプロパー融資の2種類があるが、保証付融資とは「信用保証協会が保証人になる」融資を意味する。
有利子負債キャッシュフロー倍率	現在のキャッシュフローの何倍の借入金を有しているかを示す指標。債務償還能力同様、融資先の返済能力を示す指標。
要管理先	要注意先のうち、債権の全部又は一部が要管理債権である債務者をいう。要管理債権とは、要注意先に対する債権のうち「3ヶ月以上延滞債権、及び貸出条件緩和債権（経済的困難に陥った債務者の再建又は支援を図ることを目的に約定条件の改定を行った債権）」をいうので、返済猶予等のリスケを受ければ、貸出条件緩和債権となり、要管理先になる。
要償還債務	借入金から所要運転資金を引いた金額。収益で返さないといけない資金。この金額が、キャッシュフローの10倍以内であれば問題がないと考えられている。
要注意先	金利減免・元本棚上げなど貸出条件に問題のある債務者もしくは延滞など返済状況に問題がある債務者、業況が低調な債務者、財務内容に問題がある債務者など、今後の管理に注意を要する債務者の債務者区分のこと。
リレーションシップバンキング（リレバン）	金融機関が、借り手である顧客との間で親密な関係を継続して維持することにより、外部では通常入手しにくい借り手の信用情報などを入手し、その情報を基に貸し出し等の金融サービスを提供するビジネスモデル。

あとがき

　人生には常にリスクがついて回ります。社会人になってサラリーマン時代が約30年、フリーになって20年が過ぎ、この半世紀を振り返ると我が国が大きく変化した時代だったといえます。

　就職して3年ほどしたら73年のオイルショック、仕事を覚えていく中での円高不況、猛烈に仕事をした80年代のバブル景気、年齢的に折り返しの充実期にバブル崩壊、95年の阪神・淡路大震災、21世紀に入ったら9.11事件、2008年のリーマンショック、2011年の東日本大震災と続き、2020年からはじまった新型コロナウイルス感染拡大による社会不安など、次から次にリスクが襲ってきました。このような社会・経済が急変しても、企業や人は生きていかなければならない。このようなリスクに如何に対応したらよいのでしょうか。

　仕事は、芸術や音楽とは違い、天才が生み出すものではなく、普通の人が、普通の仕事をして、目標を達成していく活動です。しかし、やり続けるにはリスク（課題）が立ちふさがります。つまり、リスクは毎日の積み重ねから発生し、明日を描くこととリスクは表裏一体です。

　リスクを克服していくと経験（ノウハウ）が身につき、力量が高まります。この属人化しているノウハウを共有化し、一体となって活動し、課題を克服していくことにより企業力が高まります。

　本書は、多くの協力企業と一緒に構築してきた具体的な手順やツール、必要な記録様式などの運用を盛り込んで作成しています。仕組み（業務の規定や基準）の強化に活用し、企業力強化および後継者育成につなげていただくことを願っています。

　尚、M3経営研究会のホームページ https://www.m3kenkyu.com のデータ頁に運用の様式サンプル（パスワード：M3）を掲載していますので参考にしてください。

　我が国の中堅・中小企業が、激動する変化に打ち勝ち生産性を高め、事業を継続し、成長するとともに、若手経営者、管理者・リーダーの活躍を期待します。

2021年5月コロナ禍の東京にて

編著者　三小田　睦

■ 編著者

三小田 睦 （みこだ むつみ） M2ウェーブ 代表

エンジニアリング企業でシステム設計を担当し、家電・OA機器などのFA工場、自動倉庫等の物流センターなどのエンジニアリングおよびプロジェクトマネジャーとしてシステム構築から施工管理を手がける。
2000年、経営・技術コンサルタントして独立し、M2ウェーブを設立。各種製造業および物流業を中心に経営戦略構築および経営改善支援等のコンサルティング活動を行う。また、ISO9001／ISO14001認証取得支援を行うと共に認証審査機関での数百件の審査実績を持つ。
中小企業診断士、ISO9001エキスパート審査員、日本MH協会認定MH技術管理士

■ 執筆者 （50音順）

● 大沢 誠一 （おおさわ せいいち） イノビス 代表

大手音響メーカーにて研究開発、研究企画、経営戦略、構造改革を担当。
2017年に、経営コンサルタントとして独立し、イノビスを設立。「ビジネスモデル分析」、「強み分析」、「財務分析」を特徴とした経営計画の策定と、その実行を支援している。また、事業の承継については、弁護士・税理士と連係し、総合的な支援を行っている。
中小企業診断士、認定経営革新等支援機関、VEスペシャリスト、事業承継士

● 大竹 寛征 （おおたけ ひろゆき） OOTAKE経営コンサルティングオフィス 代表

IT販社にて約20年、中小向け業務システムの提案営業、業種パッケージシステム開発企画・販路開拓プロジェクトの統括責任者として全国拡販を推進。
2017年、OOTAKE経営コンサルティングオフィスを開業。「経営の見える化」「営業強化」「ITシステム導入支援・業務改善」の3テーマを柱に事業承継計画策定、経営改善などの支援を行っている。
中小企業診断士、事業承継士、初級システムアドミニストレータ、販売士3級

● 髙岸 浩文 （たかぎし ひろふみ） 株式会社TK経営総合研究所 代表取締役

大手電機メーカーにおいて、自動車業界に対するカーエレクトロニクス（電装品）の営業、営業企画、マーケティング、事業企画（新規事業含む）の組織責任者としてオートモーティブ事業に従事。
2018年に経営コンサルタントとして独立し、株式会社TK経営総合研究所を設立。製造業、卸売業、小売業、飲食業、サービス業に対して経営改善、事業承継、経営計画などの支援活動を行っている。
中小企業診断士、VEリーダー、ビジネス財務会計2級、食の6次産業化プロデューサー（Level3）

● 田原 績 （たはら いさお） 株式会社田原屋 代表取締役

広告代理店勤務の後、家業の株式会社田原屋（広告用幟旗の製造etc）を承継。
リーマンショック、東日本大震災による経営環境の激変を経験し、助言を受ける側も経験。経営者として会社経営に携わるとともに、中小企業診断士として世襲型中小企業の継承と持続性ある健全経営に関して学びを続けながら支援を行っている。
中小企業診断士、事業承継士、プロモーショナル・マーケター、経営学修士。

● 中津 正登 （なかつ まさと）

大手流通業に勤務し、売場での実務勤務、予算管理を担当。同グループ内で事業分割による新会社設立プロジェクトに携わり、その後グループ全体の経営管理に従事。その他、商店街のイベント販促の支援活動を経験。2020年11月からは東南アジアで活動を開始。
中小企業診断士、応用情報技術者

● 和田 卓也 （わだ たくや）

地方金融機関勤務。十数年に亘り某県内各所の営業店にて、中小企業融資を中心としたリテール金融業務に従事、その後本部の企画系部門に配属。企業の成長ステージに合わせた金融手法の構築と提供、現場と一体化した財務・金融支援の実施をモットーに取引先企業の本業支援を行う。地域のスタートアップ支援にも取り組んでおり、これまで20社のベンチャー企業に対し、約5億円のエクイティー投資を実施している。
中小企業診断士

〈引用・参考文献〉
・品質マネジメントシステム-要求事項（JIS Q 9001）（日本規格協会）
・環境マネジメントシステム-要求事項及び利用の手引き（JIS Q 14001）（日本規格協会）
・JIS規格 Z 8101（日本規格協会）
・中小企業白書（2019年度版）（2020年度版）
・平成30年 労働経済の分析（厚生労働省）
・時事ドットコムニュース【図解・経済】戦後70年・鉄鋼産業の戦後の歩み（2015年5月）
・グロービス経営大学院（HP） https://mba.globis.ac.jp/about_mba/glossary/
・リクルート リクナビジャーナル（HP） https://next.rikunabi.com/journal/
・プロモーショナル マーケティング ベーシック 一般社団法人日本プロモーショナルマーケティング協会
・Wikipedia https://ja.wikipedia.org/wiki/AIDMA
・電通報 2015/10 https://dentsu-ho.com/articles/3100
・日本政策金融公庫・業種別経営指標 https://www.jfc.go.jp/n/findings/sme_findings2.html
・『工場部門・製造部門のための予算策定完全マニュアル』（木村博光編著 （株）アーバンプロデュース）
・『90分でわかる「物流」の仕組み』（湯浅和夫著 かんき出版）
・『経営未来決算書の作り方・活かし方』（Attax Consulting Group 著 かんき出版）
・『現代生産管理』（工藤市兵衛編著 同友館）
・『取引先支援のための事業性評価実践コース』（株式会社きんざい）
・『資材・購買・外注の管理実務』（嶋津司著 日本資材管理協会）
・『経営のための保全学』（公益社団法人日本メンテナンス協会）
・『内部監査基準』（一般社団法人日本内部監査協会）

〈協力企業〉（50音順）
・協栄ケミカル株式会社
・協栄倉庫株式会社
・株式会社聖亘トランスネットワーク
・セントラル運輸株式会社
・株式会社田原屋
・中央鍍金工業協同組合
（平和工業株式会社、株式会社新日東電化、株式会社エーディケイ、株式会社池田車框製作所、合資会社池谷電鍍金工場、誠鍍金工業株式会社、森幸鍍金材料株式会社）
・株式会社日本設計工業
・豊栄商事株式会社
・株式会社丸山運送
・三井電気精機株式会社
・ミナモト電機株式会社

マネジメントの仕組みを創る・磨く

2021年 7 月15日　初版第 1 刷発行

編著者　　三小田　睦（M3経営研究会）
発行者　　瓜谷　綱延
発行所　　株式会社文芸社
　　　　　〒160-0022　東京都新宿区新宿 1 － 10 － 1
　　　　　　　　　　　電話　03-5369-3060 （代表）
　　　　　　　　　　　　　　03-5369-2299 （販売）

印刷所　　図書印刷株式会社
ISBN978-4-286-22324-7